方祖燊全集（六）

第十二卷・散文選集

第十三卷・雜文選集拾慧集

第十四卷・兒童文學選集

第十五卷・詩歌戲劇選集

國家圖書館出版品預行編目資料

方祖燊全集 / 方祖燊著. -- 初版. -- 臺北市：文史哲, 民 85-88

冊： 公分

ISBN 957-549-044-4 (一套：平裝). -- ISBN 957-549-221-8 (第五冊：平裝). -- ISBN 957-549-222-6 (第六冊：平裝). -- ISBN 957-549-223-4 (第七冊：平裝). -- ISBN 957-549-224-2 (第八冊：平裝). -- ISBN 957-549-225-0 (第九冊：平裝). -- ISBN 957-549-226-9 (第十冊：平裝). -- ISBN 957-549-227-7 (第十一冊：平裝). -- ISBN 957-549-228-5 (第十二冊：平裝). -- ISBN 957-549-229-3(第十三冊：平裝)

089.86　　85013624

方祖燊全集・六

散文雜文、兒童文學、詩歌戲劇選集

著　者：方　祖　燊
出版者：文　史　哲　出　版　社
登記證字號：行政院新聞局版臺業字五三三七號
發行人：彭　正　雄
發行所：文　史　哲　出　版　社
印刷者：文　史　哲　出　版　社
臺北市羅斯福路一段七十二巷四號
郵政劃撥帳號：一六一八〇一七五
電話 886-2-23511028・傳眞 886-2-23965656

實價新臺幣四二〇元

中華民國八十八年七月初版

ISBN 957-549-222-6

方祖燊全集・散文雜文、兒童文學選集 目次

第一輯 散文選集

第二輯　雜文選集

第四輯　兒童文學選集

一、散文

四、論說文

第五輯　詩歌戲劇選集

一、詩歌

二、兒童劇

第一輯　散文選集

筆耕之緣

我小時候並不喜歡塗鴉，只盼望將來能夠研究科學，發明些稀奇古怪的東西，所以對數理很有興趣，成績也非常好。儘管如此，我還是喜歡看故事小書。年歲稍長，常於夏夜，在老家的天井的石板上，鋪一張冰涼的竹席，躺著看《水滸傳》、《七俠五義》、《火燒紅蓮寺》之類的小說，津津有味，沉迷忘倦，總待母親再三催促，才勉強進屋睡覺。而今靜居黯夜，月籠山嶺，每思重溫兒夢，奈母親已逝！

因為戰爭的逼近，我十一歲就離開了故鄉——福州，東奔西走，到處飄泊。民國三十四年仲夏，我在福建永安已經是高一的學生，為了排遣假日苦悶的日子，憂鬱的心境，我時常到附近的書店裏看書。那時有些書店就在門前擺著兩三張長板凳，讓人們看書用的。我常常一坐就是一整個下午，直到嫣紅的夕照熔漾於燕江的水面，才沿著岸邊走回家去，有一些年輕人像魚一樣的在那江上游著，還有寬寬的木筏，高桅的貨船停泊在高岸的下面。

這一年八月十四日，日本投降，戰爭結束。在舉國若狂、歡笑騰天的冬天，我隨著學校的復員，回到了睽別已久的故鄉，雖然家園殘破不堪，心裏仍然有說不出的高興！慶幸團圓，在戰火中，一家人都能夠平安的生還，相聚一起！

啊，返鄉後這一段日子，正當青春幻夢的年華，所以特別喜歡文學作品，讀家裏舊藏的古典小說，讀書店新出的名家作品，不下數十百部。而今，當時這些新詩、散文、小說、戲劇的文字，都已隨著歲月，煙散影淡，忘得乾淨！

民國三十七年寒冬，因爲二哥從臺灣寄回了一封信說：「此間比較安定，也有大學可讀。」這時國內戰事吃緊，父母鼓勵我去臺灣。我再次離開故鄉，搭輪過海到了臺灣。誰知這一別，卻成爲黯然消魂的永別！

三十九年二月，我進入臺灣省立師範學院就讀，只靠著一點公費，大家的生活十分困苦，零用支出都發生問題。那時，我時常到圖書館借書看；這是忘記念親思鄉之苦的最好辦法，因此我讀了許多西方文學的譯作。對我的影響甚大。這時，大陸完全淪亡，經濟來源斷絕，二哥薪水菲薄，爲了賺取一些零用錢，我開始寫童話、散文、新詩，向新生報、自由青年、野風雜誌投稿。作品雖然不多，在班上卻小有文名，爲梁容若、齊鐵恨、何容諸位老師所知。四十一年一月，我自師院畢業，一踏出校門，即被國語日報羅致爲《古今文選》編輯。

《古今文選》是專門選注古今中外名作家的作品，給予題解、注音、解釋、語譯，並介紹作者事蹟與時代背景，附錄有關參考資料。爲了編注文選的工作，我開始接觸古書，博覽群籍，經史子集，詩詞歌賦，小說戲曲，無不涉獵，知識大大拓廣，工作忙碌，無法他顧，創作生涯也暫告結束了。民國五十年，我升爲主編。五十七年夏，辭去主編職務，專心教書，才開始撰寫散文、小說、傳記、寓言故事、少年讀物、文學理論、文化史，編纂字典、成語典、大辭典，撰寫小學語文課本範文，以及學術論著，總計四十多年來從未間斷的筆耕生涯，已印行的各種文字，近數百萬言。諺云：「有意栽花花不發，無心插柳柳成蔭。」我從小想研究理工科技，卻終與願違；認爲寫作是雕蟲小技，卻終身跟她結下不解的因緣。

終日沉浸案前，打著電腦，寫出我的知識的結晶，我的思想的精華，我的生活的回憶，我的情感的波瀾，我處身的社會的現象，我飽飫的歷史的事蹟，我常常感到心靈洶湧的歌聲快樂美妙。我可以告訴你一個秘密，每當我的一篇作品完成，我會感到無比的愉悅；每當我的每一本新書出版，我會覺得我像女人一樣的孕育了一個新的生命！

去年，我害了一場大病，逃過死神的魔網。因此，我更加愛惜生命，我比以往更加努力。我認爲應該趁著有限的餘生，寫自己愛寫的東西，做自己愛做的事情，不要嫌東怨西，不要浪擲生命。怎樣抓住寶貴的時光，發揮我渺小的生命，這是我現在更要努力的一點！

（八十一年十一月八日中華日報）

香港印象畫

香港雖然是個很小的地方，但是由於在金融上商業上的成就，早已成爲馳名國際的都市。她位於廣東珠江口，有「東方之珠」之稱。第一個印象是處處高樓，可稱是現代建築物的叢林。許多地方是移山塡海來的；香港、九龍之間，有海底隧道相通，人口約六百多萬。一八四〇年（清道光二十年），香港因鴉片戰爭失敗，割給英國；而今一九九七年七月一日，復歸我國。

香港的地位重要，當歐亞美三洲交通的樞紐，進出的飛機貨輪，無以數計，一年有數百萬的旅客前來香港。內子黃麗貞香港人，我曾數度來遊香港，一九七二年作有〈香港印象記〉。至今二十五年，星移物非，所寫已失眞，故加刪削。

一、港人生活

因地方小，人口多，香港的樓價房租極昂貴，非升斗小民所能負擔，經常是祖孫三代同居一小公寓，好幾家主婦同用一小廚房。香港大會堂有一次開兒童畫展，有畫一床大被的兩頭，密密集集，露著黑人頭和腳丫子，就像一片蛋捲裡夾了八九根蘆筍；有畫在一個過道上，擺著好幾個上下鋪的出租床位，中間只用一張張舊布單隔開著。住在香港，實在太擠迫。豪宅華廈，花園別墅，大都建在半山或山頂，一開窗戶，港九風物，盡入眼底；住的都是豪商巨富。

香港交通可以「暢通利便」來形容。有兩層電車、巴士、雙層巴士、小型巴士、計程車；還有地鐵通往各地，大渡輪行駛港、九之間。馬路的利用率高極了，鬧區內有許多路橋，多建在對街的兩樓中間，好像阿房宮裡架空複道，人行其間，無上下之勞，又不覺單調。有時憑著橋欄，看車行無阻，眞感「快意」！

香港街頭，處處是花花綠綠的招牌，閃爍明滅的蜺虹燈。商店公司陳列著世界各國產品：巴黎的香水、瑞士的名錶、意大利的寶石、中國的玉器，日本的服裝、南非的黃金、加州的香吉士、英國的毛製衣料……。香港是免稅自由港，售價比原產地還便宜。有來自世界各地的商人旅客、銀行家、新聞記者和政要人物。各色人種，來來往往，眞是人潮洶湧。商店、時裝店、食物店最多，珠寶樓、銀樓、古玩店、玉器店也不少。在一家玉器店櫥窗裡，陳列著整株黃玉雕琢極美的盆花；店裡面還有個鑲崁著人物園庭的玉石屛風，造工細緻精巧。最搶眼的是在銀樓、珠寶店的門外，常見頭紮黃巾身材高大的印度阿三，持槍在守衛。

英國人的穿著比較保守，上班族大多穿著筆挺西裝，雪白襯衫，打著領帶；中國職員比較隨便，夏天短袖襯衫、領帶、西裝褲，涼爽舒適。婦女講究穿著，時裝款式，新穎優雅，價格又低廉，運銷各國，賺了不少鈔票。

二、「茶樓」文化

香港的辦公工作時間，由上午九時至下午五時，中午有一小時午餐時間。早上七點多鐘，許多人仍沉沉大睡，流連夢鄉，只有少數賣白粥腸粉的開門。港人習慣，外出工作，早午兩餐，大都在外飲食，大排檔（小食攤）、茶樓、餐廳、酒館就特別多，幾乎「五步一館，十步一樓」。他們大都在上班上工前，在路邊報攤，隨手挑一兩份報紙，就往茶樓裡鑽，泡一壺普洱或壽味或龍井或鐵觀音，再挑兩色點心，優哉遊哉看報，品嘗著點心。這叫做「一盅兩味」。報紙刊的大都是花邊新聞、緋色影評，短文小說，還有些報導商品的行情和廣告。茶樓的點心精緻，花樣多，價錢便宜，難怪他們能夠天天在茶座中吃早點，而不膩味。每逢星期例假，則常舉家前往。每家茶樓都是坐無虛席，有時連跑幾家，還找不到半個空位。在飢腸轆轆，坐等補位，是我最不耐煩的事；但港人卻樂此不疲。他們也常在茶樓請客，喝著濃茶，高聲聊天，品嘗各色美味，一坐兩三個鐘頭。

有的茶樓很大，好幾層樓，足可容下「三千食客」，夥計推著一車車、捧著一筐筐諸色茶點，經過面前，有叉燒包、蓮蓉包、水餃、蝦餃、餛飩、燒賣、腸粉、馬蹄糕、蘿蔔糕、馬拉糕、鼓汁排骨、鳳爪、腐竹牛肉、牛肉丸、春捲、玉米芙蓉湯、東瓜盅、荷葉飯、糯米雞、芝麻球、芋角，還有鹵牛肉、燒雞、燒鴨、炒意麵、炒河粉，甚至還有烤乳鴿、烤乳豬，總有幾十種，任君挑選，確能大快朵頤。食客則各階層人士都有，小茶樓比較平民化。中環大會堂比較乾淨。茶樓裡人聲喧譁，十分熱鬧，說話要拉高聲調，才聽得見；所以香港人大都大嗓子，廣東話要比吳儂軟語粗。請親友飲茶，可以慢吃慢談，親切有情味。中國這種「飲茶」之風，已經遠傳到美國、加拿大、澳洲。在香港仔或沙田的畫舫，吃活跳跳的海鮮、大螃蟹，也是極享樂的事。跑馬地的「佛有緣」清恬的素菜，也很有名。許多潮州館子，也值一嘗。在半島、麗晶、香格里拉吃西餐，有另一種滋味。一般港人午息的時光，也大抵在茶樓餐室裡過。晚上茶樓的生意仍然很好；這和住的擁擠，交通遠隔有關係；經濟實惠。也是形成香港「茶樓文化」的一個因素！

三、人生觀念與消閒生活

居住的擠迫，商業的發達，再加在英國殖民地時代，港人生活雖稱自由，在政治上卻無權參與，其他在文學藝術、學術文化也都未見有什麼大成就，這對港人的人生態度有很大的影響。一般人大多持享樂主義，注重吃穿玩樂。賺了錢，多購買入時的服飾，上夜總會聽歌跳舞，去跑馬地賭馬，澳門賭場玩樂，長假則出國旅遊；當然玩股票、玩期貨、玩黃金，也都是港人生活的一部份。中共則聲稱九七之後，一國兩制，港人的生活不變，舞可以照跳，馬可以照賭。

九龍有許多紅燈區，是水手洋客的銷金窟。在朦朧燈影下，濃裝豔抹的吧女和尋歡客，在打情賣笑。寄生在酒吧裡身材粗壯的洋保鏢，今後應該還會存在吧。夜總會、大酒店大多是生活靡爛的商賈大亨的玩樂地，勾肩搭背，進進退退，舞影鬢香，迷迷醉醉。這應該依舊會存在吧。大陸人也喜歡跳舞，許多城市有舞廳，入場券很便宜。福建武夷山一家三星級的賓館，就設有燈光音響可以控制的現代化舞池，你可以對著麥克風隨著光碟高歌一曲，你也可以在燈影星爍之下的小舞池中相擁跳舞。

香港夜景，雖然繁華，商業區由於商店入夜關門，比白天冷清多多，但九龍彌敦道一帶仍然十分熱鬧，沿著尖沙咀港灣邊的公園走去，只見圓柱頂的路燈熾亮，一些浪漫蒂克的情侶，對對在親吻，似乎忘記了這裡還有別人。

每到炎熱的夏日，香港人則湧向淺水灣、深水灣、南灣。淺水灣又長又寬，海浪一波一波湧上來，激起無數浪花，許多男女在戲水弄潮，把皮膚曬成健康的顏色。最使我驚奇的，有不少人帶了麻將桌、摺椅來，穿著比基妮的泳裝，在沙灘邊緣的樹蔭下打牌。他們都很年輕，洗牌聲劈里啪啦的響，也沒有人前來圍觀。這的確充滿著頹廢的生命的色彩。由淺水灣過去是深水灣，再去是南灣。這兩灣較小，水清沙白，多私人的別墅和泳棚。

四、香港教育

香港的教育頗為發達，中小學校也不少，大學學院也有好幾所，教員待遇相當高。不過校舍都不太大，許多學校沒有體育場。有名的香港大學在薄扶林道，建築在半山中。港大宿舍原是道格拉詩・拉碧克所建的，保留著西方古堡的外貌，和皇后大道中建於一八六一年的鐘樓，同樣殘存著英國維多利亞時代的建築風味。鐘樓已經拆掉。此外，還有香港中文大學、城市理工學院、科技大學……。在香港六百萬人口中，小學生有八九十萬。一九八八年，我曾經替現代教育研究社撰寫香港小學《現代中國語文》的課文。除我之外，還有香港的阿濃、廣東的蔡玉明和關夕芝；他們都是著名的兒童作家。我寫的是四年級至六年級，約六十篇。香港學校學費昂貴，再加工廠需要許多工人，許多人家的孩子小學、中學畢業，就去工作，工作之餘並不看書，書店除了出版教科書、遊記、小說外，其他上架的大都是大陸、臺灣出版的書籍。我家裡的一些古籍與今人研究，大都是從香港買回來的。

五、太平山勝概

香港可玩的地方很多，有快活谷的跑馬場，大坑的虎豹別墅，花園道的兵頭花園，銅鑼灣的維多利亞公園，香港仔的海洋公園，天星碼頭附近的夜色都很有名。維多利亞公園，每到星期六的傍晚就坐滿了菲籍的傭工，有時她們低低哼著思鄉曲，交談著故鄉事。海洋公園看海豚海獅的表演，可說很通人意。但最美的卻是登臨太平山頂，遠眺九龍半島的夜景，以及在渡海輪上看四周海灣中的夜色；這都是我畢生難以忘懷的美景！

香港本島有十五座山。太平山最高，海拔一千八百零五英尺，爲群山主脈。在這山頂可以遠眺九龍半島，四望大海，形勢開闊奇勝，夜景尤極優美。觀光客到了香港，沒有不上山一遊的。可以從花園道坐電纜車直上山頂，也可以自己開車繞著山道上去。

遊客都是在電力廠附近下車，沒走幾步，在濃濃的夜色裡，許多人都沿著路的欄杆邊在遠眺，對面九龍半島的燈光燦爛極了，好像天邊密集的繁星，好像宋汴京元宵夜的鰲山，好像金銀島盜窟裡的寶藏，大大小小，密密集集，成萬上億的種種形狀的光點，散發著暈彩光芒，紅的像一簇簇鮮花，白的像一片片淡月，黃的像一串串流光，紫的像一顆顆水晶，美的像一朵朵彩球，閃爍的像一堆堆金鑽，心旌爲之搖曳，魂魄爲之迷亂！在夜氣朦朧中，遠遠看去好像虛無飄渺的海市蜃樓，好像小說家描寫的蓬萊仙島，眞是美麗極了！看得我目呆神釋。有些外國人還用望遠鏡在觀賞。看了約二十分鐘，覺得這樣美的勝景，實非這支禿筆所能描繪得千萬分之一呀！

我們一家四個人沿著山邊的小路子，慢慢向山上走去。在昏暗的夜裡好像是走在虛空裡，好像是走在青雲端，俯臨著萬家時明時滅的燈火，有一些建築物的輪廓依稀可見，一輪皓月懸掛當空，一帶橫抹的銀河寂靜地流過，天邊還有幾顆疏星微弱閃爍，好像要滴落下來，落向海角，眞像置身於似幻疑眞的夢境裡。我們走到了太平山頂，遙望遠處，那無際的黑黝黝的大海，看不見白天能夠看到的許多島嶼。

這山頂境地極靜，又是香港的最高點，涼風從海上吹來，颳得衣袂褲角颯颯地響。不禁又萌生了一個幻覺。天帝啊！星星就我在左右，我想偷偷摘它兩粒，給我這兩個雙生子！啊，希望他們能像小星星一樣的聰明光亮！海風越吹越緊，站也站不住；我飄飄欲仙，眞想駕風，飛歸帝鄉。「風涼了，孩子受不了。我們回去吧！」麗貞看著身邊的兩個孩子說。

六、港九間夜色

香港和九龍半島遙遙相對。九龍後面就是由廣東延伸過來的一些山脈，再加上附近一些離島，於是就將蒼蒼的大海包抄起來，形成一個絕好的海灣，港闊水深，像一個內湖，沒有驚濤駭浪。平日港灣內極爲平靜安全，停泊著千百艘船隻，有白色軍艦，有萬噸巨輪，還有帆船、小艇，漁舟，畫舫。至於在內地常見的烏篷船，在香港仔一帶則成群聚泊一起；在德輔道岸邊，也可以見到。每當夕陽西下，鎔金潑銀海面，這時大型貨櫃船從海上鼓浪進港，壯闊之極。香港本島由中環，東北望北角，西南望石塘咀、西環，沿岸都是摩天高樓；對面的九龍半島，也是高樓如林，繁華至極。

晚上搭海輪看港、九之間水上的夜景也非常美；兩邊高高低低的樓房，一到夜晚，千千萬萬隻各色的燈球，齊放出各種顏色的虹彩，美麗極了。這時你若由香港到九龍，或由九龍到香港，渡輪行在港灣中，向四面看去，這五光十色的燈彩浮在水面上，剛好圍成一個大大的圓圈，兩邊中間部分隆起，兩頭低了下去，在黑夜中看去，閃閃爍爍的，正像是用無數量的鑽石珍珠碧玉珊瑚瑪瑙玫瑰琥珀鑲崁成一座巨大的皇冠，發出璀燦爛漫晶瑩閃亮的奇輝麗彩，使人目迷神醉，心魂動蕩，美到極點。過去香港人稱這美麗的夜景爲「維多利亞的皇冠」，現在也隨著大英國力的沒落而交還了中國。近處的水在燈光映照下，瀲灩著各種色彩，各種倒影，柔柔的像染過一片紅的綠的紫的黃的波光，又好像是無數的畢加索用無數的油彩塗抹成現代水都之畫。渡輪劃破了彩浪前進的水聲，使我好像進入了愛麗絲的夢境。我們在這個彩色世界，悠悠泛遊，望著兩岸濛濛燈影中的高樓，水上靜止的船兒和水下微動的船影，船底和船底粘在一起，境界靜美極了。我和妻快樂的談著，說著癡人的美夢，以爲這世界就是這樣令人賞心的，平生的閒愁都可以拋落到南海深處去了。

正恍惚間，渡輪砰然一震，已經靠岸了，我牽著孩子的手登上碼頭，一邊和妻抱怨，機械動力的輪船「利於用」，卻不適於遊賞，不如古典式的畫舫好呢！

金門的見聞

上個月，我承蒙邀請，前往金門參觀；回來，即想寫一篇紀遊文字，只因工作忙碌，一再拖延；幸當時印象甚深，至今記憶猶新。

五月十八日

上午，我自臺北飛往高雄。午後，我們登上太武號輪船。這艘客貨兩用的輪船，有冷氣設備，吊床可容納五百人；這次北區教授訪問團約二百四十四人。

我上船後，安置好簡單的行囊，就走上甲板，看船緩緩離開碼頭，進入大海。不久，遠離了陸地，藍藍的穹天籠罩了藍藍的大海，陽光輕輕在浪花上跳躍閃亮。好久沒有坐船航海，心裏有說不出的舒暖，但海似乎已不像我年輕時所見的那麼雄偉壯闊。目盡海天交接的地方，似乎也並不遙遠；據船上人說：大約五海浬吧。這當然是從眼睛的能見度來說的。有許多人下艙休息去了；我仍然待在甲板上看海，有一位認識我的朋友說：「你可以由金門看到你的故鄉了。」

「看不到，福州還在金門東北二百公里左右呢，怎能看得到呢！」我笑著答說：「但不知金門是怎麼樣的一個海島呢？」

「我的孩子，過去在金門服役。據他說金門是明洪武年間江夏侯周德興所建。觀海石，在太文山東南，在這塊巨岩上，明朝殺倭寇的名將俞大猷題有『觀海』兩個大字：在那裏可以看到廈門呢。」

「您的少爺是學……？」

「學地理的，所以對遊逛山水、研究地理特別有興趣。」他停了一下，又說：「吳稚暉先生過世，遺命安葬金廈海峽；我的孩子說：現在金門水頭村還留有一座紀念這位黨國元老的銅像，教人憑弔呢！」

「金門除『白金龍』外，還有什麼好酒？」

「白金龍牌的高粱酒，臺北也可以買到；倒是大麯、益壽酒、風濕酒，不容易買到，可帶些回去。」

在聊天中，時間過得眞快。這時，忽聽有人喊說：「太陽快落進海裏去了！」我隨聲望去，果見西邊的天際一抹銀灰色雲已被染成紅霞，風在海面吹泛起許多黃金色的漣漪浪波，一輪橘紅色的大太陽，在彩霞中漸漸向下沈沒。這時一個淡淡的圓月不知什麼時候從東邊的海上偷偷爬了上來。「一個月亮東升，一個太陽西落」這種奇景，恐怕只有在大海上才能看到的。不一會兒，太陽終於從天邊掉進了大海裏去了。大家都想保留這日落美景，在這斜暉返照的甲板上，紛紛照了一些相片。

晚飯後，我們又到甲板上觀賞「灩灩隨波千萬里」的月色，直到夜深風寒，才回艙裏去。

五月十九日

清晨五點多鐘，對床的一位老教授，就把我從吊床上叫醒，說：「上甲板去，看日出吧。」

我穿好衣服，漱洗完畢，上到甲板，天尚未全亮，有好幾個早起的在翹首凝望著東方的天空，在等待，在盼望；但天邊一帶，雲片又大又濃，隨風飄遊過來。我們直等到七點多鐘，太陽才從高飛的雲隙裏露出臉兒來，看不到她從海隅湧出的奇觀，而微感失望。不久，我們看到海上有軍艦航行。

船越駛越近金門了，有兩艘漁船從我們的左舷過去，相距約數百碼；船上的人紛紛向他們揮手示意。

十一點多鐘，船隨著漲潮，駛進料羅灣，附近停有幾艘五十噸級機動漁船。碼頭上已有許多人等著歡迎我們，軍樂隊奏著樂曲；我們下船上岸，和歡迎人士熱烈握手後，就坐上遊覽車。

一路上給我印象最深的，就是兩旁都是綠樹；其中以馬尾松，翠柏最多，還有樟、合歡、光臘、相思各種樹。還時時見到一尺來高的高粱。車經過中正公園、太湖。太湖是人工開鑿的湖，看去約有數公頃。據隨車的人員說，像這樣蓄水用的人工湖很多。我想金門的自來水大概就靠這些湖水供應吧。用過午餐，就展開了參觀行程。

我們先在中正公園門口下車。大門是一座雄偉壯麗的大牌坊。我們站在牌坊下的石階上向先總統蔣公的銅像鞠躬致敬。接著由蔣一安教授宣讀一封「致中國共產黨幹部」的公開信，其中有一段說：「談到統一的問題，不是把臺灣統一於大陸，也不是把大陸統一於臺灣，而是那個主義在中國行得通的問題，那一種思想能指引中國走向正確的方向，能帶給人民自由平等與幸福安樂的問題。三十年來，實際經驗與昭彰事實，已經具體的表現在臺灣海峽兩岸人民的生活上。」最後他勸告中共幹部「拿出良知，作智慧的選擇」，「放棄共產主義，以三民主義統一中國」：得到訪問團全體一致的熱烈贊同。

讀了這公開宣言後，我們又上車，經過金門市區，兩旁都是新建兩層洋式房屋。出了市街，沿途兩旁都是樹林，還有綠竹，紅夾竹桃，海風習習吹來，非常涼快。後來我參觀了物質處金城服務中心，才知道過去金門是一個荒涼的海島，從民國四十一年開始造林，這些樹都是歷年以來由當地軍民陸續栽種的，至今三十年，以民國六十二年一年種得最多，達四百二十萬株；現在有各種樹木八千多萬株，其中龍眼、桃、梨、蕃石榴等果樹約佔一千六百萬株，所以整個島都是綠色的樹林。他們不但種樹，也大量造路。

不過，使我感到奇怪的，金門既然是軍事要地，可是一路上卻看不到軍人；路上雖有一些營房，也看不到軍隊的活動。他們都到那裏去了？待到兩點二十八分，我們到了太武山下擎天廳，我才恍然大悟，原來這裏的軍事設施都隱藏在地下。金門的地質很特殊，整個島是由花崗岩構成，到處岩石畢露，就是有表土也很淺薄，又大都是黃土礫，只宜種耐旱的作物與植物。處處崗巒，都是堅硬的花崗岩；擎天廳，民國五十二年完工，就是從花崗岩的山腹中挖出來的大廳。金門地下坑道縱橫，到處是碉堡，槍洞，死角，沒有人知道地下坑道有多長，防禦工事，堅強無比，我想只有「固若金湯」四字，可以形容其萬一吧。

接著又上車轉往花崗石醫院。這座醫院也是鑿山興建的，民國六十七年動工，經過兩年努力，去年中秋節完工，花費五億多，設備完全現代化，光線通氣，都極優良，環境寧靜，包括小兒、內、外、耳鼻各科，民衆也可以求醫，住院且可享受免費。這偉大的建築，使我想起愚公移山的精神，在金門可以說處處發揮盡致，令人欽佩。政府安定金門軍民生活，使傷病有所治療的德意，也由這所醫院興建表現了出來。

我們從花崗石醫院出來，上車前往馬山前哨。由中興堡的望遠鏡裏，隱隱約約，可以望見角嶼、小磴的情況，據說黑洞就是共軍迫擊砲陣地。

四點四十五分，我們到了金沙鎮山后碧山段參觀「金門民俗文化村」。村前面是一片小廣場，大門像中正公園一樣，也是由一個大牌坊構成，牌坊左右，圍以矮牆；從大門進去，兩邊是草坪，形成大院落，可以看到一列五六棟舊式平房，前後數進。我們沿著路走，到海珠堂，大門有一副對聯，寫著：

「海爲屏，珠照座。」

進內再看碑記，才知道「金門民俗文化村」，原來是山后人王明玉，敬祥父子所構築，舊供族人居住，現改做民俗館。王明玉，在清同治間前往日本神戶經商，後來生意愈做愈大，在大阪、臺灣、上海推廣事業，並在營口、大連，哈爾濱設立分店，終成爲巨富，晚年回到金門，和他的兒子敬祥興建了這十幾棟房屋，安置親族，作王氏宗祠。這些房屋雖不很高大，但大門牆壁各有橫額對聯壁畫。像海珠堂，正廳供神位，壁列書畫；兩旁耳房，陳列清代瓷器，南管樂器；還有茶、酒、棋、詩書畫、說書各室，都精小雅緻。南樂陳列室笙管悠揚，我以爲正在開演奏會，走近一看，原來是錄音機的聲音。因時間關係，僅能匆匆一瞥，不能細看，實在可惜。繞過第一進屋的後面，又通過許多道圓形門，到了

「叢屋」的右方，有一株盛開紅花的鳳凰木，高約兩丈多；樹下有石桌木椅，古拙簡樸，很想坐下休息片刻，同人已催促著上車。

五點二十分，我們到砲兵陣地，看到一架巨砲，由一班砲兵表演操作，極精彩。這班砲兵，個個身體健壯，精神抖擻，動作尤其熟練快速。

五點三十分，我們坐車到山麓的迎賓館。這是一座兩層樓建築，去年完成，外觀雄偉，內部設計新穎。一樓爲中正廳，有舞臺、觀衆席、客廳、服務臺，有巨幅油畫；二樓爲圖書館，藏書三萬多冊，四圍書架開放，供人借閱。有電視、冰箱等設備。中西餐廳各一所，環境優美。這次女教授就下榻迎賓館內。

參觀過迎賓館，就返回士校晚餐。

晚上，我到金門市區遊覽。據當地人說：金門耕地不少，約六千多公頃，但因地質關係，只能栽種高粱、玉米、花生、甘薯、大小麥、馬鈴薯和蔬菜，不能栽種水稻。高粱經政府育種改良，採用宿根栽培，現在一年可以收成兩次，每公頃年產四千公斤左右，——後來我才知道金門全縣高粱的總產量每年在五千公噸左右——，都由政府收購，作爲金門酒廠釀酒的原料。「難怪金門的高粱酒，這樣有名！」我又問他們說：「一斤高粱，收購價格多少？」

「大抵一斤高粱，換一斤糙米，折價給錢，換白米，也可以；酒糟，酒廠又廉價賣給我們養豬養雞；我們的生活很安定啊。」

金門除酒有名外，陶瓷、花生酥、貢糖、黃魚乾、蠔乾也很著名。我也買了一兩件土產，兩三人慢慢走回。洗了澡，就休息了。

五月二十日

上午七點多鐘，就坐車去參觀空飄作業。這裏的工作人員都穿著深紅色的服裝，打聽之下，才知道氫氣球最怕烟火，穿了紅色工作服目的在提醒大家不要抽烟。他們已準備許多空飄氣球，一掛有二十個氣球，下繫著一面國旗，還有「中華民國萬歲」、「三民主義萬歲」的標語，一下鬆手放開，氣球就凌空飛向大陸。空飄的氣球，有低空、中空、高空三種。這次所飛的屬於低空氣球，可以連續飛行六小時，抵達福建各地。高空氣球，有十萬立方公尺的容量，可以載重四百磅，飛行四十至四十八小時，可遠至新疆、蒙古、西藏等地。因此，白花油、餅乾、收音機、電子錶，常常隨著氣球，飄送大陸各地，給那些生活貧苦的同胞。

八點十五分，到了古寧頭戰場。在一堵城頭上，塑有一位戴著鋼盔，穿著綠軍服，雙手持槍的戰士，雄姿英發，極為生動；許多人爬上了城頭，跟他一起攝影留念。

古寧頭在金門西北端；來到這裏，我不禁想起民國三十八年十月二十五日古寧頭大捷的一段歷史。據簡報說：共軍一萬多人，在凌晨三時左右，登上隴口與古寧頭之間，想將金門，切做兩半，經我英勇的守軍反擊，焚其船三百多艘，斷其歸路，俘擄了七千多人。如今，憑弔此一戰場，已看不出往昔骨暴沙礫、血染海邊的陳跡了。我由望遠鏡看去，可以看到六千四百公尺的大磴島，還有一兩艘雙帆漁船由鏡頭前悠緩經過。

我們離開古寧頭，經過慈湖，據說這是攔海而成。

九點五分，到達金城服務中心，正舉辦自強特展。在二樓牆壁上，陳列了許多有關金門的資料，因時間限制，無法一一細細看過。因爲我在師大教書，對教育資料較感興趣。報紙有「金門日報」，可惜沒有機會前往參觀。

我剛來金門的時候，以爲這花崗岩構成的海島，大概需要靠臺灣不斷補給，參觀這裏的資料，才知道金門的農產、森林、漁牧、工礦各種產業也都具有規模。

金門經過政府多年努力建設，已完全不是從前的金門了。

我們離開金城服務中心，到了名聞遐邇的莒光樓。莒光樓，興建於民國四十二年；五十五年改爲歷史文物館。

今天二樓展覽的是心戰物品，最引我興趣的，是我們空飄大陸的宣傳文字，採用「簡體字」；我覺得這種變通辦法很好；不然大陸同胞看不太懂，又怎能收到心戰的效果。能夠知己知彼，自然百戰百勝。

看過了莒光樓，也就結束了我們在金門參觀的行程了。還有些地方，像「毋忘在莒」、「官兵休假中心」、「浯江書院」，可惜都沒有時間去了。

十一點多鐘，我們又到了料羅灣碼頭，在軍樂演奏著驪歌聲中，我登上了來船，揮手向送者告別，心裏充滿了悵緒。離開故鄉三十多年了，這是一塊離開故鄉最近的土地，難怪有一個四川籍的老教授要用塑膠袋帶回一掬金門的泥土。

船漸漸離開了碼頭，又進入四望茫茫的大海。下午風浪很大，海上已吹起八級風浪，浪花有時飛濺到駕駛室邊的甲板上。我感到有點翻胃，走在鐵梯上搖搖晃晃的，只好回到艙裏，躺在床上休息。晚飯也吃得很少。

五月二十一日

黎明時節，船已回到高雄港外。我起得很早，遠望高雄港燈光閃爍；右方高處的燈塔，一明一滅，放射著光輝燈影，和一些輕微搖漾的暈彩，還看不見輪船的輪廓。整個高雄似還在沉睡之中。我站在甲板上，看著這寧靜的晨景，天漸漸亮了，突然高雄港的燈光一下全部擰息了。領港的船，到了七點鐘，才領引我們的船進港。上岸後，搭乘遊覽車；十二點多鐘，回到臺北，結束了這四天的行程。

七十年六月二十日追記、七月四日刊於青年戰士報

遊溪頭記

初到溪頭

暑假來了，麗貞說：「到溪頭去。」於是一家四個人就從臺北到臺中，由臺中經竹山，再轉車到溪頭，已是暮靄四合，青山蒼鬱。這一夜，我們住在臺大林業試驗所招待所的小別墅內。這種外觀漂亮雅緻的小別墅，一棟一棟羅列在山坡上。這種別墅大抵兩套房一客廳，還有一架電視，很適合全家人旅行或新婚夫婦渡蜜月居住的。

我們安頓好行李，沿著幽徑下來，在招待所的餐廳裡用餐，有山芹菜、竹筍干炒肉、黃燜雞、鳳爪蘿蔔絲湯，很有山野的風味，收費也很低廉。飯後，沿路走去，只見四周寂靜，蟲聲唧唧，路燈朦朧，樹影婆娑，人語噥噥。水溝附近，有人燒起椒草，以驅逐蚊蚋，濃煙好似一縷灰白的浮雲，隨風飄向山中，散入遠處神秘的森林裡去了。

回到了旅舍，和妻聊著閒天，孩子靠著床頭看故事書。雖是炎夏之夜，山氣透窗而入，清涼之極。終夜山間極靜，窗外南風如清泉，清泉如夜雨，夜雨如琴音。不知何時，我沉沉進入了夢鄉，好像又回到新婚之夜，只是身邊多了兩個睡態安詳、白胖可愛的孩子！

橋與鴿

第二天，我們迎著第一道晨光，走上了弧形的竹橋。黃金色的朝陽，在四邊噴起的細濛的水珠上閃耀，淡藍的天，翠綠的樹，嫣紅的花，美的像一幅彩色畫。成群的白鴿，組成輻射的隊形飛了過去；又像流矢激逝，一隻跟著一隻，縹縹然上飛，隊形千變萬化；牠們飛累了，就棲息在一座雪白的屋頂上，總有一兩百隻吧，「咕咕，咕咕咕」地叫。

竹林

山中到處長著山櫻、蒼松、香杉、九芎。九芎斑駁蒼白的樹皮，很有古畫的筆意。還有叢灌刺棘，成堆紅葉，朵朵黃花，教人流連。循著山徑走去，清泉潺湲，流過石上，兩岸巨樹，遮沒朝陽。漸漸來到一片幾十公頃大的竹林裡，千竿萬竿，孟宗修竹，形成一個綠色的世界，太陽光從竹杪葉縫灑落了下來，好像罩著一層雲幕，綠光淡淡，翠氣濛濛，煙影青青。氣光煙影好像從四面擁來，迷醉了心靈。「一頃寒秋綠，森風十萬竿」，也不能寫盡這裡滿眼的綠意！林間有一塊大岩石，鐫刻著六個朱紅的大字：

「風雨中的寧靜」

這境地眞是靜極了，看不見一個半個人影，只剩下我們一家四個人。古人說竹林「宜煙宜雨又宜風」；現在身處這樣的寧靜之境中，確可暫忘了現實的醜惡！所以嵇康七賢要以竹林，寄託其素志，涵養其美德。

這時竹間忽然有輕脆的鳥聲響起，「嗶嘰——嗶嘰」，好像銀笛的尖美！王安石說：「一鳥不鳴山更幽」；這裡卻是「鳥鳴山更靜」。張目四望，也看不見一隻鳥影！又走了一里多路，才見路旁有一座亭子，原木爲柱，樹皮爲頂，蔦蘿攀連，古樸而粗獷。

神木

走完了山徑，就到了大路。路邊有一個小茅亭，可以休息。對過還有一家茅店，兩側有橢圓形窗。店內卻空空如也。前面不遠處，有一株大樹，從半中腰折斷，上面還有兩三殘餘分枝。神木斜斜地聳向天空，葉子已經十分稀疏，好像老年人的生命力的衰落，但是仍然高出旁邊比他年輕的所有的大樹。一塊木牌上寫著說明：他有一千八百年的樹齡，高達四十六公尺。我想要是沒有中途折斷，眞不知道他會挺拔到多麼高呢！孩子站在樹邊，顯得格外渺小；但願他們將來都能夠成材，有傑出的成就，都能像「亭亭山上松」，高大而不中折！

由神木往大學池，路旁數百公頃的山坡，層層密密的柳杉，都是一九六五年栽種的，現在都已經長大成林了。

大學池

大學池，環境十分幽美，四周繞林木，中間一泓水，綠樹飛彩霞，倒影皺漣漪。水綠得比翡翠還要綠，魚兒在紅霞綠藻中，穿來遊去；兩個孩子憑靠著竹橋上的欄杆，看得呆住了。他們那呆傻的模樣兒，也沈浸在搖綠的池水中，也映現在殷紅的晚霞中。啊，這時已是滿天飛霞的黃昏了！

池的另一邊是寬廣的草坪。草坪的一隅，有一個六角形的烏木亭子。亭子間有石桌石椅，一些遊客正在那亭裡喝著「百事可樂」，說人生應求快樂的話兒。再過去是一層茂密的杉林，背後是灰青色的遠山。樹、遠山襯著亭子，人立畫境中，眞的美極了！

阿里山的奇彩

季棠小樓

二月四日午後到嘉義，即往訪季棠。董季棠兄的新居，就在他任教的嘉義師專附近，是一棟小洋房，寬敞的庭院裡黃菊如金，開得很盛。幾年不見，季棠依然高高瘦瘦的，談吐溫雅，一點沒變。只是他的兩女一男都已長成，有的已經上大學了。我們的兩個孩子十二歲多，卻也長得和媽媽一般高了。老友久別，話當然特別多。當晚，即宿董家小樓。因心裡興奮，一時睡不著，遂作了一首五古：

昔與君訂交，鬒髮青如漆。再過老友家，兒女驚成立。
新庭春菊佳，相見極欣喜。暢飲明燈下，歡談露情誼。

直到夜深，才在雨聲中，濃睡到了天亮。第二日晨起，問季棠兄，方知是附近蕉園中的風聲。

嘉阿程中

從季棠家，走約十分鐘，就到了北門車站，遠遠已看到紅色的小火車停在站上。

阿里山在嘉義縣東境，是玉山山脈的一條西伸支脈，包括大塔山、祝山、石水山，過去是臺灣最有名的林場。

中興號在七點五十分開動了。車過竹崎後，橋梁、隧道漸漸多了起來。路旁聖誕紅不斷閃入車窗，山間濃霧迎車而來；向前望去，視域不過數步。車大半行在山腰，右下方全是灰茫茫的濃霧，從深谷直湧上來，在陽光強照下，猶如滾滾的急湍，翻舞的銀絮。霧氣薄一些，隱隱約約，可以看出迷霧裡的高樹修竹。九點多鐘了，濃霧尚未散去，不過遠山已露出一些兒黛青的影子。漸漸聖誕紅少了，代之而來的是一叢叢紅火草。奇峭山峰，矗聳上來，一座一座橫列在淡淡的煙雲之間，像極了宋米南宮畫的雲山圖。金色的朝陽終於掛上了樹梢。櫻花滿枝椏，密密看不見葉子，杜鵑紅、杏花白，更增添了山中幾分春色，眞是目不暇接。

十時二十分，車到十字路村，雲霧已經散盡，可以看出山上山下都是修長的綠竹，傘形的柳杉，以及極少數的紅檜。楊一峰在〈阿里山五奇〉一文中，所描述的「沿途樹種，隨地變換」，「一日之間，可以看見熱暖溫寒四帶的林木」的景象，現在已不能看到了。原有參天古木已砍伐殆盡，現在看到的都是新造林。紅檜之類珍材，非八九十年不能用。新造林大都是生長快速的杉木竹子。竹林密密成叢，只能造筷子竹席；柳杉樹身挺直，高約數丈，徑粗不過一尺，似乎還不能作爲建築用材。「前人造林，後人享用。」大家把舊林砍光，又怎能應付當前的需要！

十一時車到阿里山巨木下，停了五分鐘，讓旅客下車觀賞拍照。這棵紅檜巨大的樹幹只剩半截兒，但仍高達五十二公尺，胸高直徑爲四六六二公分，雖光秃無葉，仍極壯觀。看過巨木，火車繼續前進。不久就到了阿里山終站。總計全程七十二公里，經過八十九座橋樑，五十個隧道。最長的是三十二號隧道，長七六七公尺，車行二分十五秒；最短的是四十五號，僅二十一公尺，不及四秒鐘，車即行穿過；比起過去上山的老火車要快速多了。

下了火車，已有阿里山賓館的車子來接。賓館離火車站很近，一下子就到。

美景閒情

中午，我們到鐵路餐廳用餐。沿著鐵道是一條街，另一邊是土產店、飲食店、旅店。飯後，在噴氣的老火車頭前拍影留念。然後前往姊妹潭；這兩個潭，既小又淺，沒什麼好看。再往前走，是受鎮宮和香林國民中學。受鎮宮前，一個玻璃箱裡裝了半箱子的新臺幣，都是信男善女奉獻的。我心裡想：「開個廟，絕對是一本萬利的好生意；難怪臺灣的寺廟特別多，香火也特別鼎盛。」學校的操場邊，有許多小攤子，賣野兔，山鼠的毛披肩、毛帽子，十分熱鬧。

再往前行，來到一座吊橋。有一些大學生模樣的年輕人，正在吊橋上故意亂蹦亂跳，弄得吊橋搖來晃去，嚇得一些女孩子在橋中央嬌嚷胡叫，於是來往的交通爲之堵塞。後面來了許多遊客都不能過去，他們猶自只顧自己嘻樂。還好，這時有一個鄉下人將他們說了一頓：「這麼大，還這樣子。要走，就趕快走吧！」他們這才不再胡鬧了；大家才得安然過了吊橋。

再一拐彎，不遠處，就看到三代木。我本想轉往慈雲寺、博物館參觀，但因山上氣壓很低，氧氣稀薄，只走那麼一個多小時，早已相當難受，決定回賓館去。這一段上坡路，並不太遠，卻每走幾步，就要休息一下。當爬到賓館門口，早已心跳砰砰，臉色蒼白，氣喘連連，幾乎舉步維艱了。我們回到房間，洗了個澡，蒙被便睡。

待到醒來，已是薄暮時分，西望群山鬱鬱蒼蒼，夕照的餘暉燒紅了半天的飛霞。不一會兒，橘紅的太陽落到山後去了，蒼茫的暮氣從四面攏來，模糊了窗上的玻璃。

我爲著想看山上的夜景，便帶著家人上車站附近吃飯。回來，天全黑了，路燈昏暗，兩邊盡是黑黝黝的高高的杉林，有一種說不出的深邃神秘。天空又高又黑，襯得一彎新月特別晶瑩可愛，星兒也特別多，閃閃爍爍的，就像兒時在家鄉見到的，充滿著溫馨。周遭一片濃黑，只火車站那方有數點燈火；但太過寂靜了，加快了腳步走回賓館。

這時，賓館前許多彩色小燈泡都已燃亮，把小廣場照得十分幽美。兩三個年輕人彈著吉他，低哼著纏綿的戀曲，很好聽；不禁憶起我摹仿海涅的一些詩句：

她有時，用她的愛，
也有時用她的恨。
可是她，她最使我
苦惱、氣憤和悲哀。
她從來對我沒有恨，

也從來對我沒有愛！

她有時，用她的愛，
也有時用她的恨。

可是她，她最使我
憂傷、喜悅和疑猜。
她時常對我亂嗔恨，
也時常對我亂談愛！

她有時，用她的愛，
也有時用她的恨。
只有她，她最使我
溫馨、甜蜜和依賴。
她從來對我沒有恨，
也從來對我只有愛！

祝山觀日

六日清晨五時，漱洗完畢。我們走出了賓館，四圍高山仍然沉睡在黑甜的夢鄉，但暗青色的天空，已露出一點濛濛亮。六點正，坐賓館交通車上祝山去。一路行人，絡繹不絕；登訪阿里山都是爲了一睹日出之景。

車到了祝山停車場，再走上數十級水泥階，就到海拔二千四百五十公尺的最高頂。上有一棟兩層樓建築，叫做「觀日樓」。樓裡都是人。大門右邊有一塊牌子，寫著本日「日出是七點零三分」。我們走上觀日樓樓上。在飲用茶點時，看到樓下朝玉山那邊的一塊大廣場上，早已麇集了許多遊客，密密麻麻，幾無隙地。

東望高達三千九百多公尺的玉山，好像一座極寬展的黑檀木屏風，橫亙祝山對面，有數十里長。在這黑屏風的上沿鏤著一道金線花邊。這時天色已經由深青轉變成淡青。我們走到樓邊的眺望臺上，往下看去，今天祝山下面沒有驚濤駭浪，翻騰洶湧。有人說：「秋天來，才能看到雲海。」祝山和玉山之間，是一個極深的山谷。就在臺下近旁，有一座雄奇的山崗，好像被天神雷劈電削過，鑿成了十幾個山脊，十幾個山頭，層層低下去，直奔向谷底；又好像是一條巨龍從谷底鼓著鱗鰭，蠢蠢然要爬上臺來，只是不知其首尾潛藏於何方罷了！一層淡淡薄薄的雲氣平鋪深谷之中，像極了大水缸中盛了大半缸的清泉，谷底的景物依稀可見。這時西方近處的山頂，先映出橙黃色的光芒；遠處青山層疊，沉浸白雲中，好像淡描輕畫的眉痕；又好像在天際勻抹了一些胭脂紅霞。

大家等待日出的心情，越來越迫切。觀日樓上的遊客，廣場上的遊客，大家都抬頭仰望，想一瞥朝陽的駕臨。啊，時間一秒一秒地過去。有人在看錶，七點鐘了，怎麼還不出來？我再看看天，仍平靜如舊，沒有半點聲息！就像風平浪靜的海面，根本看不見羲和駕六龍、載晨曦的金車，熱奮奔馳前來的影子！

正當大家等得心焦，我連聲催促道：「快點出來吧，太陽！」也就在這催駕的一瞬間，天上的色彩開始迅速地轉變，先是變成濛濛的深藍色，鑲在山頂上的那道金花邊加寬了些；飄遊空中的幾片雲彩，已被彈成了白絮銀棉。也就在大家望眼欲穿之際！啊，那一輪白亮白亮的太陽，突然從黑黝黝的玉山後一躍而出！啊，眞快！不到一秒，就翻上了山背，發出熾亮無比的強光！億萬道銀箭射向玉山，無量數幅射狀的光輪，射向群山，射向大地，射向宇宙。這一個太陽在藍藍的天空中，光芒四溢，燦爛明亮之極。啊，許多人從心靈深處發出了一聲歡呼！

每天遠從各地來此觀日的遊客，他們花費許多時間與精神，所要觀賞、所要歡呼的，就是這不到一秒鐘的奇彩！——我看看手錶，這時正是七點零三分。

清晨在花蓮的海邊

沿著海岸的路慢慢走去，我看到一輪太陽帶著新鮮極的空氣，從太平洋遠遠的睡鄉清醒過來，露出了紅通通的臉兒。四周寧靜似幻。在朦朧的晨霧中，已經有幾個老人緩慢地晨跑過來，還有幾隻紅冠的番鴨在馬路中間一跩一跩地邁著八字步，呀呀地叫，十分神氣。

東方的天際露出濃濃的彩霞，那是梵谷都描繪不出的動畫，橘紅、金黃、深紫，海波閃耀著搖漾著一道一道鮮麗強烈的光燄。啊，海潮之波，美得難以落筆！附近的疏林還籠罩著淡淡濛濛的霧氣，人走進霧裡，漸漸消失於茫然無何有之鄉。仰望天空急急飛馳過像棉絮像綿羊的灰色雲。雲的上面是潔淨清澄的藍天，下面是澎湃洶湧的海洋。層層的白浪從我的腳邊湧向遠方！散碎幻化的浪花，浮現著少年時無數難忘的美夢和高飛遠颺的猛志！你看，那遠遠的海上，有一艘黑色的大船，是要航向那日出日沒的地方吧！要去捕捉翻江倒海的大魚還是載碑浮游的巨鰲！啊，我想人人都是《老人與海》中的老漁夫吧，他們一生都過著討海的生活，都做著捕大魚的美夢。

我終於登上了花崗山，俯視雄闊的大海。盡力遠望，卻看不見古代傳說中「樹高百丈，一千餘圍」的扶桑木。我只看見西邊有一座小小的島嶼，在炫爛的朝陽之下，渲染成了光彩熊熊的黃金之島，海水也被塗抹成金熔熔的一片，像極了聳立大沙漠中的金字塔！

四十幾年前，我在花蓮吉安鄉牧場中待過幾個月。那時山地人，男的女的臉上還刺著一些美麗的青色的花紋，在溶溶的月光下，赤裸著身子在清溪中游泳。農人們趕著黃牛拉的板車滿載稻穀叮叮噹噹的響過街道，快樂的神情洋溢於純樸的臉上。靜夜在花崗山上，沐浴在晚涼的西風裡，似水的月色下，時常可以聽到甜蜜蜜的情歌的對唱！男女熱情如火的歌聲悠漾在跳動的心頭，直到了深夜！

花蓮已經興建了許多高樓大廈。二十幾年前，我有一次住在海岸邊的亞士都飯店。這座建築物，給人有一種穿著白色水兵服的那樣的皎潔美，還有一種漆著白色主力戰艦的那樣的雄姿。此外，海邊的一些建築也很雅緻漂亮，有一些小洋房很引我注目。因此，我曾萌生隱居於此的念頭，但只一閃而沒。

記得有一個胖胖的中年女人，帶著一隻捲毛的狗，從路的那邊跑步過來，在做減肥運動；臺北街頭能見到只是車子爭路的紛亂煩雜。就是在我住的花園新城也不復見到此景；因爲如今山上無家可歸的流浪狗實在太多，已不容人放心晨跑，一不留神就會踩到一腳底的狗矢，再加這些惡犬的吠影吠聲，大人蕭煞了人們早起晨跑的樂趣。今不如昔，世無完土，現在的花蓮的海邊是不是還那麼優美，那麼令人懷念呢！

還記得還有一些年輕的男女很悠閒地穿過鐵軌，走向海濱的沙灘，坐在柔軟沙地上，手輕輕拍著浪花，讓浪花輕拂幸福的心靈！深呼吸從太平洋上吹送過來清新的空氣，讓海風吹亂她們烏溜溜的長髮，短短的裙襬也教顛狂的風兒掀得老高，隱隱約約露出了健美修長的腿部實在迷人。他們彼此訴說著蜜糖式的一些話兒，隨著溶金潑銀的浪花兒，一起灌進了他們的意識之深海！啊，我彷彿又回到年輕的歲月！

現在，哪裡還有這樣完美的地方？我想只有在塵封三寸的記憶裡，可以找到這美麗的斷片吧！

武夷有三寶

——山奇水秀岩茶好

十月三十一日下午四時，我們從廈門搭夜火車往邵武。十一月一日凌晨四點鐘抵達邵武，再坐車往武夷山。早晨六點鐘抵達武夷賓館。

武夷山在福建北部崇安縣西南三十里，是一個著名的風景區，峰巒巖壑，秀拔奇偉，清溪九曲，流出其間。傳說唐堯時，彭祖住在山裡，壽長七百多歲，生有二子，名做彭武、彭夷。父子三人率衆開山拓荒，疏濬九曲，因此山名「武夷」。先秦時，這裡是越族聚居地方，至今還留有越人懸棺而葬的遺物。南宋理學家朱熹，在紹興十三年（一一四三）奉父親遺命，定居此地，前後四十年；如今還留有他講學傳道的「紫陽書院」的遺址，他題在九曲溪畔的「逝者如斯」，一線天的「天心明月」八個字的崖刻。李商隱、范仲淹、柳永、李綱、陸游、徐霞客也都到過武夷山。

李綱，邵武人，是抗金主戰派的領袖人物，在宋欽宗時爲兵部侍郎被謫，高宗時爲宰相七十幾天下台。他有〈江城子〉詞，寫和晞眞館的道士，泛舟夜遊武夷溪，看到縹緲的雲，崢嶸的石，飲酒唱歌，像在夢境，眞有羽化登仙之感，其詞云：

武夷山裡一溪橫，晚風清，斷霞明，行至晞眞，館下月華明。仙跡靈蹤知幾許，雲縹緲，石崢嶸。羽人同載小舟輕，玉壺傾，薦芳馨，酣飲高歌，時作步虛聲。一夢遊仙非偶爾，回棹遠，翠煙凝。

陸游在〈黃亭夜雨詩〉歌頌武夷山說：「未到名山夢已新，千峰拔地玉嶙峋。」這裡風景絕佳。宋人又有詩云：「山湧千層青翡翠，溪搖萬頃碧琉璃。」當地俗諺又云：「武夷有三寶，山奇水秀岩茶好」。武夷有三十六峰，七十二洞，九十九岩，自不是我匆匆一遊，所能觀賞得盡，描說得盡的。

當天下午，我們十人在第九曲的星村坐竹筏，遊覽九曲溪。船夫在一只竹筏上，擺五張竹椅，坐五個遊客。在黛綠的溪面上，他們撐著竹篙，輕悠悠地順流而下，只見兩邊高岸大多是峭壁丹崖，岩層畢露，也有些是翠巒處處，林竹猗猗，幽洞深深。溪水有時油綠如鏡，山影天光，倒映如畫，眞是美麗極了。有時水淺石出，水花飛濺，船夫輕輕地撐著竹蒿，竹筏子就在小灘邊滑行過去。一路上，船夫不斷解說，兩邊岩壁山峰的形狀、特徵和故事。你看那邊是鼓樓巖，這邊是大隱屏峰、仙掌巖，只要夜裡一下雨，第二天就有白簾式的瀑布直瀉了下來囉。

我來武夷山時，已經聽人說過，武夷山有許多迷人的風景線，像春天的幽蘭巖花，天游的雲氣縹緲，林間的煙雨，暮色的迷茫，丹崖的夕紅，空山的明月，可惜它無法濃縮一起給我觀賞。我正在沈迷之間，卻聽船夫指著說：你看在那高高的懸崖絕壁上；伸出兩片板，懸空架著棺木。那木板叫做「虹橋板」，那懸棺叫做「架壑船」。後來我才知道這是兩千多年前古代越族人的習俗，大概在仙人傳說極盛的武夷山上，自不免冥想死後飛升羽化，所以把棺木安葬在高處，只是如何把棺木靈柩運到這離地一兩百公尺的絕壁山洞，實在無法解釋出來？有一些到過「金雞洞」的旅客說：洞中還有五具這類船棺。金雞洞離地約七八十公尺高。

這裡人相信九曲溪所以這麼美，是天上銀河倒灌了下來；所以第九曲地名「星村」，就是群星飛落的地方；第一曲地名「晴川」，就是「星川」的諧音。這當然是非常美麗的想像。其實，第一曲叫做「晴川」，是因爲朱熹的〈櫂歌〉描寫第一曲有「一曲溪邊上釣船，幔亭峰影蘸晴川。」寫幔亭峰的山影倒蘸在晴天綠溪之中罷了。說起「幔亭峰」，又有一段屬於道教的神仙故事。他們說：山神武夷君在山頂把晚霞紮成彩幔，做了一座大大亭子，宴飲神仙、親友和鄉人。武夷人就把這座山峰，叫做「幔亭峰」。

我們看到一座山峰，亭亭玉立水中央，峰姿神奇優美。船夫說那是「玉女峰」，高的是嫂嫂，矮的是小姑，峰頂上的一些樹是她們戴的鮮花。

遊罷歸來，再讀朱熹在淳熙甲辰（一一八四）二月，在紫陽精舍時候，和朋友共遊武夷山的九曲溪，所作的〈武夷櫂歌〉十首：

武夷山上有仙靈，山下寒流曲曲清。欲識個中奇絕處，棹歌閒聽兩三聲。

一曲溪邊上釣船，幔亭峰影蘸晴川。虹橋一斷無消息，萬壑千巖鎖翠煙。

二曲亭亭玉女峰，插花臨水爲誰容。道人不復陽臺夢，興入前山翠幾重。

三曲君看架壑船，不知停櫂幾何年？桑田海水今如許，泡沫風燈敢自憐！
四曲東西兩石巖，巖花垂露碧毿毿。金鷄叫罷無人見，月滿空山水滿潭。
五曲山高雲氣深，長時煙雨暗平林。林間有客無人識，欸乃聲中萬古心。
六曲蒼屏繞碧灣，茅茨終日掩柴關。客來倚棹巖花落，猿鳥不驚春意閒。
七曲移船上碧灘，隱屏仙掌更回看。可憐昨夜峰頭雨，添得飛泉幾度寒。
八曲風煙勢欲開，鼓樓巖下水縈洄。莫言此處無佳景，自是遊人不上來。
九曲將窮眼豁然，桑麻雨露見平川。漁郎更覓桃源路，除是人間別有天。

我想「九曲之美，美在優游；武夷之奇，奇在沉著。」這是文學的境界，不是其他地方所能有的。

二日上午爬山，他們都說：武夷山的峰巒之間風景絕佳，只可惜我因爲近視度上千度，下坡時會頭暈目眩，無法爬上雲梯峻險，所以當她們攀登仙女峰的時候，我只好和尹雪曼、王書川二兄，在茶寮中喝茶。

賣茶的女孩子告訴我們：武夷山的岩茶非常有名。又說：「武夷岩茶和山楂、陳皮、菊花煎湯喝，可治高血壓；老薑煮湯泡武夷岩茶，飯後喝，可治糖尿病。」不知是否有效？姑且記他一筆。

我十幾年前，寫過一篇〈中國的茶葉〉，早已知道著名的武夷茶，種植茶葉的土壤以「爛石紅土」最佳。武夷山是岩石構成的，有整座山是一塊巨型的岩石，觸目所見盡皆黃土紅土，最宜於種茶，這裡的農人都以種茶爲業，到處是茶園。據人說每到春夏種茶、採茶的時節，滿山遍野盡是種茶採茶人。

有〈武夷採茶詞〉爲證：「時節初過穀雨天，家家小灶起新煙，山中一月閒人少，不種沙田種石田。」《閩產錄異》說：「武夷山在清明後穀雨前，採茶者萬餘人。」武夷茶又分「岩茶和洲茶」，種在山岩的叫做「岩茶」，種在溪邊的叫做「洲茶」。

武夷岩茶，早在明太祖洪武年間，即馳名於世。武夷茶葉，屬紅茶「烏龍茶」類，以「大紅袍」最爲有名，有「茶王」之稱。大紅袍是野生茶，現在只有兩株，生在天心岩的崖縫間，採摘艱險，產量極少。「小紅袍」是由大紅袍培植出來的。武夷的「人栽茶」除小紅袍外，還有水仙、烏龍、鐵觀音、黃龍、肉桂、菜茶等。武夷的星村鎮早在明崇禎年間（一六四〇），就是很有名的紅茶集散地；荷蘭商人將武夷茶運銷英倫，輸入歐洲，英國人嗜飲紅茶的風氣，因此而起。台灣文山包種茶和凍頂烏龍茶，也都是從武夷山帶回的茶種和茶粒種植成功。現在武夷山市政府計畫發展茶業，希望兩年後武夷的茶園，能達到十六萬畝，想把武夷市建設成茶葉加工、包裝、運銷、科研的茶城。

武夷的山峰除了三仰峰外，大都在三四百公尺，不高。夏晨，你在天游峰一覽亭，有時可以看到雲海，很宜於年輕人往遊。年老的遊客卻仍多無法攀登。陸游〈泛九曲溪詩〉，就有「暮年腳力倦躋攀，借得扁舟臥看山。」雖然，他看到「怪怪奇奇」山峰，但總不如親登天游，目睹雲海千變萬化之爲快。所以我認爲武夷山觀光點的設計，尤其對遠來的觀光客，起碼要有盤桓兩天至三天的景觀設計。——武夷山市市長陳祥龍在〈武夷之歌〉說：武夷山主峰黃崗山，海拔二一五八公尺，周圍一千公尺以上的高峰有十八座，大部分被原始森林所覆蓋，植物有三四千種，已經定名的有一千八百多種。樹木的種類是整個歐洲大陸的七倍。野生動物有四百多種；獸類近一百種，鳥類三四百種，兩棲類三十三種，爬行類七十三種。蛇就有六十二種。高山魚類三十三種。昆蟲定名的有五百多種。所以這裡被稱做「鳥的天堂」、「蟲的世界」、「蛇的王國」。現在已經被列為「自然保護區」，佔地八十五萬畝，是生物學家研究亞洲動植物的好地方。我認為要想增加武夷山的觀光點，最好方法就是利用現有資源，計畫在武夷山市成立一個植物園，專植具有武夷山特色的植物：一個動物園，專豢養武夷山中的野獸、飛禽、爬蟲、高山魚，這一定可以吸引更多外來的遊客。

從一九九二年九月，中共把武夷山列為國家級風景區，大力投資開發，建設一流賓館，高爾夫球場、水上娛樂場、豪華別墅、花園，三十六米寬的公路，能夠起落波音737型的飛機場；現在已有飛機飛香港、福州、廈門、上海，計畫中航線還有：台北、日本、馬來西亞、新加坡、泰國、廣州、南京和北京。一流的賓館現在有：玉女大酒店、武夷山莊、凌雲賓館、九曲賓館等，設備都已現代化，有中西餐廳、夜總會、KTV、啤酒屋、彈子房、會議廳、電子遊戲機、美容廳，有的還有汽車出租。雙人房現在收費約四五十美金，普通賓館雙人房約五百台幣一夜。從武夷建設，可以看出他們的行政效率很高。

武夷山的市區和陽明山差不多，要想成為國際的觀光區，商業市貌都仍然有待加強建設。

三日上午，我們離開了武夷山，搭機飛福州。四日中午，我們和福州的朋友握別，飛香港返台北，結束了這一趟訪問的旅程。

（民國八十四年一月二十二日刊於《青年日報》）

廈門紀行

去年，有幸到廈門一遊，到達廈門後，搭渡輪往遊鼓浪嶼。上了渡輪，遠遠的可以看到鼓浪嶼就在對面。但觀光的渡輪似乎並不急急橫越過去，而沿著兩岸之間航行。不久，只聽船上播音說：「望遠鏡，一具五元，可以看到金門。」鄧藹梅、陳幼陵她們租了幾個望遠鏡，分給大家看。我拿了望遠鏡往前看。只見鼓浪嶼近在眼前。慢慢看到鄭成功的巨型石雕，矗立在向海延伸出去的一座險峻的岩石上，浪花在礁石下翻湧飛濺，雕像十分雄偉。我看了半天，仍找不到金門的蹤影，只見海輪一艘一艘進港。這時，忽然有人說：「看到了！」我順著方向看去，望遠鏡中出現的，只是鬱鬱蒼蒼的一片，遠沒有在金門看廈門那樣的清楚。

輪渡終於靠岸了。上了岸，沿路走入狹窄的市街，並沒有在臺北電視幕上所見的各國各式的房屋，雖有一些洋樓，卻極破舊密集。令人奇怪，像這樣的島嶼，在西方恐怕早就闢做觀光的勝地，建起許多現代化度假的旅館了，吸引外來的觀光客。因此沒有什麼可看的，倒是許多小店掛滿女大衣，款式新穎。還有不少海鮮的小食店，盆裏桶中，盡是海蝦螃蟹，還有倒翻著的鱟。鱟魚的味道很鮮美，有棕色的硬硬背殼，帶著一條既長且尖的硬殼尾巴。到臺灣四十五六年，再未見過這種祇福州廈門才有的魚。

我在小攤子上買了幾串養珠項鍊，形狀品質雖然不好，價錢卻很便宜。日本的養珠業發達，渾圓光亮的一粒養珠，價值接近眞珍珠。這些不好看的養珠，泉州人用以製造「片仔璜」珍珠膏，愛美的女人用以塗臉，一盒賣十幾元人民幣，比香港要便宜兩三倍。在臺北大百貨公司內，那些鑲著水鑽的珍珠的項鍊、胸針、耳環、手鍊，鑲工造型，精美細緻，一套售價約兩千元臺幣；漂亮的女售貨員說：「這都是養珠磨粉加工合成的。」工藝發達，利潤自然提高；落後，價格只好便宜。不過，麗貞仍然喜歡我帶回一串一串珠鍊，因爲那情意是無價可估的！

最後，我們來到一座坐落海濱的「菽莊花園」。菽莊花園是臺北板橋林家的子弟林爾嘉（字叔臧）所建。在臺灣割讓日本時候，他們父子兩人，不願做日本的順民，離開了臺灣，回到鼓浪嶼。據說菽莊花園就是模仿板橋林家花園的形式建築的，亭台樓閣，板橋山洞，假山盆景；萬頃滄海，洶湧奔騰，就在腳下；驚濤駭石，海鷗悲鳴，蕩人心胸。因爲要趕回廈門大學，參加朱之文副校長的宴會，只好匆匆瀏覽，留下眼波心影，鴻爪雪泥的印痕。

下午，他們安排我們遊覽集美。廈門島原在海灣中，往遊集美才知道當地政府，築了兩條五公里長的海堤，連接了廈門、集美、杏林三地，使廈門島變成了半島。陳嘉庚在他的故鄉集美鎭先辦學塾，後來陸續創辦幼稚園、小學、中學、專科各級學校，師範、水產、航海、商業、農林、國學、高船各類學校，還有圖書館、科學館、體育館、美術館、醫院，遍佈閩南各地，統稱「集美學校」。在臺灣一些有錢的人士，出錢捐款只有三種：一種爲祈福而捐款給寺廟禮拜堂。一種爲取得更大利益捐款給政黨，甚至用錢參選民意代表，掌握財經的發言與立法的特權，把國家搞得烏煙瘴氣。還有一種是爲幫助貧弱而捐款給慈善機構，積些陰福。卻很少有人爲著培育國家的人才，提高大衆的教育，促使科技的發展，慷慨解囊，捐款給學校、給研究機構。我們的企業家們實在應該在這一方面多盡一點心力！

迎著海風，我們到了集美「鰲園。」它是突出海濱的一個小島。進了大門，穿過長廊，不多遠就到了陳嘉庚的墓園，是由好幾層花崗石的台階疊成的，基層寬綽，一層一層往上縮小，好像匍匐海邊的一隻巨鰲。在牠碩大無比的背上，載著百丈高的石碑。開始時，我以爲這整座都是陳嘉庚的陵墓。細看之下，才知「陳嘉庚墓」只是前面一部份，後面的巨碑是紀念歌頌戰爭的石碑。

第二天，出席了一場座談會。廈門出席的作家有十幾位，由廈大臺灣藝術研究所陳耕所長主持。彼此介紹過後，開始交換對現代文學的意見。討論最熱烈的是「懂不懂」的問題。

我個人認爲「凡是把作品寫到讀者讀都讀不懂，就不是什麼好作品；歷代的好作品，都是大家能讀得懂的作品。《唐詩三百首》、《古文觀止》所選錄的作品，也都是膾炙人口的作品。跟韓愈同時有名的樊宗師，文章奇澀難懂，沒法句讀，也就沒有什麼人去讀了。現代詩盛行的時候，常見人說：「讀不懂是你程度不夠。」「一個詩人寫的作品不一定要凡夫俗子來讀。」這兩句話都有毛病。許多人終其一生鑽研文學，讀不懂現代詩，能說是他的程度不夠嗎？我認爲一個人的作品，不公開發表，愛怎麼寫，誰也管不著。就像魏晉時的名士，在屋裏剝光衣服，跟豬同盆飲酒，誰也沒話可說。現在發表出售，就是公開的東西。就不能說「不懂，活該！」

過去有人常引「李商隱詩」替現代詩辯護。的確，李商隱詩像謎語一樣的難懂；蘇雪林寫過一本書《玉溪生詩謎》，就是探究李商隱的詩。不過，大家要知道，李商隱所以成爲一位名詩人，是由於他有許多膾炙人口的好句，讓人沉迷酣醉。像「夕陽無限好，只是近黃昏。」「春蠶到死絲方盡，蠟炬成灰淚始乾。」「滄海月明珠有淚，藍田日暖玉生煙。」誰又讀不懂？因爲他有這些人人能懂的好詩好句，所以他成爲晚唐著名的詩人。他不是靠那些難懂如謎的詩，而能在唐代的詩壇佔一席之位的。

我們知道現代藝術講究「新新」，像繪畫的形體與色彩、音樂的聲感、建築的造型之美，都可以訴之人類視聽感官的直覺，而感覺其美其新。可是文學的媒介是「文字」，要是寫的文字的意思沒人能懂，那又怎麼能教人體會出作品的絕妙。杜杭諾在《藝術與社會生活》中說：「一個藝術家無論如何不能對人讓步。」他說的是繪畫，不是文學。因爲繪畫是訴之人類感官的直覺，文學是訴之人類心靈（大腦）知覺的感受。這顯然是有很大的差異。畢卡索是受過傳統作畫嚴格的訓練，有了堅實的基礎，然後作畫才有種種變化，才能把他自己塑造成：立體、變形、扭曲、超現實、抽象藝術的一個偉大的畫家。並不像那些只懂得把油彩把顏料胡亂倒在潑在畫布的上面，而自稱是什麼主義的現代畫家。

現代作家雖要新變，但也總要人懂。不然，就像寫一篇外星文——人不懂。寫的花盡精神，讀的傷盡腦筋，又有啥意義、啥價值呢！

（八十四年三月廿五日中華副刊）

臺灣橫貫公路

臺灣的東西橫貫公路，是有名的觀光地區。大抵一般人來這裏，有的只遊東部，有的只遊西部。遊東部的，都是由花蓮到天祥。這一段路，車子大多在半山腰行駛。抬眼上望，峭壁像刀削直上；低頭下看，是千丈深坑，令人驚駭。一路上清溪屈曲，急流迴轉。車子時常從人工開鑿的山洞中穿過去。其中九曲洞最驚險，我們下車步行觀覽，兩邊雄奇的山勢，好像要將我擠壓得粉碎，直逼得我心神不安。這時，我感到自己渺小極了。

遊西部的，可以由臺中，經東勢，過谷關，往梨山。這一段路，車子大都在高山大嶺上行駛，車隨峰轉，越轉越高。過了谷關，俯視達見水庫，在下面萬丈的深谷間，好像碧玉凝翠。這一段路也十分驚險，但因視野比較開闊，所以沒有東部那一段驚心動魄。

橫貫公路的工程，是非常艱辛偉大的。一九五六年七月七日動工，參加建築的，最多時達到一萬一千多人。他們在海拔三千二百多公尺、林木蔽天的荒山峭壁間，鑿山開路，挖掘隧道，架設橋樑，鋪埋管道。有時連容身立腳的地方都沒有，工人們只好用長繩粗索，把自己掛在半空的峭壁上工作。他們一鋤一鏟地挖掘，一鑿一鑽地敲擊，一寸一尺地開闢，經過三年十個月的努力，終於完成了這一偉大的建築工程。今天，我們走在這條大道上，可曾想到：足下的每一粒沙子，都曾經留有開山闢路者的心血和汗珠。

西湖

西湖，是我國有名的觀光遊覽區，三面山峰環繞，四時景色優美。湖上有一道長堤，從南屏山下直通北岸，把西湖分做裏湖和外湖兩部分。

沿著湖濱有環湖公路，交通方便，遊客不絕於途。

到了春天，西湖到處是花。走進鄰近市區的柳浪聞鶯公園，將可看到黃鶯在垂柳間飛來盪去，啼叫歌唱。長堤的兩旁，桃紅柳綠，十分迷人。西湖西北角的花圃植物園，種有玉蘭、山茶等兩千多種花草樹木，更是燦爛極了！

西湖的寺廟和亭臺樓閣很多，有名的有岳王廟、靈隱寺、樓外樓等。岳王廟在西湖北岸，是紀念抗金英雄岳飛的廟，供有一丈多高的岳飛坐像。靈隱寺，在西湖之西，北高峰下，供有六丈高的金色佛像。樓外樓是西湖北部孤山島上的一家老菜館，在這裏可以嚐到窖藏的美酒，西湖的鮮魚。孤山的中央是中山公園，園內有博物館，館內還藏著十八世紀清朝編的百科叢書四庫全書。

早晚陰晴，西湖的景色都很美。假如你趁著天還沒亮，划隻小船進湖。你將會看到最富有詩情畫意的西湖：一會兒，太陽出來了，四周的青峰露了出來，但山腳下的樹林，還是被詭奇多變的雲遮去了一半，湖上的雲霧蒸蒸上升，好一會兒才全部消散。這時，清澈的湖水就像剛濾過一般，湖面就像剛擦亮的鏡子，四周的景物全都倒映在水中，眞是美麗極了。

夏日，湖上紅蓮盛開；下雨時，荷葉跳珠，清香襲人。秋夜月光滿湖，好一片銀色天地。冬天的雪景也很美，山湖樓房，還有枝榦扭曲的老樹，都是一色的白，在日光照耀下，極像堆滿了爛銀白玉的世界。

此外，還有花港的金魚，飛來峰的石雕，都等著大家去玩賞呢！

在太空館裏漫遊太空

前天，我到香港太空館看全天域電影太陽系漫遊。

香港太空館是一九八〇年建成的，分東西兩翼。東翼是一座半球形的建築物，裏面有天象廳、展覽廳等；西翼有太陽科學廳、演講廳和天文書店。

天象廳是一個圓頂的大廳，有個半球形的銀幕，直徑二十三米，是世界上最大的天象廳銀幕之一。

我們半躺著坐在位子上觀看。放映的時間到了，廳內的燈光突然暗了下來，銀幕上出現了奇妙的景象：太空人駕著太空船，在藍色的太空中飛行，成千上萬顆星星，就在我的眼前和身邊閃閃發光，不停地飛過去。霎時間，我彷佛置身在這廣闊無邊的太空中了。

一會兒，到了月球。這個地球的衛星上，有許多坑洞，是一個荒涼不毛的地方，一片死寂。回頭看地球，它卻成了藍色的圓球了。

太陽比我們的地球大一百三十萬倍，看去像一團燃燒著的火球，火焰噴上去又落下來，光芒奪目。

黃色的金星被濃密炎熱的大氣層所包圍。水星是最靠近太陽的一顆行星。一會兒看到了紅色的火星，它和地球一樣，有四季的變化。木星是太陽系中最大的一顆行星，比地球大三百倍，有十六顆衛星，看上去，每一顆都像小小的鑽石。淡黃色的土星，周圍繞著十七顆衛星，還有一個美麗的輪狀光環。

我們在太空深處，被這些星光團團圍住。我細心地觀賞，覺得這一趟旅程，奇妙而有趣，也使我增加了許多知識。

大海是我們的母親

大海啊，你是我們的母親！我們在你的懷抱中成長！

我常常來到你的身旁，聽你唱著雄壯的歌聲，看你洶湧的波濤捲上了沙灘！

海，你拋擲著浪花，拍擊著堤岸。一波又一波雪白的浪花，在跳躍，在追逐，在歡笑，好像孩子在雪地裡打著雪仗。我也很想跟你一起在歡笑，追逐，跳躍！

有時，我躺在你身邊，讓陽光灑滿，讓浪花輕拍，眼皮沈沈合上，就像一個掉進甜蜜的夢中的嬰兒！

有時，我聽到你浩蕩的高歌，一股股的怒濤雪浪騰湧了起來！你張開像巨人的手臂，抓住一群一群的浪兒，拋擲過去，撞擊海岸，發出雷轟山崩的聲響。浪兒撞成了堆堆白雪，片片飛沫。只見後浪越過了前浪，在海風裡急奔怒歌，露出你雄猛的一面。可是你有時卻又溫柔的像隻小羊，盪起微微的笑紋。

海，看見你，我就興起對你的熱情；我就做著漫遊海上的好夢！

啊，有一艘銀灰色的戰艦，正乘風破浪，準備開向遙遠的地方！我也想駕著小艇，把著舵，鼓滿了風帆，漫遊世界各地。還有海燕在海上飛翔，在浪頭歌唱；我也要像海燕一樣的自由飛翔，我也要唱出我心中宏亮的歌聲！

夢飛

我小時候，最喜歡做的就是飛翔的夢。在夢中，我像一隻飛鳥，像一片浮雲，飛過高山，滑過深谷，越過海洋。

這是多麼美麗的夢啊！我在碧藍的晴空飛著，一朵朵白雲，從我的身邊飄過。你看陽光照耀的山頂，有佛寺和尖塔；還有遊客在石階上，像小螞蟻似的爬行。我低低地飛著，看到這個城市，有摩天大樓，有架空而過的纜車，有在軌道上慢走的電車，還有輪船不停地從碼頭倉庫，裝運貨物。當然，我有時也看到：有些人，在馬路中間踱著方步；急得開車人，個個咬牙切齒，在心裡直喊：「笨鴨，讓開，別擋路！」

在雨後，我常常飛進了圓弧形的彩虹中央；啊，虹彩是那麼美麗斑爛！我在漆黑的夜裡飛行，滿天的星辰，伸手可及，我眞想摘下一粒，送給我的母親！我也眞盼望有一張入場券，可以容許我飛往雲層的深處，參觀天帝居住的城堡。

我像風箏一樣的乘著氣流，往上爬升，像老鷹一樣的在高空盤旋，像浮雲一樣的飄飄地飛呀。我越爬越高，越飛越快。我像神仙一樣的享受到飛翔的樂趣！我要到那裡，都可通行無阻。

我想人類這種飛行天空的夢想，早就存在，所以在二千多年前，我國就有人在身上裝了大鳥的翅膀，試驗飛行；現在終於發明了飛機，飛行天空的美夢，終於實現。巨型銀翼的飛機，可以載著我們飛往世界各地，大大開闢了我們生活的天地！

鄉居窗景

從前，當這裏還是鄉村的時候，我坐在窗邊，可以看到四季不同的美景：

春天裏，農夫在綠野煙雨中，趕著水牛耕田，撲鼻的是草香泥土味，美妙的鳥聲在我的耳邊響起來。

夏天，小溪上映著一片豔紅的夕陽，暮色中，孩子們在水中無拘無束地嬉戲，清脆的笑聲，快樂的歌聲，一起由窗外傳來。夜裏，螢火蟲在草叢裏閃閃發光，教我心醉神馳。由這窗子還可以數滿天星辰，看綠荷跳蛙，聽風鳴樹梢！

秋天，田野垂著沈實實的稻穀，在農人看來無疑是可愛的金子。他們彎著腰在收割，汗珠一滴一滴地落下，臉上卻展露著喜悅的微笑。稻浪上不時有幾隻鳥雀飛起。啊，多美的一幅畫掛在我的窗前！

在溫暖的冬日，母雞帶領著遍身鵝黃、雪白的小雞，「穀穀穀」地叫，指點牠們啄食殘留在田間的穀粒，表現了無私的母愛。公雞吃飽了，拍著華麗的彩衣，想要高飛；但沒飛幾步，就掉下來，嚇得滾圓可愛的小雞，滿地飛跑。

這已是很久以前的舊事。這裏過去是古樸美麗的鄉村，現在已變成高樓林立的鬧市了。

月亮

許多人都喜歡觀賞月亮。不論甚麼時候、在甚麼地方觀賞，她都是那麼美。秋天時節，天高氣爽，月亮也特別明亮。尤其是中秋夜的月亮，最圓最美。我喜歡觀賞的，正是這樣的月亮。

今年秋天，天氣晴朗。從夏曆八月初開始，月亮由一痕彎彎的眉毛，變成一個銀色的掛鈎，再漸漸變成了一把玉梳子，到了中秋夜，就成了一輪又大又圓的明鏡，掛在高高的天空上。這天晚上，我們一家人坐在窗邊，看著月亮，吃著月餅，說著有關月亮的故事，覺得十分幸福快樂！

到海邊看月，那月也是非常美的。月亮從天邊慢慢升起來，發出銀白的光輝，黑裏透藍的海面上，立時漾起了一道長長的光影。月亮升到空中，撒下了無數的銀星，在大海上跳彈著，隨著滔滔的浪潮，湧上了沙灘。月亮越爬越高，也越亮了，大海和天空終於融爲一色，已經分不清哪是天涯，哪是海角。這時，帶著月色的海浪，像白花白雪一般的飛濺起來。人們見到這樣美的月色，都只想在海灘上跟著她徘徊，而不想離開了。

有一次，我看到一輪月亮，就掛在一座三十多層大廈屋簷下的窗戶邊。我想住在那高樓上的人，如果想摘下月亮，只要伸出手來，就可以摘走她了。我多麼希望我此刻正住在那層樓房裏呀！

金魚的泳姿

金魚是我國的特產，早在一千多年前，就被人養在大魚缸裏，現在則大多養在玻璃水箱中。金魚長期生活在這樣的環境裏，體態和習性都已經和野生的魚不一樣了。牠有圓滿的軀體，溫雅的性格。泳姿十分優美。

小孩子們特別喜歡金魚，常常把鼻子尖貼在玻璃箱上，看箱子裏的金魚悠悠地游來游去。金魚的品種很多，有紅鱗短尾巴的，有全身銀片的，有頭上戴頂紅帽子的，也有黑眼睛邊各掛一個小水泡的，還有長著一副洋娃娃臉的。

牠們被囚在水箱裏，好像並不覺得逼促，也不覺得有甚麼東西絆住牠；有人來，反而游近箱邊，等著人給牠食物。

金魚的尾巴大都又長又大，有兩葉、三葉和四葉的。當牠們在清澄空明配有燈光的水箱中，輕悠悠地游著時，泳姿是那樣的美妙！牠們上下浮沈，左右暢泳，銀鱗金片，在粉紅色的燈光下，閃閃發光，十分豔麗奪目。薄如蟬翼的尾巴完全張開來，好像一朵朵鮮花，在淡綠的水中盛開怒放，不斷變換著美麗的形象。啊，眞美呀！

有時，牠怡然不動，忽一擺尾，就悠然向前游了去，再一掉頭，又游了回來，來來往往，忽上忽下，多麼自由快樂。有時，牠們互相追逐，引起一陣騷動，攪得一箱子的魚都追了過去，擠做一團。眞是有趣極了！

啊！金魚的泳姿眞美呀！

宋香荔枝

荔枝是南國的奇珍。它需要溫和的氣候和適宜的土壤，才能夠長得良好，所以只能在福建、廣東、廣西、台灣、四川、海南島和越南生長。漢武帝曾經派人把南海荔枝的樹苗，移栽到京都長安的皇宮裡，種了一百多株，但因受氣候限制，一棵也沒開花結果。

荔枝每一株樹都可以長到五六丈高，綠葉蓬蓬，在春天煙雨濛濛裡，開滿了青白色的花兒，清清的香氣飄送遠遠兒的。在夏天結成雞子般的鮮紅的果實，皺皺的外殼好像紅縐，豔麗得好像雞冠花，黃黑的果核好像枇杷核，潔白的瓤肉好像冰雪，多汁的漿液甘甜微酸的好像安石榴，有消渴通神補氣的好處。吃多了，對腸胃也沒有壞處。唯一不好的，就是果實一離了本枝，一天外殼就變成暗褐色，兩天香味淡了，第三天味道也變了，四五天外色香味就全都失去了。

荔枝有許多品種，也有許多動人的故事。據說在一千三百多年前，泉州有一個種荔枝的姓宋的果農；他年紀雖然不大，但幹勁卻是十足，而且富有研究的精神。有一天，他吃到一顆荔枝，核兒小得好像麻雀的小舌兒；而一般的荔枝核兒都像枇杷核那麼大。他相信這是老天爺特別愛他，要讓他發一筆專利的財，所以給他一個突變的小核兒，讓他有機會去培育一個新品種的荔枝。

這個年紀輕輕的果農，就把這個小核兒小心翼翼地種在盆子裡，埋在最肥的培養土裡；早晚澆水，經過了好幾個月，好不容易才發出綠綠的小芽；又經過了幾個月，才長大成了一棵小樹苗，他再把它移種到園子裡；又經過三四年，終於長成了一株綠葉茂密的荔枝樹。這時，他剪下這株荔枝樹的枝條，接在一些汁多味甜的荔枝樹的砧木上。這樣，一次又一次的嫁接，經過十幾二十年的努力，他終於培育成這種核兒小得像麻雀舌尖兒，汁又多又甜的荔枝。因爲他姓「宋」，所以這種小核的荔枝，就叫做「宋香」。這就像台灣的花農，把開紅花的九重葛和開白花的九重葛接在一起，結果就能同時開出「既有紅花又有白花的」九重葛。又好像一個姓吳的和一個姓郭的兩個養魚人，他們培養出一種長得又快速味道又鮮美的魚，就叫做「吳郭魚」的一樣。

在泉州能夠生產「宋香」這種小核的荔枝樹，數量畢竟不多，因爲嫁接能夠成功的只有兩三成，而且不太穩定，開始幾年可以結出小核的荔枝，幾年之後常常又變回大核的荔枝的也不少。

到了唐朝末年，有一位姓王的老婆婆，她就擁有一株有一百多年歷史的「宋香」的荔枝樹。它就像她的生命。夏天裡一樹都結滿了纍纍的荔枝，枝條壓得低低的，幾乎要垂到她園子邊的泥牆頂上。將到中午的時候，在知了知了的蟬聲中，樹上的荔枝就一大抱一大抱的轉紫發紅，那就可以摘下來吃了。這一株樹可以結幾百斤荔枝。每當風兒吹來，大家都說那樣子眞是美麗極了，眞沒話兒說，好像掛滿紅紅的燈球，好像燃起點點的火種，好像一簇簇的大紅葡萄，好像繁星綴成的連星果，好像胭脂畫就的草莓，好像現代的廣告燈光，好像西方的聖誕火樹，好像飛落林間的彩霞，把這棵樹妝點得非常漂亮，隨風上下搖曳，光彩奪目，的確美極了。王老婆婆非常愛它。她時常跟樹說「愛它，贊美它」的話，細心照顧。說的也奇怪，這株荔枝樹每年也都給她帶來非常豐盛的收穫。

可是不幸總是繼著歡樂之後來臨。戰亂爆發了，那時大強盜黃巢的部下經過了這裡。這些賊兵要砍掉這一株荔枝樹當柴來燒。王老婆婆對他們說：「這是好品種的荔枝，求你們不要砍它呀！」

「什麼？樹有好壞？」這些強盜大聲笑說：「這棵、那棵還不都是一樣的，是一棵樹。妳，這個老太婆滾開！別擋住我們砍樹哇！」

這時，王老婆婆雙手緊緊地抱著這株荔枝樹，死也不肯放手，說：「你們要知道，樹跟人是一樣的：好樹結好果子，壞樹結壞果子；好人做好事，壞人專做壞事！你們若要砍樹，就先砍了我吧！」她這一席話，使平日專幹壞事的那些強盜聽了，感到十分慚愧。因此，這品種優良的「宋香」荔枝樹，就傳到了今天。那核兒小得好像雀舌兒，好像丁香顆，那漿汁卻甜得像蜂蜜呢！難怪許多人都愛吃荔枝，所以楊貴妃要派人到廣州運送荔枝進京來吃呢，詩人蘇東坡要說「日啖荔枝三百顆」呢！我有四句荔枝詩，說：「夜訝枝結彩，晨驚樹點燈；甜過香草莓，色比山楂紅。」

猴子的歡樂和悲傷

大家都知道李白詩有「兩岸猿聲啼不住，輕舟已過萬重山。」在這詩裡「猿」是包括猴子在內的。過去，猿跟猴子沒什麼差異。現在，動物學狹義的說法，才把猩猩、大猩猩、黑猩猩、長臂猿，叫做「猿」，其他仍然叫做「猴子」。

猴子的長相很醜陋，臉形像老公公，身軀像小孩子，突額頭，高眼眶，雙頰比較瘦凹，手腳跟人一樣能夠站著走路。猴子除了臉孔沒有毛，整個身體都長著密密的毛，就像穿了件能調節體溫的衣服，屁股上還有一條很有用的長尾巴。猴子的性情急躁，頑皮好動，人又叫牠「猢猻」；從前罵調皮倒蛋的學生做「猢猻」，老師做「猢猻王」。

母猴懷孕五個月生小猴子。猴媽媽很愛小猴子，常常帶著小猴子在溪澗中洗澡洗臉；因此牠們又有個別號，叫做「沐猴」。

猴子種類很多，有體型小尾巴短的，有身材大尾巴長的，有下巴有長鬍子的。手臂長的叫「長臂猿」，尾巴金色的叫「金線狨」。有的鼻孔朝天，下雨時候就要用尾巴來遮鼻子。但不管那一類猴子，牠們都是身手輕捷的「空中飛人」，能夠在樹林間，在半空中，從這棵樹飛跳到那棵樹，從那棵樹飛跳回這棵樹，飄來盪去，花樣百出，手腳靈巧得眞像一隻隻飛鳥。猴子也是登山的能手，不論多峭陡的山壁，牠們可以不用繩索幫助，只靠著些籐條樹枝，手腳迅速並用，就能爬行如飛，片刻登上了山頂。

猴子平常的生活是很快樂的。天亮了，金色的太陽照在樹梢，大猴叫醒小猴，嘵嘵的丁寧談話，開始了一天的生活。牠們無憂無慮的在樹上跳躍玩耍；餓了就摘山花野果來充饑，渴了就喝山澗流泉來解渴。猴子也不怕生，看見小朋友來，尤其是遊客前來，牠們就滿山遍野走來歡迎，等著大家扔香蕉給牠們吃呢！有一個詩人就編了一首七言詩，唱來嘲笑猴子說：

這裡猴子性眞靈，遊客前來滿山迎；
沒帶禮來懶得理？才知毛猴懂人情！

遊客把香蕉扔過去，聰明的猴子一手接住，蹲在地上，把皮剝掉，品嘗那香甜的滋味。猴媽媽是非常愛護小猴子，經常替牠們洗澡抓癢，抱在懷裡，把好吃的分給小猴子吃。猴子吃飽了，就成群表演空中飛猴的特技，跳躍飛騰，眞是精彩；倒掛在樹間，又好像一團團的胡瓜；牠們互相攀攬，手腳相接，演來十分輕鬆、驚險又靈巧。大家都看得著迷極了。又有一首小詩說：

猢猻愛蒼翠，兩耳白茸茸。
樹間盪鞦韆，林深有幾重。

猴子的生活雖然很和平快活，可是也有牠們艱難痛苦危險的一面。在淒風苦雨的時節，牠們不能玩耍嬉戲，還得忍受風吹雨打，心情憂鬱，叫聲自然充滿著悽厲的聲調。在日本北海道的猴子，當寒冬到來，雪花紛飛，大地積滿厚厚白雪，是一片美麗的銀色的圖畫世界，但寒冷的風刺人肌骨，樹上的葉子和果實都落光了，以山野爲家的猴子，這時有的只好啃樹皮來維持生命，成群擠做一堆來取暖，有時泡在山間溫泉中來暖和身體。生活在南方的猴子，雖然沒有氣候天然的困境，卻有遭遇獵人捕捉的危險。唯利是圖的獵人常常捕捉猴子，賣給動物園關在鐵籠裡供人觀看；賣給耍猴子的賣藝人，他們在猴子的脖子上栓上鐵鍊，穿上紅袍，戴上帽子，帶到各地表演猴子戲：倒豎著走路，拉小木車，騎在狗背上面，模仿著人類紳士可笑的動作，拿著玻璃杯子大喝啤酒，替主人撈一些小錢。可是猴子卻因此失去了可貴的自由！

津門街舊居

民國十八年九月十五日，我在福建福州津門街出生。

在那裏，我住過一段時間，依稀還記得那是一連三進透後的大屋。我們一家賃居於此。我們住在第三進，廳子很大，在大廳正中掛著一幅唐伯虎畫的關公，一手拿著一卷春秋在讀，一手捋著頷下的飄髯，神態坐姿都很威武；周倉站在他的左背後，手拿著青龍偃月刀，滿腮黑鬍子，有如刺蝟，眼如銅鈴，極爲勇猛；關平站在右背後，雙手捧著一顆大印，面貌十分英俊。畫兩邊有清何紹基寫的一聯草書：

入世須才更須節，

傳家積德還積書。

筆力險勁，有如屈鐵枯藤。下面有一張大橫案，中間擺著一座銅香獸爐，左邊描金大花瓶供著四季名花，右邊高腳磁盤擺著常新時果。橫案前又有一張八仙桌子。橫案左右，各有一扇門通往後廳，有高高的門限攔住。大廳兩側分列四把太師椅，兩張茶几。粉壁上掛著春夏秋冬著色山水畫，春羽夏蕉，秋山冬雪。還有錢南園書王維青溪詩：

言入黃花川，每逐清溪水。隨山將萬轉，趣途無百里。聲喧亂石中，色靜深松裏。漾漾汎菱荇，澄澄映葭葦。我心素已閑，清川澹如此；請留盤石上，垂釣將已矣。

廳兩邊就是左右前房，窗櫺斜欹，欄杆玲瓏，是父親與大哥的臥室。有過道通往東西廂房的小花廳。花廳內有小亭，曲橋，叢樹，盆花，另有書房，古籍滿架，拂窗花影，境甚幽靜。大廳前爲庭院，石砌下有大魚缸數個，養著暴睛搖尾的金魚；粉白的高牆靠牆頭處還飾有一些人物之類的浮雕，天井寬廣，牆一角疊著假山，圍成一座土臺，植有芭蕉數棵，夕陽西下，風翻綠意，自覺景美。

我和奶媽睡在後廳左邊一間房裏，二哥、大姊住右邊另一間房裏。

離別

——送父親去江西參加抗日工作

那是七七事變後兩年蟬鳴荔紅的時節，爲了躲避日本飛機惡毒的轟炸，我們由福州城內搬到近郊的洪塘。水西門一帶處處是纍纍的紅顆，喳喳的蟬聲，但這可愛的鄉居的生活，卻不能沖淡戰爭緊張的氣息，報紙天天刊載的是各地的戰訊，我們唱的都是愛國的歌曲，學校公演的都是抗敵的話劇。大家談的都是如何擊破侵略者東亞共榮圈的迷夢。就在一年七月，父親接到他的老同學孫本戎從江西上饒打來一通電報說：

日寇侵略我國，我等身爲革命軍人，昔曾爲推翻清帝而奮戰，今亦應爲國家而犧牲。兄雖息隱多年，仍時憂心國事；而今國家艱危，亦亟需老兵再上戰場。弟於第三戰區亦時爲兄留意。日前，沈晉汾由安徽歙縣來電，力薦兄任其運輸第一總隊中校副總隊長。盼見電下，即日來贛。

父親諱毅，字秀孫，許崇智的學生。辛亥年追隨許崇智，爲同盟會會員，參加光復福州的于山戰役；二次革命失敗，隨許逃亡上海，加入中華革命黨，接受孫中山先生的領導，潛伏上海海軍部工作。張動搞復辟時，奉命南下廣州，運動滇軍師長方聲濤。廣東大元帥府成立，任少將參軍，奉命返榕，策動軍隊起義；福建督軍李厚基派兵圍捕。逃回廣東後，就加入粵軍第二支隊司令許崇智的部隊，參加打倒廣東軍閥莫榮陞，廣西陸榮廷，北伐與返擊陳炯明，驅逐福建李厚基等戰役。直至粵軍總司令許崇智下臺，父親才離開革命的陣營，返回福建作一個普通的公務員。直到民國二十四年（一九三五）失業，遂賦閒在家。

二

父親接到了孫本戎的電報，決心前往江西第三戰區參加抗日工作。於是我們一家人，就在這一年七月，離開了福州，搭著輪船，溯閩江而上，到了南平。

南平是一座山城；閩江在這裡和北源的建溪，西南源的沙溪相交，成一「丁」字，兩邊的山頭各有一座古塔，在蒼茫的暮色中聳立著，滔滔的流水映著斜陽塔影，至今猶歷歷在目。當時，我往前看去，這一座古城憑山而築，上上下下，都是櫛比鱗次的房屋。我回顧來時的江路，想遠望故園，只見遠遠的天際千疊的暮雲中露出一痕淡青色的峰尖；據說這就是福州的名勝鼓山頂了。由此也可見南平劍津地勢之高了。

我們下了輪船，父親就在碼頭上僱了力夫把行李挑往雙溪旅社。到了旅社，父親要了一間臨江濱水的大房間，有兩張床，我們一家四人，父親、母親，我和妹妹就住下了。我那時十歲；妹妹小我兩歲，還不懂事；母親四十七歲，在我心目中，她總是一個又漂亮又慈愛的母親。父親已經五十三歲，頭髮已經微禿，雙頰微削，不過精神飽滿，穿著黃呢的軍服，腰間佩著一把銅鞘的短劍，騎在高大的駿馬上還是能夠馳騁如飛。

在我五、六歲時，父親就退隱家鄉，無意宦途，過著與世無爭的恬淡自得的生活。可是到了抗日戰爭爆發之後，父親極其憂憤；尤其南京大屠殺，給父親的刺激尤深，他常常在他的朋友的面前，說：

這是師元人的故智狡計，想以『屠城』教敵人聞風喪膽，來迫使我們不敢戰而投降。清兵入關後，在揚州大屠殺十天，也就是採用這種極野蠻的戰法。現在日本帝國又採取這種令人神共憤的戰法；我中華民族爲了圖存救亡只有奮戰到底！

父親時時想上書請纓，參加抗日戰爭，但別人總以他已經年過半百，能吃什麼苦？能打什麼仗？戰爭是年輕軍人的事業！一批一批二十歲左右的青年，徵召入伍，開往前線；軍官也大都是二、三十歲。高級將領頂多也只有四十出頭罷了。因此，父親雖然一心想參加戰爭，總苦無路子。當時父親的憂憤，與日俱增；我雖然年紀很小，對於父親這種的心情，也能感受得到的。

爲了避免日本飛機的轟炸，我們舉家遷往福州的近郊洪塘。我也轉學到鄉下的小學。父親仍常常和過去革命時代的同學好友，像孫本戎通信聯繫，也是在看看有什麼機會可以報效國家？可以出去參加抵抗侵略的戰爭？現在收到了覆音佳訊，父親的心裡的高興，自不待言說。母親也忙裡忙外，在準備行裝。親友也紛紛爲我們送行，有的請吃飯，有的送禮物。

有一天午後，父親帶回了一套黃色薄呢的新軍服，又找出塵封已久的短短佩劍。在衣櫥裡的更衣鏡子的前面，他穿戴了起來，掛上佩劍，仍然十分英挺神氣。我從鏡子裡看到父親的笑容可掬。母親在一旁笑著看著，她似乎又看到了年輕時英姿風發的父親。她對我們說：

當年，你們的父親穿著軍裝，年輕多了。不過，現在還是有當年的氣概！

父親大概考慮到工作的地點接近前線，隨時可能犧牲，可是他又不願意和母親離開，所以決定帶著母親和小妹前往，而把我這個男孩子暫時安頓在南平陳伯雅兄的家裡，等待在上杭做事的大哥祖澤，託朋友便道前來接我。父親是希望能夠給我最大的安全，以及安定求學的環境。因此，我們就舉家同行，決定到南平分手，父親等搭車北上，我暫時留在南平。

那天晚上，南平的一些親友在長沙飯店宴請我們，有辣椒炒的各種可口的佳餚。他們在酒席間談說的是暫聚的歡樂，以及國家的大事。父親喝得滿臉通紅，豪氣縱橫，慷慨陳言：「願爲國家戰死沙場！」很有岳武穆高歌一闋〈滿江紅〉的盛概。戚友也因父親的豪語感到光榮。連杯暢飲，盡歡而散。回到旅社，我和妹妹因旅途勞頓，很快就進入睡鄉。

二

第二天一早起來，打開臨江窗戶，只見晨霧迷濛飄渺，江面白茫茫的一片，遠山帆影，隱約可見。遠處傳來一兩聲汽笛，攪動了這一個清晨的寧靜。我和妹妹癡看著霧中的江景，談著一些別後的計畫。

我說：「妳到了那邊，就給我寫信。」妹妹說：「我認的字不多，很難給你寫信；還是讓媽媽給你寫信吧！」

我們吃過了早點，父親出門去訂購車票，拜會親友，只有母親帶著我們遊逛旅社附近的地方。我們沿著街道慢慢地走著、看著、談著。母親順便買了一些武夷茶、紅糖板、香菇，準備我帶去上杭給大哥大嫂的，並且按址帶我到伯雅哥的家裡轉了一趟。那是古老的建築，朱門高牆，兩邊廂房，中間石板天井，大廳兩旁是耳房，跨過門檻兒是後廳、廚房、廁所。窗明几淨，環境優美。伯雅嫂已經替我清理好一個小廂房。我的兩件行李也僱車搬來了。後來，我送別了父母親，就在這裡住了一個多月。不過，當天我還是跟隨著母親回到旅社裡去過夜。

這天中午和晚上，仍由親友在館子裡請我們吃飯。父親忙著各種事情，很少有機會，跟我說話；但母親儘量牽著我的手，講各種安慰的話，叮嚀的話，又給我買了好些玩具和書籍。似乎在這短短的一天裡，有無限的悲傷與沈鬱，壓在她的心頭似的！我們都感覺到離別在即，不知道何時才能再相見？平時喜歡淘氣的我，這一天也沉默了起來！在我小小的心裡想道：「妹妹比自己幸福！為何她能夠跟父親、母親一起走！」但親友們都能體會到父親把幼小的我單獨留在後方的心境！現在我自己做了父親，才能深深體諒到當時父母親對自己的愛，更超過了對妹妹的愛！也體會到父親當時有為國家犧牲一己生命的決心！在為民族生存抵抗敵人侵略的時代裡，中華兒女離開了安居樂業的家園，離開了最親至愛的家人，到前方去跟敵人作戰，都是準備著隨時隨地為著國家犧牲生命的！在抗戰的後期，十萬青年十萬軍，也都是這種愛國的熱血在中國人的心中回旋激蕩而形成的一股巨流！父親啊，偉大的父親！每當我追憶這一段往事的時候，我的熱淚就不禁奪眶而出、撲簌簌的流下了臉頰！又一天的時光，飛逝了過去，掛在桑榆間的殘照，很快就沈沒了下去。南平整座城熔入了昏黃燈光如星閃爍的清夜裡。

……

三

第三天清晨，我們一家人，隨著行李前往南平公路車站。記得當時這座車站坐落在山邊，站上一列停著幾輪銀灰色的大型汽車，準備開往建甌、永安各地。這時父親一邊與前來送行的伯雅兄嫂及其他親友寒暄，說些別離珍重的話，一邊將行李交給站上過磅。辦好了手續，差不多也到了上車的時刻。這時，晨風習習地吹，公路一邊山上的樹林子裡發出沙沙的響聲，偶而從空中飄下了幾片爲送別而感傷的落葉，一朵孤另無依的浮雲悠悠緩緩地飛往那邊的山頭，停留林間，好像不忍遽離遠去是的。母親最後一次替我理理衣服，用手梳一梳我被風吹亂的短髮。我看見她的眼中湧出顆顆晶圓的淚珠，在熹微的晨光中閃閃發亮。她叮嚀我：「跟伯雅兄嫂回去吧！」妹妹也將她最心愛的小布娃娃，隨手送給我，流著淚說：「三哥，再見！」父親和送別的人一一握過手，然後用力拍拍我的肩膀，然後將我高高舉起，像我小時候的一樣，相了一會兒，放了下來。我看見他閃亮的領章和腰間短短的佩劍，可是在他的眼鏡下卻沒有母親那樣的閃閃的淚影。

這時有一隊全副武裝的新兵踏著橐橐的腳步聲，從車站前面過去，沿著公路行軍。我心裡想這大概也是前往江西、浙江的前方，去參加救國抗日的戰爭吧！

父親他們已坐上公路車。我和他們揮手送別；我這才一眼瞥見父親在車窗背後有一顆圓圓的眼淚滾落了下來，母親用手帕在拭著眼淚；年少不知別離愁滋味的我也忍不住哇的一聲哭了起來，眼淚像斷串的珠子，……

車子漸漸遠去，留下縷縷難忘的別情！

（一九七二、八、二十一、初稿；一九九七、八、二、定稿。下面一篇先父的〈自傳〉，是一九九〇年一月間，我回到闊別四十餘年的故鄉，在家裡找到的先父唯一的遺墨，其他照片書籍都已蕩然無存。〈我的一生〉應該是先父在一九五八年中共「反右運動」時期所作，時年七十二歲，是一篇「自我坦白與批評」的文字。有些地方似因有所顧忌，而不敢坦述。如他曾任大元帥府參軍，多次得過國民黨的勳狀，則無隻字提及。他被土匪綁架，母親籌巨款贖回，我們家因此中落；記中卻說是自己逃回。大兒子祖澤說是姪兒；家兄祖澤任會計主任，爲國民黨區委，一九七〇年在福州跳樓自殺；我的一個姪女的心理，因此失常至今。先父參加抗日戰爭，是他當日非常強烈的意願，這裡卻說「那時我認爲是『抗日』；現在看起來是國民黨之幫兇」。先父作此篇自傳時，年事已高，其間年代史實與近代革命史所記，有些出入。不過有些地方，仍值得研究革命史者參考。先父七十六歲時病故福州，看不到家兄之死。父親在晚年給我的信中，說：「我想爲人，實在厭世，不如早死，已遺囑你大哥，我死只穿布朗褲一套，做和尚衣一件，用木龕化灰。」這時，他的心情已頹唐之極。回想父親參加革命的轟轟烈烈，參加抗日的慷慨悲歌，我只有感傷：這是父親的悲劇也是這個時代的悲劇！）

我的一生

方毅

一、少年時期

我是小資產階級知識分子出身的人，年青時代受過封建社會資產階級唯心主義的教育。當時，我很厭惡那樣的教育，滿身想接受新的教育，並因看到滿清封建政府的禍國殃民，很想來個革命把它推翻，所以我在青年時代就不喜歡那八股爛書。因愛習武，在一九〇六年，志願投筆從戎，父母偏不贊許，只是當時立志堅決，結果考入福建陸軍講武堂。學校在長門，離榕很遠，生活也很艱苦。每日三餐，多是粗飯淡味；每星期還要訓練跑步一次，由長門跑過琯頭嶺，直達連江，往返差不多有卅里之遙。每次都是由許崇智老師帶領。他當時是我校總教習兼幫辦。跑至琯頭嶺休息時，同學們坐在草地上，他總是在講演戰術時，穿插些關於孫中山先生與滿清王朝鬥爭的事跡。我們聽了，深受感動。這是我實際接受革命教育的開端。

那時候，我是自費生，每月要繳膳食費龍洋十元。我整整堅持鍛鍊三年之久，毫無厭倦。至一九〇八年畢業，時年二十一歲。一九〇九年，我被派往福建陸軍卅八標見習，三個月滿後，即派充排長之職。

二、參加辛亥革命的情況

辛亥革命就是一九一一年，我加入革命黨，——舊曆九月十七日，由彭蔭祥、張祖漢二人介紹，加入了軍警同盟會。

十八日，福建陸軍第十鎮統制孫道仁終於同意出來領導革命。當時，所有起義的部隊，臨時悉歸二十協協統許崇智指揮。他密令我和同學孫本戎、張之望、陳桓、張乃誠、鄭慶奇等，分途擔任戰鬥的任務：或派往北門彈葯庫運送子彈，或擔任南街警戒，或駐守司令部，或在本部瞭望臺瞭望；並以北庫的號砲，作發動革命戰鬥的信號。是夜，滿人將軍樸壽派人來花巷司令部，偵察我方的軍情，前後共有十三人，概遭我方扣留，聽候處置。

至十九日拂曉，北庫號砲一響，我們立即發動戰爭，進駐于山，設立了砲兵陣地。初時，我帶領學生軍官隊擔任南街一帶戰鬥的任務；這時各處街道柵門都已緊閉，交通斷絕。我們的軍隊緊緊守住東街、旗汎口、高節里、津門樓各處的要口。當于山戰事吃緊之時，即將滿軍偵探梟首示衆，以壯士氣。總指揮許崇智則緊急集合全體學生軍官隊說話，呼喚大家跟他前赴于山作戰，不願的留守後方。我們學生軍官隊都是多年來接受他革命教育的青年，早已把生死置之度外，所以都熱烈舉手，志願隨行。

在上午八時，我們全部出發前往于山，經過南街，衝上白塔寺，佔領了觀音閣，遂與滿軍發生最劇烈的血戰。只留十九協協統王麒率領士兵數十人，留守司令部。王麒膽怯，竟痛哭了起來：「你們都去前線作戰，後方空虛，滿人捷勝營有二千之衆。敵衆我寡，如何應付？」當時我們實際全部的兵力只有五百餘人，除了派守各街道要口之外，大都在于山前線，與敵人作殊死戰。將近九時半，于山陣地突然緊張之極，滿軍包圍了我方的陣地，數次湧進，欲搶我大砲。我軍奮勇作戰，前仆後繼。敵人因此不能得逞，但其來勢仍極凶猛。幸好，同學楊琦帶著民間義勇隊，游優民帶著炸彈隊，先後趕到于山支援；他們歸我指揮。我們採用極猛烈的炸彈攻擊；滿軍死傷慘重，方始不支退卻。

直打到下午二點的時候，滿軍掛出白旗，要求停戰談判，並派吳振翔前來我部，接洽投降，先繳槍機柄，然後雙方停火。我方派排長陳金魁前往滿軍統領明玉之家。差不多有三點多鐘之久，未見回來覆命。大家懷疑他已被殺害，又派王嘉凱前往探聽，行到中途，遇見陳金魁回來，身後跟著一些滿兵挑著槍機柄。

不久，滿人樸壽將軍被我學生隊抓到，交彭壽松馬弁送往于山指揮部，由許崇智接見；將近天黑，許崇智率領著部分的學生軍官隊，將他帶回花巷司令部；而樸壽罪惡滿貫，主使旗人文楷組織殺漢團，專殺我漢人，民憤難逃；彭壽松的馬弁帶了他去，行至于山城樓頂第四砲臺邊，結果被這個馬弁用刀砍死了。嗣後，許崇智下令投降的滿軍捷勝營在南較場集合，繳交槍桿後，每人發給龍洋一元解散。是夜，滿人閩浙總督松壽吞金而死。

這次革命戰鬥結束，夜八時許，我們學生軍官隊才由于山回司令部，經過南街，沿途人民商家，夾道歡迎，熱烈鼓掌，或送水果，或送乾點，而且大放鞭炮，慶祝福州的光復。民衆個個歡喜，認爲從此翻身可以安居樂業了，皆高呼革命軍萬歲萬萬歲！

夜間十一二點鐘，總指揮許崇智怕滿清的殘兵散勇，逃匿旗界，又派遣我們學生軍官隊，前往河東街、河西街挨戶搜查。滿人看見我們前來，全家下跪求饒。我雖加溫言安慰，但想起從前少時走過這兩條街，常不敢抬頭。滿人喜踢二粒石球，走路如不小心，碰到石球，就不免遭到他們拳打一頓。往湯門外洗澡，也要讓滿人先洗。滿人對我們漢人橫不講理，時加欺凌；至今想之，猶有餘恨。

三、參加孫中山先生革命工作

自一九一一年辛亥革命推倒滿清專制之後，舉國推戴孫中山先生爲臨時大總統。不數月間，他以顧全大局，即退讓給袁世凱。至一九一三年，袁逆叛變，反對國民黨，蓄意恢復專制，妄想稱帝，各省軍政首腦，群起反對，如江西都督李烈鈞、安徽柏文蔚、上海陳其美、福建許崇智均宣告獨立；但不久失敗。許崇智逃亡上海；我跟隨而去，潛伏上海海軍司令部工作。是我岳父海軍總輪處少將處長王齊辰（號衡友）介紹。我暗爲革命地下工作，與許崇智時常聯繫。時孫中山先生在法租界嵩山路租賃十七、十八兩號洋房，爲革命黨人的住所。那時國民黨改組爲「中華革命黨」，許崇智、孫本戎介紹我參加，於一九一三年宣誓入黨，願受孫中山先生領導革命工作。當時中山先生密派張祖漢同志運動江陰砲台起義，不幸事洩，被捕槍決。宋振同志運動肇和軍艦不遂，即跳水而死。我在海軍部任事五年。

至一九一七年，軍閥張勳搞復辟，擁宣統溥儀上朝攝政，膽敢掛龍旗、率辮子軍，由南京乘坐火車直入北京。是時各省督軍團也不贊成，後終攘成割據局面。我們革命黨趁此機會首出反對。孫中山先生命令我，搜集在滬海軍將領及艦長姓名、地址等等資料。當時海軍部長程璧光由北京南下，參加我們革命黨。孫中山先生即宴請各艦艦長，召開會議，宣布張勳復辟的罪惡。各艦長遂全體簽名反對張勳。當晚，海軍並宣告獨立，脫離僞中央。上海民國日報出號外，大字登載這事。此時，北洋段祺瑞執政，誓師出兵南苑，討伐張勳。復辟鬧劇，不久結束。過數天，我即奉中山先生命令，與陳民鐘、黃魯貽兩同志，搭法國郵輪，離上海，先往廣州，與滇軍師長方聲濤接洽，請他參加革命，反對軍閥，未有結果。……再數天，海軍有十七艘軍艦南下廣州，駐泊白鵝潭。孫中山先生、李烈鈞、柏文蔚、章太炎、許崇智等乘搭應瑞軍艦……到廣州。我奉命招待海軍官員，在廣州東亞、西濠兩酒家設海軍招待所；另在海珠飯店設參衆兩院議員招待所。並在廣州參議會舊址開會，衆議員會議通過，先成立廣東大元帥府及各部部長。大元帥府地點，設在河南士敏士廠內。衆議院議長爲林森，副議長爲吳景濂，選舉孫中山先生爲大元帥，陸榮廷爲副元帥，唐繼堯爲副元帥。兩人均不就職。

部署安定之後，元帥府開始辦公，密派我同吳適、許莫多、林逢時爲福建軍事聯絡員，與福建第十一旅胡桂高、關萬里等接洽起義。許莫多運動興化江濤營長，被騙槍殺。我被福建僞督軍李厚基密派童祥志，潛伏廣州大元帥府充當副官，暗跟我回來，在福州南街相遇，談了幾句話。他即去報告李厚基。李即面示他衛隊營營長王獻臣，限當晚前來我家搜捕，抓到時不必問他口供，只問是方某，立即槍決。幸我同學姚秉忠也是僞督軍署偵探員。他趕來我姊夫趙益三家裡，囑立刻通知我逃走。我即避往南台，我岳父盧鋆藩家裡。這天夜裡，我家果被李厚基派一連軍隊包圍。我的四、七二叔及教讀先生，均被綑縛而去。當夜，我又離開岳家，逃往福清東張親戚林振文家中。過月餘日，潛回福州之後，當夜我化裝做我岳父經商船船上船員，駛至馬江，乘英國海壇號商船，潛伏這船買辦的房間內。這船與我們革命黨有聯繫。到汕頭時，才敢露面。

我到汕頭時，就往潮州，遇到陳民鐘、黃大偉二同志，跟他們前往前線殺敵。過廣東蕉嶺縣與福建永定縣交界時，我軍已經與李厚基部下唐國謨旅長，在三河壩開火。陳炯明爲粵軍總司令，下編爲兩支隊，第一支隊司令關國雄，第二支隊司令許崇智。許令我在他部內幫參謀處計畫作戰。敵方唐國謨旅長節節敗退。我部相繼克服永定、武平、上杭、永安、龍巖、漳州一帶。福建督軍李厚基派代表來，與我部講和，雙方停火條件，要李厚基供給子彈一百萬發，大砲數尊，籌餉十萬元。李厚基履行條件後，我部即撤退攻粵，一路勢如破竹，直據廣州，打倒僞督軍莫榮陞。那時我任粵軍第二支隊司令部少校參謀。

一九一九年，第二支隊改爲粵軍第二軍，許崇智任軍長，我任中校副官。這年出師廣西，打倒軍閥陸榮廷。一九二一年，我又隨軍北伐，攻打江西陳光遠，由廣州起兵，經南雄，過大庾嶺，攻下贛州。敵軍頑據南昌，敵後已經動搖，正在準備撤退。詎料陳炯明勾結北洋軍閥吳佩孚，密約互不侵犯，反對北伐，竟然反革命叛變，在粵城觀音山砲轟士敏土廠大元帥府。孫中山先生無法，避難永豐軍艦，星夜以萬急來電贛州，召第二軍全部回粵鎮亂。我隨軍撤離江西，至韶關曲江，與陳逆叛軍作戰，相持四十九天，因彈竭援絕敗退，轉入福建延平，與旅長王永泉聯合。一九二二年，我軍即率殘部數千之衆，如黃大偉、李福林、龔師曾等部隊，取道建甌、古田，攻下福州，驅逐駐閩軍閥李厚基。是年，我軍改爲東路討賊軍，編爲十二個旅；我調該軍中校參謀，隨軍出發，從閩南詔安入粵，討伐陳炯明。戰十餘天，我軍又全部慘敗。該軍從此瓦解。我又亡命逃往上海。

一九二三年，孫中山先生復聯合湘軍旅長譚延闓、桂軍劉振寰、滇軍楊希閔等部，由湖南郴州、廣西百色三部會合，攻克陳炯明，解放粵城。該逆退據惠州。是年，孫中山電滬許崇智回粵，任粵軍總司令；我任該部中校副官。時蔣介石任參謀長，兼黃埔黨軍學校校長。翌年以黃埔軍校學生二千人，包圍粵軍全部；許崇智被迫，由俄顧問加倫、鮑駱廷兩將軍，護送至香港。……我即離粵赴廈，由戚屬吳山介紹，入東山海軍總指揮處任諮議。總指揮林永謨。

四、晚年時期

我爲生活問題，轉入行政機關工作，維持生計。我因早受孫中山先生革命的教化，一生貫徹堅定爲革命而奮鬥，人民而服務，不想升官發財。而是反對官僚土豪土劣，打倒資產階級，始終都在腦海之中。以後蔣介石聲勢喧赫，很多人都以我與他有同僚關系，勸我投他麾下。惟我意堅不渝，從未找他過。

一九二六年，由廈返榕。那時仍任海軍諮議之職，所得薪給足夠維持生活。一九二七年，任福建鹽運使署緝私科少校科員。鹽運使徐憲章委任。一九二八年，任福建軍事廳課員。不久該廳結束解散，廳長方聲濤委任。一九二九年，任邵武警察局局長，民政廳廳長陳乃元委任。正擬到差赴任，中途經順昌縣雄圭斗地方，被土匪陳良明綁掠，有六個多月。後乘機逃回福州，遍體生疥，染病年餘。一九三一年，任財政部福建煙酒第一區分局局長，財政部福建省煙酒公賣總局局長蔣質莊委任。一九三二年，調爲總局督征員。一九三三年解職。一九三四年，任建甌警察局局長，民政廳廳長劉通委任。一九三五年解職。後賦閒數年，生活頗苦。

延至一九三七年，日本侵略中國，我非常痛恨，意想請纓殺敵。一九三九年，接得摯友沈晉汾由安徽歙縣來電，說他現任第三戰區長官司令部運輸第一總隊上校總隊長，囑我速來參加抗日。任該隊中校副總隊長。供職不一年間，沈晉汾病故。於一九四一年春，該總隊被顧祝同解散，我調福建十三補訓處中校副員。一月餘，處長嚴澤元說我年紀老大，不堪服務，迫我辭職。同年即謀入建甌振濟委員會紙煙廠股長。適福州被日淪陷，該廠結束，我又失業。日敵撤退，回榕。那時想謀餬口生活，都很困難，均以我年齡老大，不許插足。一九四二年，蒙友人陳瑞華，他任福清縣稽征處主任，介紹我爲東張稽征處徵收員。一九四四年離職。一九四七年，任福建省訓練團辦事員，承朋友薩懌生轉託福建省政府秘書長張翰儀介紹。一九四八年被裁。從此，我又失業。幸賴吾姪方祖澤照顧。所以我對國民黨反動派，益深痛恨。

五、對共產黨的認識

當時聽到中國人民解放軍解放全東北，進入平津，淮海戰役，把蔣軍全部實力推毀，長驅橫渡長江，華東各省，相繼解放。吾閩亦告解放，……但是在國民黨統治區域內，一向受國民黨惡意反宣傳說，共產黨怎樣的兇暴。大家多被蒙蔽，咸（鮮）有懷疑。我是軍人出身，早年也參加過孫中山先生革命事業，從軍事常識上來分析，想像共產黨一定是具有健全主義的政黨，解放軍一定也有嚴好紀律。不然那能得到廣大民衆的擁護，那能打垮國民黨數百萬的軍隊呢。到了吾榕解放初期，那時大家對共產黨還未十分了解，惟我認識較爲清楚，一九四九年十月，首先促我女兒方靜葆，投考入人民革命大學，來爲人民服務。後來又看到共產黨所設施的政策，聽到共產黨所實行事體，如土地改革，鎭壓反革命，地方建設，物價穩定，件件都是爲人民謀利益。……

解放後，我參加居民小組學習，大家都說「我這個老人家思想很前進」，因此我聯想早年時代，參加革命起義，推翻專制，打倒軍閥，過去與祖國人民做過些利益工作；但在國民黨統治之下，我因生活問題，有數年間斷的在反動政府之下工作，最感污點。即上面所述過：在抗日戰爭時期，任過運輸副總隊長之職。那時我認爲是抗日。現在看起來是國民黨之幫兇。解放以來，我自己在家學習和參加居民小組，學習敵我界限分清，經過思想鬥爭，我認爲自己已經是一個國民黨普通黨員，雖無參加反動黨團特務組職及危害人民行爲，惟任僞職務上，間接難免有違反人民利益的地方，感到有對不住人民的。現在應將歷史坦白，決站在人民立場，分清敵我界限。我於一九五七年，參加福建省民革學習，很感興趣，居民小組打掃街道，清潔衛生，消毒井水。在家每星期洗地板一次，感覺不會辛苦。我於一九五八年，兩耳失聾，腳腿部硬痛，步履拐撇，幾乎成爲殘廢之人。我在民革學習，都是同志們轉達給我聽，最感苦惱。我本年已七十二了。一生所經歷史蹟，略之大概。

母親與蘭花

一

今年春末，我把蘭花分盆。這兩盆報歲蘭已經種了十年；使人喜愛的是那長短縱橫的葉子，叢生盆中，分布得非常自然合宜，隨著風輕輕搖曳，翩翩披垂，呈現著一種飄逸的氣韻，優閒的風姿，高雅的情致百看不厭。到了歲暮，陰氣很盛，但是蘭花卻能不畏寒冷，反而從根際吐出三四箭紫紅的小花芽，花芽越長越高，成爲挺然直上的花莖，高出葉面甚多，四面綴滿了花蕊，由四五蕊到八九蕊。花開時，好像串串停枝的小小蝴蝶，有淡黃的，有淺碧的，有紫紅小點的，態極妍媚，芳菲襲人。我在夜燈下讀書工作，看著陽臺上參差的花影，幽清的香味隨著風從窗戶暗暗飄送了進來，終至於滿室都是香氣。難怪過去的君子特別喜歡蘭花，用蘭花來象徵君子的美德，說：「與善人居，如入芝蘭之室。」又說：「芝蘭生於深林，不以無人而不芳；君子修德立道，不爲困窮而改節。」並稱做「國香」。但現在引起我深思冥想的，卻不是「君子」和「國香」的問題，而是故鄉小庭中花架上面的蘭花。

二

那一盆一盆的蘭花，排列在高高低低的青石花架上，都是母親親手栽種的。這應該是四十多年前的事了，那時母親不過三十幾歲，比我現在還要小十歲左右。她是一個非常漂亮的母親。

現在我的相簿中還有一幀母親年輕時和父親合照的相片。父親平頭短髮，穿著馬褂長袍，左手倚著一塊高起的石笋，很儒雅的樣子。母親站在石笋左邊，瘦瘦挑挑的身材，短襖緞褲，半開放的小腳，看起來很柔弱似的；石笋前頭擺了一盆蘭花。

母親所以種蘭花，可能是因爲父親酷愛蘭花的緣故。父親雖然是軍人，也是個雅士，能畫幾筆朱竹墨蘭。我們小孩子對蘭花卻沒有甚麼特別的感情，因爲那簡單的幾片長葉子，實在引不起我們幼小的心靈的感興。我們喜歡的是那紅紅的雞冠花，黃瓣黑蕊的蛇目菊，還有在庭階前大水缸中搖頭擺尾的金魚，以及粉牆角的綠芭蕉。因爲那綠芭蕉的大葉子，夏夜裏可以摘下來鋪在天井的石板上面，作蓆子用，躺在上面看神怪狐鬼的小說，又清涼又過癮。夜深了，常常要母親屢次催促，才肯上屋裏去睡。

母親不但漂亮，而且能幹、堅強。她非常愛她的丈夫和她的孩子。

當我出生不久，父親帶著僚屬去順昌作官，但是船到洋口，就被大股的土匪刼持綁架，來信要贖款，都是母親一手張羅。母親一面要維持一家人的生活，一面要籌款取贖父親，她把家裏的值錢的東西一一變賣，不敷之數，又向親友東挪西借，經過了好幾個月，總算湊足數千金，由舅父親自化裝成小生意人，挑著半擔子鈔票，上面用別的貨物遮掩著，冒險前往匪窟，才把父親贖了回來。我想，這是一般弱女子所不能擔當的重擔，承受的打擊，而母親竟能一肩承擔了下來，而且毫不驚慌、毫不猶豫地盡力做去。有時傳來噩耗傳言，說父親已被殺害，族中的親戚也有加以勸阻的，說送贖款前去，恐怕已無用了。但母親總是一本愛情的力量，救夫的信念，四處籌措，終於把父親贖了回來。否則，我們都早已成了無父的孤兒。母親看似柔弱，就像蘭花一樣的，不畏惡劣的環境。

母親只讀過幾年私塾，認得一些普通的字，卻能夠記賬；孩子小病，她自己也能夠開藥方抓藥治療。父親出外工作，母親也常隨侍父親左右，到過港澳、兩廣、江浙、安徽、江西各省。我一人在校寄宿讀書；母親每次來信總是關照多吃東西，注意營養，勉勵我做人要方正，讀書要努力，信末總簽「母親盧棣秋字」數語。母親是舊時代的女性，卻比新時代的女性堅強。

我在福清讀初二的那年，母親和父親帶著妹子回福州去，留下我一人在明義毓貞聯合中學繼續讀書。臨別時候，母親特別買了兩擔大豆，寄託當地的一位朋友，吩咐我說，假使日本鬼子打到福清，就把兩擔大豆，託陳伯伯賣掉，作爲旅費，逃向後方。那時福建的情形很安定，不大可能有這種意外的事情發生。誰知這個「未雨綢繆」的打算，終於使我在初三上那年，在日軍攻陷福清時候，能夠順利逃離福清，到了永安。這並不是母親能「未卜先知」，只是母親愛子心切，使她能想到一般人所計慮不到的事罷了。

三

離開母親二十七年了，每次看到蘭花就不禁想起母親。小時候雖然喜歡蘭花開時的芳香，但平日卻不知道蘭葉的美質，甚至把蘭花和衆草一樣的看待，不覺得有甚麼可貴。這就好像日浴母愛之中，却不知道母親愛的偉大。母親對家庭兒女愛的深遠，甚至以爲這是很平常的。現在年事漸漸長大了，種蘭十年，才逐漸感受到蘭花的美德，在花蕊吐放時更充滿藹藹高逸的喜氣。現在自己的孩子也已經十二歲了，每當他們生病發高燒，妻常徹夜不眠照顧他們，就使我憶起兒時母親照顧自己的情景；母親替我量體溫、煎湯藥、蓋被、擦汗、換內衣、弄冰枕、煮吃東西，焦慮不安的神色，猶歷歷在目。啊，母親，我不知如何感激您！母親，您愛蘭花；我當然也愛蘭花！古時的君子以蘭花作爲修德立道的典型；啊，母親，我也要以蘭花作爲我修身養性的模範啊！

有人說：「竹有節沒有花，梅有花沒有葉子，松有葉沒有香氣，只有蘭花兼有淡雅的花，蒼勁的葉，清遠的香氣，君子崇高的節概！」所以古代的國畫家大都喜歡畫蘭花。宋趙子固畫的墨蘭，其葉如鐵。此外元代女畫家管道昇（仲姬）的墨蘭也很有名，筆意清絕。清鄭板橋也喜歡畫蘭花，說它是堅貞的一種花。我既種蘭花，也喜歡蘭花，又怎能不以蘭花來自勉呢？希望自己能不辜負遠方母親，從小對我的愛與訓誨呀！

（六十四年五月四日）

生活掠影錄

在戰爭動亂中長大的人，實在很難像現代人那樣可以從小培養一些終生享受不盡的生活的情趣。我們那時都是隨遇而安，趣由境生，學些東西，愛些東西，環境改變，也就時遷趣移了。今天，我的心境不錯，面對著五峰山上的煙雲飄渺，千變萬化，忽隱忽現，使我不禁想起人生又何嘗不是這樣子的，一階段有一階段的愛好，大抵隨著生命成長而不斷轉變。

當我八歲的時候，中日戰爭爆發，福州因爲侷處華南，戰火一時還沒有蔓延過來，生活尙稱安定。記得小學三、四年級時，我常到出租「連環畫」的書店，一個銅板可以租五、六本連環畫，上半的三分之一是文字，下半的三分之二是圖畫，一看就是半天。我可以告訴你，也因爲看多了「連環畫」，所以對畫人物特別有興趣，假使是在現代的話，我的父母一定會栽培我成爲畫家。

下棋，也是那時我最喜歡玩的。一放學回家就纏著哥哥妹妹下象棋、軍棋、動物棋，因爲功夫下得不多，也就不怎麼的了得；但對於比我弱的對手，有時也會把他們殺得「片甲不留」，「磨」人「將軍」則是我最感快意的事情。「棋逢對手」，既費時又傷腦筋。

十歲的那年，父親帶著母親小妹，前往在江西上饒的第三戰區參加抗日戰爭，讓人把我送到上杭。因此，我的初中學業從上杭、寧化到福清，短短的兩年半，一共轉了三所學校。上杭僻處福建省西南，和廣東梅縣接壤。這時跟大哥祖澤大嫂荷生住在水警大隊的公家宿舍裏。在上杭時，我沒有什麼玩伴，只有跟隊裏養的毛絨絨的可愛小雞，追逐遊戲。宿舍的圍牆內有高逾兩三丈的梨樹、栗樹，每當秋風吹起，拳大的黃色水梨，滿佈尖刺的綠殼的栗子就隨風而落。那時最樂的事，就是等在樹下，揀這些落下來的水梨、栗子。兩腳用力一踩，栗子殼分成兩半，露出兩三個白嫩的鮮栗，剝了皮吃或烤熟了吃，都要比現在熱炒的板栗要香甜得多了。你也許會猜想我一定是一個愛吃零食的小孩。

在上杭讀完了初一上，因爲大哥調職福建臨時省會永安，剛好二哥祖榮路過永安，要到寧化讀高三。我就隨他轉學省立寧化中學初一下。寧化在福建西部。在寧化我因水土不服，患上瘧疾，常常打擺子，沒有藥可吃，發作時候只好喝一碗白干（燒酒）來擋寒，也因此我學會了喝酒，能喝兩瓶紹興不醉。那年冬天寧化下雪，有兩三尺厚，水田小溪上都結了一層薄冰。雪溶的時候簷溜上掛了許多好看的冰柱。記得那時候，我把水田上一寸多厚的冰片敲起來，用筷子輕輕敲打著，丁丁的響，十分好玩。但這種生活很快就過去了，我因爲三天兩日的打擺子，父親來信說：他們已經從江西回到福建，在福清東張做事，要我到福清找他們。

於是我一人坐著船，順著九龍江到永安，又坐船經福州到福清，在母親的照顧下休養兩三個月，就轉進福清縣城裏私立明義毓貞聯合初中二下，住在學校宿舍裏。好像這時候沒有什麼事情好說。在安定中，書讀得很好，英文數理都名列前茅。那時，我曾立誓將來長大了，一定要唸理工；這個夢至今已成泡影，但卻永遠存在我的心中。現在我的兩個孩子已經替我實現，一個唸航空機械，一個唸電腦軟體。由這件事，你可以說我是個固執的人。的確，我做事講究原則，只要對的，我一定鍥而不捨的做好它。明毓是一所教會學校，每天上午九點鐘，有十分鐘基督教講道會，我對他沒有興趣，時常躲進了地下室，不去聽道唱詩。以後，我雖然讀了《聖經》、佛藏，卻始終不相信什麼宗教，大概「種因」此時。

安定讀書的美夢，不到一年就被戰爭打破了。初三上時候，父親母親回福州去，留下我一個人。不久，日軍佔領福清。還記得那天午後在敵人炮火聲中，我挑著一肩簡單的行李，匆匆從福清縣南門，沿著寸斷的公路北走，經過一個多月才到永安。這時二哥祖榮高中畢業，在永安做事。兄弟在戰亂中，再度相聚，驚喜悲恨，難以言述。

不久，我即跳班，考進福建農學院附屬高農，學校在永安黃曆。有一條小溪流過校區，環境優美。我和同學常在夕陽滿溪的時節，在溪上釣魚、游泳，駕著小舟穿過如雪的蘆葦，唱著「漁翁樂陶然」的民歌。你說那時我的生活又是多麼愜意！暫時忘卻流浪異鄉之苦！我也沒想到：後來在臺北和麗貞在碧潭蕩舟，悠悠談心，熟練划船的本領卻派上了用場。就是今天再想起那時在蘆花深處，驚得白鷺黃鳥，紛紛亂飛，此情此景，還是那麼優美！

抗戰勝利後，學校遷回福州黃厝。長了幾歲，生活的情趣與愛好，也隨歲月而改變。這時我喜歡打籃球、排球，參加班上球隊，跟現在的青年一樣，自以為球打得好，可以結交許多朋友。這時，我還跟同學學拉胡琴；並且沉溺於閱讀文學作品。只恨自己實在缺乏音樂的細胞，咿咿呀呀拉了整整一學期的《梅花三弄》，總不能成調。球類的運動則隨著畢業離開學校而自然結束；倒是讀了許多文學作品，終而使我走上了這條讀書、寫作的道路。這是我始料不及的注定的命運。寫作時候我最感到快樂，沒有比寫作給我更多的樂趣。

三十七年底，我到了臺灣。師範學院畢業後，就到國語日報當《古今文選》編輯、主編，更養成我讀書習慣。我讀任何書籍都像看小說那樣的充滿趣味，因此我從書中吸取了龐雜的知識，對我後來寫作、教書很有幫助。因此，我對自己充滿了自信。

工作之暇，我喜歡爬山、看電影、打桌球。我曾經登上「黃帝殿山」；因爲編文選的緣故，近視每年增加一百度，十幾年近視度到了一千度，高處下望，頭暈目眩，有嚴重的懼高症，喜歡爬山的生活也就自然而然的宣告結束。麗貞因此認爲我的膽子愈來愈小。自十幾年前，搬家花園新城之後，距臺北市區遠，夜裏晚歸很不方便，也就不看電影了。這十幾年來，只看過一部《末代皇帝》。你聽我這麼說，一定會認爲像這樣的生活多麼單調乏味！現在租錄影帶很方便，我喜歡看電影的癖好仍然保留了下來。錄影帶可以讓我在家裏看到世界各地的生活社會和民情風俗。這對寫作來說是很重要的。因爲痔瘡出血，我也早已不再喝酒。

一個人總得有一兩種愛好，現在我既不能爬山又不能喝酒來排遣時日，我一度重拾畫筆，開始畫油畫；「時過而後學」，難有成就，再加油畫費時，畫了幾幅也就不畫了。

現在，只有小園是我生活的天地。寫稿倦了，到園裏走走，舒活舒活筋骨，看四季不謝的鮮花，聽清晨百囀的鳥聲，望五峰飄渺的煙嵐，賞山間皎潔的明月，這就是我現在生活的翦影。

現在，你應該可以知道：我喜歡過的是怎麼樣的一種生活？生活的樂趣就在於「適意」！

有緣千里一線牽

我和內子黃麗貞的結褵，純由一個「緣」字。古人說：「有緣千里來相會。」她是廣東台山人，卻經香港，來臺北師大讀書；我是福建福州人，卻搭船過海，來到臺北，在師大任教。我比她大上十歲，本來可能早就和別的女人結婚生子；這也可能是月下老人的紅線早繫，早已緣訂三生，所以過去屢次戀愛、屢次相親，都因無緣而不成，直等到了認識了麗貞，才有了結果。

我跟麗貞認識，是在她大學二年級的時候。那時，她是級長，時常來系辦公室；她又是我同班同學鍾露昇兄的學生，由於他介紹，自自然然的就認識了。

在三年的交往之中，有三次約會，是我最難忘懷的。

第一次是我請她去西門町看電影。我們在「蜀腴」，叫了一道黃燜田雞，一道糖醋排骨，一碗芙蓉玉米湯。這在那時已是滿闊氣的請客了。後來，我們結婚了，她還時常提起這一次請吃飯的事，說：「你這個窮光蛋，當時還頂會撐場面的呀！」也可見當時人生活的艱苦。

第二次是我們去植物園散步。植物園，是過去我在國語日報社工作與生活的地方。清清的荷香，貼水的睡蓮，滿樹綠情，還有繞塘幽徑，都留下我的腳跡眼影。那是一個冬夜，凜冽的寒氣侵人襟袖。我每遇寒天，手腳就冷得像冰。那夜，我們從植物園走了出來，迎面吹來一陣寒風。我說：「妳冷不冷？」就伸手握了一下她的手，覺得柔滑溫暖極了，不禁怦然心動。在結婚二十六七年的歲月中，她雖然做了許多家事，但她的手仍然柔軟溫暖如昔！

第三次是我們去碧潭划船。那時潭水碧綠如油，兩人共乘一葉小舟，面對面坐著談話。我們只偶爾划一下槳，大都是讓船自由地飄流。舟輕如羽毛，境地也美如幻夢，彼此談起了家世。我才知道：她的父親是一位商人，曾經娶了四個妻子，生了二十五個孩子。她在女孩子中，排行第四，她因爲出身大家庭，與人相處方面，比我好多了。

我和麗貞在民國五十一年十月二十八日結婚。第二年八月三十一日，我們的雙生子宗舟、宗苞就誕生了。因爲早產了一個多月，體重才兩千三百公克，抱在手裡好像兩個小娃娃。因爲兩人都在工作，必須找人照顧。但是兩個孩子每天要吃奶七次；白天五次，每次半小時，單單兩手拿著奶瓶同時餵，就得三個小時，還有平均每隔十來分鐘，他們就要小便或大便一次，要換尿布一次；所以女佣一聽，就沒有人肯來了。僱兩個人，我們又負擔不起。只好送進了一家私人育嬰所，但只半個月，體重就減輕了半磅，屁股也爛了，又只好抱了回來。自己照顧，我們每天只能睡四五個小時。

這時，聽說臺大附設有聯合國兒童基金會辦的一個托兒所，試驗豆奶的營養價值，由董大成教授主持，營養專家黃伯超教授配製豆奶，小兒科大夫呂鴻基醫師每天檢查身體，還有專業的保母照顧，設備非常完善，而且一切免費。汪經昌教授替我們轉託臺大勞侃教授，寫了一封介紹信，我對董教授說：「我兩個孩子是雙胞胎，遺傳一樣，身高體重一樣，如果一個吃牛奶，一個吃豆奶，就可以試驗出豆奶的價值了。」也就因此，我們的孩子進了這個托兒所，待到十個月才接了回來，都養得白胖可愛。

現在他們都已大學畢業，宗舟這月底就要赴美攻讀航空研究所。想起這段往事，覺得人間的確充滿著「愛」，也非常感謝過去幫助我們度過那一段最艱難的日子的朋友！

（七十八年二月文訊58期）

不知怎麼感謝妳

我和麗貞結婚到了今年十月二十八日，剛好三十週年；若從我們認識的那一年算起，則有三十三個年頭了。

麗貞，姓黃，廣東台山人，出身一個大家庭；先岳父伯雄公在香港經商，先後娶過四位妻子，所以麗貞有二十五個兄弟姊妹；我到她的家裏，因爲無法記清楚她的兄弟姊妹的名字，只好以排行稱呼他們。不過，大家在一起飲宴說話，則熱鬧非凡。

麗貞生於香港，抗日期間隨先岳母范太夫人回鄉避亂。戰爭結束，回到香港，畢業於培英中學。民國四十七年來臺，就讀於國立臺灣師範大學國文系。那時，我正好在系裏當助教；麗貞在二年級時候做班代，很自然的認識。我們經過三年的交往，相知甚深，情篤意濃，便在她畢業的那一年（民國五十一年）在臺北結婚。第二年八月三十一日產下一對十分可愛的雙生子。

麗貞因爲成績優異，一畢業就留在學校擔任助教。因此，我們能夠一起在師大國文系擔任教職，三十年來同進同出，形影片刻不離，眞是羨煞了許多朋友和學生。

麗貞比我小十歲。她有兩道又彎又濃的娥眉，鼻樑成微弧形，薄薄的嘴唇常常含著一絲嫵媚沉靜的笑影，脖子有一圈一圈細細的曲線，十分可愛。她不喜歡塗脂搽粉，臉色終年自然嫣紅，只有在參加宴會時抹一點口紅。她三兩天就自己洗捲頭髮一次，喜穿花樣淡雅的衣服，款式多變，比較愛黑色，胸襟上常常掛著一個小小的飾物，自然給人一種清新的感覺。

麗貞特別愛整潔，把家裏打掃清洗得乾乾淨淨。每當學生到我們家來時，最常說的就是「老師的家眞乾淨。黃老師，您怎麼弄的？」我們搬到花園新城已經十幾年了，但廚房裏一套貼著鵝黃的防火塑膠板的不銹鋼廚具，仍然光彩鮮亮如昔。左鄰右舍的紗窗常常灰塵黯密；我們家的則終年潔白。麗貞善於料理家事，把孩子和我都照顧得非常妥善。她常對我說：「我最擔心的就是你！假使我先走了，眞不知道你怎麼過呢！」的確，她是一家的中心，精神的支柱！孩子依賴她，我更依賴她。沒有了她，眞的不知道該怎麼辦呢！

麗貞在學校教書也很出色。她研究中國古典戲曲，從元雜劇、明傳奇到清戲曲家李漁，都有專研的學術著作，由商務書局和純文學社出版。她還參加過三民書局的《大辭典》、近代中國出版社的《中華民國文化發展史》和學生書店的《曲海韻珠》、《詞曲選注》的編纂工作。她又時常發表有關戲劇名家研究的論文，如關漢卿、孔尚任、王國維、白樸、湯顯祖……等等。麗貞可以說是臺灣研究中國古典戲曲的專門學者之一。她三十六歲，就升爲教授，在師大擔任過的課程有詞曲選、修辭學、文學概論、國學概論、詩選、樂府詩、中國文學史、國文、四書、戲曲專題研究。她教學認眞，批改作業詳細。女學生特別喜歡她。她們常常把許多生活的瑣事，甚至婚姻的大事請教麗貞。

麗貞課餘閒暇，也寫散文和短篇小說。她的短篇小說多以身邊的見聞做題材，探討現代女性感情生活的一些盲點；民國七十五年由文豪出版社印行的《幸福的女人》，就是她這種小說的選集。她在自序中說：「愛情要以圓滿的婚姻爲歸宿，才會使人生更美好。」她的散文所寫大都是她自己的生活與感懷；民國七十九年由臺灣書店出版的《手裏人生》，可作她這種散文的代表。她在自序中說：「我是一個很平凡的人，但我甘愛自己的平凡，在教學和家務的瑣雜中，享受到生活平淡的甘美。在粉筆生涯的鞭策下，在粗簡的蝸居裏，與古人神交共話，啓迪心靈，挹取他們智慧的清芬，比在華屋裏，聽歌觀舞，享山珍美食，更覺得滿足。」由麗貞這兩篇片段的序文，可以看到她的人生觀念和生活態度，以及她的恬適流麗的文字。

我最幸運的一件事情，就是能夠娶到麗貞這樣的好妻子。我們兩個孩子宗舟和宗苞，在她慈藹的教育之下，都懂得自愛愛人，跌倒了也能自己站起。現在兩人都在美國南佛羅里達州立大學，一讀動力熱學，一讀電腦繪圖。宗苞以他的母親做尋找結婚對象的理想。要想追求到這樣的理想的終身伴侶，我想是不太容易的，因爲我整整花了十年的時光才找到的。

去年六月，我罹患了第三期腸癌，三次進入榮總開刀，六個療程的化學治療，前後經過十個月，到今年四月底結束。這其間，都是麗貞一個人在照顧我，住院時日夜陪我，打針時開車送我去，在家時料理我的飲食。她把自己的擔憂藏在心靈的深處，有時候還得忍耐病人的暴躁、悲傷、煩憂與痛苦！我能夠很快的恢復健康，完全是麗貞悉心照顧的結果。我不知如何來感謝她！在我們結婚三十週年的前夕，我心裏最要說的一句話，就是：「愛人啊！假使人有靈魂，還有來生，我仍然願意妳做我的妻子！」

守舊的人

黃麗貞

在我書桌的玻璃墊下，壓著一張小小的剪報，色澤已經泛黃，可知已存放了多年了。它的標題是：愛的語花，一共輯錄了七則有關「愛的銘言」，其中有這樣一段話：

生活中最難磨滅的是愛情，而最不易圓滿的卻是婚姻。愛是夢幻，婚姻是現實。蕭伯納說：不論是單身的，或是結婚的，反正都會後悔。中外似乎一樣。

我時常在無意中看到這段話時，陷入了深思。

屈指算來，我在婚姻路上已經踽行了整整三十年了，佔了我人生過程的一大半歲月，比我跟父母昆季共同生活的時日，要長久得多；眞的應驗了先父生前的一句話：「女兒長大了，便是他家人。」在父親很傳統守舊的觀念中，我也被教養成一個思想、言行相當傳統的人；但隨著時代、社會的變遷，我從先父「女子無才便是德」的口頭禪下，僥倖獲得非常完整的教育，並且在踏出校門之後，有很理想的工作，在職業和家庭兩方面，都還算「差強人意」；我對於自己順利的人生歷程，只有充滿了感恩與喜悅。

由於我從小所受的「傳統」家庭教養，我在開始踏入社會的同時，也開始做一名家庭主婦，而且婚後的第十一個月，就做了兩個孩子的媽媽，這些個重擔的相繼降臨，對一個才二十三、四歲的單純女子來說，不免覺得「措手不及」，又生活在「手忙腳亂」之中。

我的丈夫也是個很「傳統」的男人，他是我父親那個時代過渡到新代的「橋樑」人物，也就是說：他有著我父親那種守舊的觀念一半以上；而我父親是連廚房門口也不屑去站一站的人，他認爲養育孩子、料理家庭，都是「妳們女人」的事。記得在孩子很小的時候，有時我實在忙得焦頭爛額，累得手腳懶抬，要他幫忙些事，減輕我的勞苦，而我得到的答覆是：以前我家也是我媽媽做家事的。相反的，他也因爲要多賺些兒外快來貼補家計，我對他的工作，理所當然地要負擔起助手的任務。婚姻所造成的後果，是很累人的重擔在肩頭，這種人生的責任，我很早就體會到。

「凡是自己決定的事，就永不怨悔」，是我從小就訂立了的人生原則。加上得自家庭教育的守舊思想，我時常自勉多拚一分力量，就可以把事情解決，就可以得到金錢和績效的成果，也因此得到自我肯定。看到孩子們慢慢地長大了，家庭經濟也不再拮据艱苦了，日子在已然習慣了的軌跡中如常進行，這個由於兩個人的婚姻關係而建立的家庭，可信基礎是相當穩固的。我們在孩子出國深造，開創他們自己的天地時，還是用守舊的觀念態度，共來度晚景餘生，絢麗的夕照，也是一份繽紛的美景啊！

我對於生活的辛勞，的確時常有心勞力拙的疲憊感，但我好像已在長久的歲月累積下習慣了下來，每天的生活，本職的工作總是放在第一重要的位置上，在工作上，我的確享受到貢獻己力的愉快；做完了一天的工作，回到家裏，我又感受到公餘閒暇的輕鬆悠閒，把家料理得井井有條，居室清爽明潔，丈夫孩子身體健康，儀容光彩煥發，大家都有體力和能力做好他們該做的事情，沒有白耗了國家社會的資糧，那我的生命也就因此更有意義了。

經過三十年的共同生活，祖燊的爲人，大概也只有我最清楚、最能包容。如果你是他的朋友，你可以得到他最誠摯的友誼，朋友有要事，只要是他可以幫忙的，他幾乎是以義不容辭的心情去張羅奔波，有時甚至因此而樹立了不少敵人，引來許多無論的痲煩。他最讓人受不了的地方，是火爆的脾氣，和倔強、固執，常常無故造成不小的家庭風暴，使我從小養成善忍能讓的個性，也受到考驗；但每次事後，你都可以理會到他暗自懊悔，要想辦法彌補和歉意的心情。我時常想：不知道除了我以外，能更有幾個人會奉行「原諒他七十個七次」的信條？我之所以能夠包容，因爲我知道，有些人的天性裏，就是有時會出現控制不住自己的衝動。三十年下來，對於他能有改過的一天，這希望似乎也不太容易達到。

我不知道他的個性和他的「守舊」觀念有沒有關係？他對於已經「認定」的對象，有一份堅定不移的固執，連去市場買菜的攤販，都有認定的感情；租看錄影帶的商店，帶子陳舊又都差不多看過了，還是不想換一家。近年來，因爲我的健康情況不太好，孩子又都不在身邊，他不得不陪我上街採購食物和日用品，每次回家，幾乎都是那幾樣菜色東西，不像兒子跟我出門，會讓我知道市面上又有什麼新花樣、新東西了。他最守舊的食物，就是愛吃「醬瓜」，那是他小時候在家鄉每天早上吃稀飯的主菜；如果他坐到飯桌前認爲今天沒有他愛吃的菜，他就會去找醬瓜來下飯。往年買皮鞋，走了好幾家鞋店，買回來的鞋子，樣子都大同小異，還一定要穿皮底的；直到近兩三年，才在我不斷「嘮叨」下，改穿軟底的休閒鞋。

在他守舊的思想裏，往年有一種想很矛盾的衝突現象，就是喜歡幻想有「幾個」老婆，分別來侍候他「大老爺」，譬如抄稿的啦，煮飯的啦，陪著說話解悶兒的啦……我也只有一句話去告訴他：你生錯了時代了！可見「守舊」也應該知所權衡取捨才是。所以，做爲一個現代人，結婚之後，就只好守著一個老婆到底了！

最後，我還是要把他最大的長處提一下，就是他是一個很用功的人。他以前什麼事都不管的時候，他唯一要做的事，就是讀書、寫作，所以在他六十出頭的人生中，也累積起不少工作的成果。這也可算是他守舊生活的一個收穫吧！

（一九九二、十一《普門》一五八期）

珍重今生

黃麗貞

我婚前讀沈三白的《浮生六記》，最感動深心的是作者和他愛妻陳芸的愛情。他倆在困境中互愛互諒；芸娘死後，三白傷痛懷思，身爲女人，眞恨不作芸娘。由是憧憬著將來也遇到像三白那樣多情的丈夫，譜一段叫後人羨煞的幸福樂章。所以，在我的少女夢中，並沒有騎著白馬、身穿盔甲、腰佩長劍、而英氣挺拔的王子，只有一個溫文儒雅的影象罷了。

我大三時認識了現在的他——方祖燊；他和其他我所認識的男士不同的地方，是寫在臉上的書卷氣，和溫溫文文的舉止，家父的朋友也這樣讚許他，也許這就是我大學畢業後決定選他做終身伴侶，而無視於他一貧如洗的物質環境的主要原因吧！還記得我決定要結婚之時，家中第一點不太同意的，是嫌他比我大了整整十歲，太「老」了點兒；最關心我的三姊，也勸我：「先做一年事，儲蓄一點錢才結婚；剛剛畢業就結婚，何必那麼急？」但我不急，有人急；懵懂未除，我就步入了結婚禮堂。十四年來，我們的生活，完全沒有三白、芸娘夫婦那種「因暑罷繡，終日伴余讀書論古、品月評花而已」的悠閒；或「強之可三盃，教以射覆爲令」的忘懷樂事。而是日出之後，各忙各的課業；日入之後，各讀各的書，各改永無止境的學生作業，趕限期的文章。於是，我終於明白，這是二十世紀中期的社會，和三白、芸娘那個時代距離已遠，我們面對的是現實的生活，你怎能期望時光倒流？古人復活？

俗語說：「三句不離本行。」我也常常把我的婚後生活，用我的粉筆職業標準來衡量。這十四年來，「他」給我的「教育」很多，倒不是說，他每天每週給我講什麼課，而是在彼此的旦夕共處中，體會了許多，學習了許多，在思想和人生境界上都不斷地有進步。

每對由戀愛而結合的夫婦，在步入禮堂前後，必然覺得自己所選的是個相當完美——至少是優點多於缺點的人，所以才決定「攜手同行」。但事實上，在柴米油鹽的現實中，誰都會暴露出自己的缺點；許多人婚後發現了這個事實，覺得受騙而不堪忍受，因此大唱「結婚是誤解，離婚是了解」的「高論」，我想即使他（她）再入一次禮堂，也還會再發生「誤解、了解」的情形的。就我和他來說，他常常對我說：「妳眞幸運，嫁到像我這樣的理想丈夫。」我就回他說：「你該知道多少人羨慕你娶了我這樣一個好太太。」事實也是如此，在我們彼此的深心，都要做一個不辜負對方的好伴侶；雖然事實上，有時免不了爲人情俗事鬧意見，因自己工作的忙累而控制不住情緒，爲小事起爭端，但一場爭論過去，反而更能使彼此意見溝通，知道對方不喜歡自己做哪些事，以後盡可能改正或避免。因此我發覺，夫妻若眞的互相「了解」後，還堅持當初抉擇時的愛意，只有更覺得要永遠在一起。

他給人的第一個印象是相當不錯的：白白的臉龐上帶些笑意，瘦瘦的體型透出瀟灑勁，雖然頭頂上稍嫌稀疏，也不太影響他的年輕感，一副近視眼鏡雖有遮住大眼睛的遺憾，但也因此增添了不少書卷氣；他給你一種「文質彬彬」感。有位老師對我最要好的同學說：「當初黃麗貞嫁給方祖燊，是因為他長得漂亮！」老師實在把我看得太膚淺了，我想「他」也不同意老師的「猜測」，「君子不以貌取人」，這個道理人人都贊成；何況我七妹曾對我說過：「妳在追求者中，挑了一個最不好看的。」雖然他早已獲得「小生」的雅號。

他敢於自詡為理想丈夫，也不無道理，就大處來說：不抽煙，不打牌，好酒而不常喝，讀書之外，沒有特殊嗜好。起初他和吸煙的同事或朋友在一起，別人客氣遞上一枝，他偶然也點燃吸幾口，但我因先母嗜煙，在襁褓中即受煙薰之苦，所以對於煙味，無論心理和生理上都過敏，煙味吸多了，可能要去看醫生，打針吃藥，才能治好腫痛的鼻腔。他體諒我的毛病，不再吸煙；這就像我曉得他怕聞各種氣味——無論香或臭，所以一年到頭都是「本來面目」，以免他因脂粉的香味而噴嚏連連。有時買幾枝鮮花養在花瓶，也遭到他的驅逐。他不喜歡我搽脂抹粉噴香水，但他又說：「妳沒有女人味兒！」其實我從沒讓人誤會過是男人，只是少了脂粉味而已。

人人都有好、壞兩面，他的優點是心地善良、富正義感，很重視友情，不看重金錢，自奉儉樸。記得結婚的頭幾年，兩個孩子同時誕生，著實給艱難的家境帶來了更多窘困。但好朋友生病了，平常自己捨不得吃的昂貴補藥，他捨得一下子買幾瓶送去；有同事英年早逝，遺下寡婦孤兒四、五口，他送半個月的薪水做奠儀，還自怨力不從心。而他結婚時做的一套西裝，穿了十年，還怪洗衣店給洗破了。去年冬天，兩人上街，看中一件外絨裏毛的夾克，試穿在他身上的確很帥，店員開價一千二，一點也不肯讓，在我慫恿下買了，回家又嫌貴，叨念了三個月，並且因此指出了這件衣服的許多毛病。

他很敬愛他的老師，要是有誰惡言批評他的老師，他會不顧一切的站出來和人理論。他對事細心而精明，許多別人看不出的毛病，他會清清楚楚的指出，去據理力爭，因此也惹出許多無端煩惱。我常常勸他：「人生難得糊塗，何苦自尋煩惱？」他總是不聽金石良言，我行我素。別人有事，尤其遭遇不幸，他總是熱心幫助，有時忘卻這個人對他曾經有過不是，他會放開自己的工作，直到把別人的事辦完。所以，沒有利害牴觸的朋友，都說：「老方這個朋友值得交！」如果別人對他有不是，他當時會很生氣，去爭論而鬧得不愉快；但事情過後，他就會自動原諒別人，甚至反而同情對方。

說到他的壞處也不少，都是婚後才發現的。他最壞的是脾氣，「火」起來的時候，眞是山岳崩頹，風雲變色，不過也消弭得快，狂風暴雨過去了，一下就看到艷陽在天。他也知道自己這個缺點，近年來一直在努力改進。其次是怕做家事，我想男人大多數如此；其實女人又何嘗「很愛」做，不得不做啊！由於我也有職業，當我不在家時，他也只好客串一下。每當我不在家吃飯，等我回家入門，他就報功：「孩子都愛吃我做的菜，幾碟子一下掃光。」到我走進孩子的房間，他們就悄悄地對我說：「今天爸燒的菜都不好吃。」我說：「你們不都吃光了嗎？」孩子說：「他都分到我們碗裏來了！」他很小就離家在外讀書，所以日常的生活習慣自行其是，不跟人合作：換下的襪子，不肯隨手放到洗衣機裏，我每次洗衣服時，都得去找他的臭襪子；有時又脫反了，得一一翻正過來，我也不知抱怨過他多少次，少有效果；該洗的衣服也不放到洗衣機去，時常在我洗完晾好了，他就找出幾件來交給我，說：「下次洗沒關係，嘻嘻！」

他的工作態度很認眞。剛結婚時，他纔升講師第二年，每教一門新課，編講義備課，總做到最充分才停止，常常在寒流來襲的深夜一、兩點，還伏案埋首在紙堆中，使我十分感動；等我也站上講臺時，受他的感召，能力所及，不敢馬虎。古人說：做丈夫的人，要作妻子的典範，他無形中做到了。早年他主編「古今文選」，有限的待遇，約稿、選稿、校稿，一人任之，有時還要自己撰稿，我只好充作義務助手。兩個人常常工作到深夜，甚至天亮，才能使刊物不脫期。孩子入學以後，他也要他們認眞功課，孩子成績不理想，他會有幾天的難過，比自己的失意還要難受。對於我的事，平常他很少過問，他認爲我很有工作能力，但我若有特別重要之事，他往往比我還緊張。我寫好一篇文章，總是纔放下筆就被他拿去「先睹爲快」；他寫好的稿，也會送到我面前，說：「給我看一看。」

結婚十四年，我們從身無立錐的情況，到今天有個可避風雨的安樂窩。兩個孩子日漸長成，白絲已閃現在他的髮際，別人都羨慕他外貌的年輕，但年齡是不能自我欺騙的。料想等到我們都白髮滿頭之時，對他的優點和缺點，我會有更多的發現。我想我會記取他的優點，以確信當初的抉擇是明智而正確的，並非因糊塗「誤解」而選擇他；我知道他也會有和我一樣的想法。

古之夫婦，情到深時，都有「不願同年同月同日生，但願同年同月同日死」的願望，我不知道將來我們最後會是怎樣的收場？唐詩人元稹詩說：「同穴窅冥何所望，他生緣會更難期！」我們還是珍惜餘生的這段日子吧！如果來生我們還有緣相伴的話，我盼望他生爲女我爲男，我們就可以設身處地體會一下，這一輩子各人付出的愛有多少了。

到孩子的學校講演

前幾天，孩子從學校回來對我說：「爸，陳主任想請您在下星期週會去講演，問您有沒有時間？」到孩子就讀的學校講演，是我最感高興的事，所以就答應了下來。沒想到孩子接著又說：「爸，要講得幽默生動些。不然，沒有人要聽囉！」

第二天，孩子放學回家，又跑來問：「爸，您寫好了講稿沒有？」我說已經寫了大綱。但他們似乎很不放心地說：「不預備講稿，怎能講得好呢？」「講得好不好，跟你們有什麼關係？」妻在一旁聽了，就笑著對我說：「這就是你平日常教訓他們的話，要努力用功。書讀不好，不但自己的學問不能進步，也很丟臉，甚至連你爸媽的臉也黯然無光。現在，你去他們學校講演，講不好，他們的同學會說他們的爸爸講的糟透了。豈不丟他們的臉？他們又怎能不關心？」

我聽了妻的話，方知做人的父親實在不容易，不但要盡心教養孩子，注意孩子的學業與品行，還要處處做孩子的模範，使孩子懂得求學讀書做人處事的道理；這大概就是從古至今做父親的通則吧！東晉時候，謝安的夫人曾對他說：「我沒有看見您教過孩子。」謝安回答說：「我常用行動教他們。」這就是「身教」。父母的言行，孩子耳濡目染久了，自然倣效。

當然，做父母的只要能力所及，沒有不希望他們的兒女能受較好的教育，希望他們長大後能夠做好擔任的工作，過安定的生活。能夠成爲一時傑出的人物，對社會國家有特殊的貢獻，更是父母所盼望的。過去，我的父親也曾經這樣殷切地期望過我。

我望著窗外雲天，我覺得自己就是一朵浮雲，越過了臺灣海峽之間的碧濤白浪，像一隻海鷗，自由飛翔，想找尋一個海濶天空的夢。我離鄉久了，問：「鄉關何處是？」這種鄉情也就淡忘了。卻沒想到現在經孩子這一問，不覺又想起從前父親第一次送我去讀書的情形。

記得在七歲的時候，父親就送我到附近一所私塾讀書，學費是每月一塊大洋。進學的那天，正是花開鶯啼的三月天，我快樂地牽著父親的手，心裏憧憬著讀書的種種好處，可以跟許多同學一起玩，可以唱像畫眉一樣好聽的歌。但當我們進了私塾的大門，只見一個大廳上坐滿了五、六十個學生，大大小小的，各自琅琅讀著書。父親帶我見過了塾中的老師。這位老師看來很嚴肅，面無表情，下巴留著一撮山羊鬍子。他叫我先向掛在大廳正中的孔子像燒香行禮，然後再拜過老師，發了一本書，又分配我一個坐位，就算進了學了。父親就自己先回去了。

私塾的教學大都採取個別教學方式，我被老師叫去跟著唸了一課書，現在依稀還記得一句「不讀書，不如豬。」但最使我觸目驚心的，卻是老師的桌上擱著一把厚厚的戒尺。我想要是這把戒尺用來打人，手心一定會腫得三寸那麼高吧！這一課書，我讀了幾遍，也就會了。但整個上午，只能呆坐在位子上，十分無聊。烏鴉站在牆頭上絮絮聒聒的叫著，我不禁想起鄰居小胖吳告訴我公立小學裏上課的種種樂趣，有唱歌，有遊戲，有老師說好聽的故事，還有教加減的算術，還有有圖畫的書看。為什麼這裏都沒有呢？一會兒，我又想到在家裏天井中和妹妹玩捉迷藏，你躲我藏，也是頂有趣的。綠芭蕉隨風輕搖，紅桃花落在頭髮上，多美的春天。我正想得十分有趣，卻被一陣劈劈拍拍的響聲，及孩子叫痛聲嚇醒了過來，原來一個孩子因為書背得不太熟，正被老師用大戒尺用力地打著，手心已被打得紅紅的。那個孩子忍住眼淚，但淚光卻已隱隱閃現在他的眼眶上，滾滾欲落。老師的戒尺又高高地舉了起來，然後成一個半弧形狠狠落下，當打在孩子的手掌上時，這個孩子的臉上露出驚懼的神色，手掌也微微地跟著顫動一下，很自然縮了回去。這種神情，至今已數十年了，仍然很難使我忘懷。

「體罰」，使我純真的心靈，對老師產生厭惡，對讀書產生恐懼。戒尺的陰影，盤旋心靈中，久久不去。那天夜裏，我做了一個惡夢，夢見我自己也因為不會背書，受到老師責打，而從睡夢中哭醒了過來。

第二天，我就賴在家裏，不肯去上學了。無論母親怎樣的哄騙，都沒有用。父親回來，知道這件事，十分生氣。不讀書，將來你能做什麼？現在做工種菜也得有專門的知識。父親平日從不打人，因為他認為隨便打孩子，會把孩子的自尊心打扁了。這次大概是因為我惹他傷心透了，打了我一頓。父母要自己的兒女讀書上進的心境，我現在才深深體會到了，但那時我卻不了解。

第三天早晨，父親又親自送我上學。我含滿了一肚子委屈與害怕，跟在父親後面走著；但父親似乎並不理會我的感受。到了私塾，他把我留下，臨走時並且把我不肯上學的事告訴了老師，我可以感覺到當時老師聽了，臉色都變了。父親一走，這個留著山羊鬍子的老師，就把我按在書桌上，拿起了戒尺，重重打我的屁股。似乎要藉這懲罰表示老師的權威是不容蔑視的。做老師的爲什麼他不會悟到萬物都需要「愛」的滋潤，尤其是在幼小者的心田更需要愛心的照顧與沐化。

老師那幾下的戒尺，並沒有將我唬住，卻只增加我「視學校如畏途」。一向倔強的我，用力掙扎了起來，手舞腳顛，引起書齋裏學生的一陣騷亂。老師因爲不能稱心如意的打我，更加氣呼呼了，口裏嚷著要拿繩子來綁我。我就趁著他去拿繩子的時候，從私塾逃了回家去。這件事終於得到愛我的父親的體諒。他也就不強迫我去私塾讀書了。只是上了一天課，就花了父親一塊大洋，覺得有些歉疚！

半年後，我進了公立小學。在小學裏，最頑皮的學生也不過罰站，更沒有因爲考的差而挨打。因此，那時許多孩子都知道自愛，要爭榮譽，而自動自發，努力讀書。

現在，我的孩子長大了。這裏的一些學校少數老師還常常體罰學生，大都因爲學生的成績沒有達到老師理想的高標準，有時孩子考了九十多分也仍然挨打，這樣戕害幼苗，使孩子失去了活潑，在家裏的脾氣也變得壞了，做功課愁眉苦臉，心理負擔沈重極了，每天常讀到深夜，孩子已盡了最大的努力，但成績卻日見退步。當然老師鞭策孩子努力讀書，也是由於負責認眞，求好心切；但幼小的心靈又如何能夠擺脫這心理的重壓，而體會到老師的好意？在求學的過程，他們只感覺到體罰的痛苦與自尊的損害。這種教育，又怎能從小培養孩子對別人的愛心與關切？又怎能培養孩子開濶的心胸，服務人群的精神呢？

我的兩個孩子在某中學讀初一的時候，就有和我進私塾時同樣的恐懼與感受，幾乎每個星期都挨了打，所以讀了一年，我就讓他們參加轉學考試，轉到一所教學正常的學校去；現在，我很樂意到他們的學校去講演。

天下的父母因爲愛自己的兒女，總期望自己的兒女書讀好，品德又好，將來能成爲一個頂天立地的人物；而兒女也因爲愛自己的父母，而希望自己的父母事事都能做的很成功，成爲最了不起的父母。父子之間，假使都能體會到這種因愛我而要我好的心意，那麼父子相責善，也就沒有什麼不可以的了。

孩子的釣魚夢

一

從雙溪公園回來，孩子總吵著要我帶他們去新店溪釣魚。因爲那天他們發現公園的水塘裏有一些小魚，這給孩子無限的喜悅。聽他們的歡呼：「來看，這裏有許多魚！」我知道他們高興極了。這可能是他們多年來第一次對魚在水裏面游泳，那麼靈活自在，留有比較深刻的印象吧！

大概是前兩年，我從市場買回一缸小金魚，共有四條，一條黑的，一條白鱗的，一條金光閃閃的，還有一條白中帶藍紋的，突突的大眼珠，多歧的尾巴，在缸裏搖頭擺尾地游著。兩個小孩子像貓兒一樣，把鼻子貼著玻璃缸看得入了神。但金魚的泳姿，總沒有水中一般的魚那種倏忽而逝的美妙。就是這樣的金魚，在家裏養著，不到三天全都死光了，我想這可能是自來水不適合養魚吧？現在孩子能夠看到這水塘中靈活的魚，又怎能不使他們喊出快樂的聲音呢？

孩子已向妻要了一大把「乖乖」。啊，一小段淡黃色的香餌，扔向水面，發出波的輕響。這好像奇妙的音樂，一下子引動了水底下的許多魚兒鼓鰭掉尾、張口噴沫地上來，爭著咬餌，看來都有三四寸長，比剛才見到的大多了。我們紛爭覓食的人世，和魚又有甚麼分別？孩子又投下更多「乖乖」，引來了更多魚兒，也引來了許多遊人憑欄觀賞。我們也在此消磨了一整個下午。

二

回來之後，孩子就動起釣魚的念頭。尤其是我們就住在永和堤防邊，附近似乎早就有許多孩子到溪邊去捉魚摸蝦，這裏的小店也有釣竿賣。周末下午，兩個孩子偷偷拿出零用錢各自買回了一副釣魚的工具。並且告訴妻說，他們已和同學去溪邊釣了一次，可惜一條魚都沒有釣到，一個說：「釣魚要有耐性，才能釣得到。」另一個還補充一句：「釣魚也可以培養人的耐性。」最後還特別叮嚀不要讓爸知道，因爲到水邊去總是危險的，怕我罵他們。

孩子的生活也很忙碌，每晚課業都要做到九點十點。聽到他們在背誦生詞的解釋：「黑點，黑色的點。」「斧頭，是砍竹木的刀。」一道極簡單的算術題，前後總要用各種方式計算個十來次，我不禁感慨現在孩子讀書方式的困苦。加上住在沒有院子的公寓裏，又怎麼能夠禁止孩子不到街上去玩，不到溪邊去釣魚呢？

想起自己那一段少年時代的生活，也常常夢想釣一條大魚回來。可能比他們現在的年齡大了些，我就自己砍了後園裏的細長的綠竹作釣竿，用荻梗作浮子，挖蚯蚓作餌，然後到附近的清溪，坐在岩石上，學起逍遙煙波中的釣徒，輕輕投竿水上，沒有一點兒聲息，連停在花枝翠柳上唱歌的鳥兒也沒有驚動。在兩岸紅花亂落的春色中，在小溪碧油油的流水上，看著清澈的鏡也似的水面下，魚影歷歷，倏忽游來，遽爾逝去。魚餌引誘得貪心的魚游過來了，浮子動了一下，慢慢沈下去，啊，上鈎了。我從綠色的玻璃世界又拉上了一條紅鱗金鯉。直釣到夕陽滿溪時，小水桶裏都是鮮蹦活跳的可愛的魚兒。

想起這種種往事，又怎能不讓孩子去釣魚呢？禮拜日下午，我陪同他們走向河堤。臨出門時，妻笑著說：「不釣回兩條大魚，不要回來呀！」我望著她滿臉的飛霞，嘴角帶著一絲微笑，心想，我這個老手還用說嗎？包你今晚有鮮魚上桌。

三

我和孩子三個人沿著河堤慢慢走下去。這時撲鼻而來的不是春草的芳郁，也不是春泥的淡淡香氣，卻是一陣陣腐臭的霉味，原來堤防邊到處堆著垃圾，實在難聞。把我陪孩子釣魚的雅興打消了許多，但是既答應了孩子，當然不好說不去，只好繼續走了下去。只見不遠處有許多孩子在溪牀的凹地形成的水池邊釣魚，有的還用小網撈蝦。池水黃渾渾的，又臭又髒。我想這裏的水不大流動，也許外面要好些，於是又帶著孩子往溪邊走去。到了那裏，才發現更糟。潮水退了後，黑黑的沙灘上到處留有發了泡的穢物，還有一些被溪水沖送上來的死動物的屍體，骯髒的垃圾。再走近一望，滿溪黃濁的水面流著的都是起了泡的浮沫，和我十幾年前曾在這裏游泳過的溪水大大不同了。我想魚怎麼會生活在這樣的水中？雖然有幾個大人在那裏放長線釣大魚，可是我卻意興索然，片刻也不想再呆下去，就和孩子往回走。

路上看到一些孩子提著塑膠袋，裏面盛著水，有幾個小蝌蚪在游著，大概這就是他們所有的捕獲物了！

我們三個人甚麼也沒有帶回，只是把孩子的釣魚夢揉得碎碎的。嚴子陵在富春江上的生活，現在是再也找不到了。

（六十二年四月二十日）

秋海棠跟友情

大概是今年新春吧，我和李鎏兄到指南山下，拜訪守亮兄的山居。中午，他留我們便飯。我們三人喝著一小杯白酒，吃著花生米、糖炸饅頭片，味道極香脆，談天尤覺得愉快。

朱守亮兄是山東產的直腸漢子，說話粗爽可人，在政治大學教書。他一家數口住在前往指南宮的山腳下，生活淳樸。他對孩子的教育非常成功。他的孩子都知道自己努力讀書，兩個大孩子都讀建國中學；近來他的太太時常病痛，家裏事情都由他的幾個孩子分擔來做；那天就由他的兒女各自煮了一道家常菜，招待我們，不要他們的父母操心。這是生活在現代的孩子們不容易做到的，實在教人羨慕。

守亮兄的尊居，就在進入指南山的階梯一邊，倚山而建，有六、七間小房間，前面有一個小庭院，左手是一條長長窄徑，通向大門，屋頂還有一座小露臺，都遍栽花木，而以海棠花最多。由小庭院與露臺，可以遠望，視域甚廣。我想在寂靜的夜裏，由這裏看木柵萬家閃亮的燈火，再聽到蟲兒唱的唧唧的小夜曲，可以想像那種境界的美。難怪守亮兄的爲人，能始終樸直豪爽，淡泊而自適，有一種說不出令人嚮往的地方。

他所栽種的海棠，少數的兩三盆是大葉長莖的，貼梗的花蕊，一片片就好像淺紅蝶垂掛枝兒上，也有顏色紅艷的像深胭脂一般的好看。但最多的卻是種在紅泥盆裏的小海棠，數莖叢生，紅枝屈曲，淡綠的小掌形的葉子長在花枝的兩邊，頗爲繁密，每一小枝梢上開著兩三朵海棠花，外輪是兩片淺紅中透著粉白的花瓣，中間又有兩三片雪白的小花瓣，當中綴著一小點黃蕊。滿盆都是這種花，充滿著一片蓬勃的春意，看來美麗極了。

那天，我們回來的時候，守亮兄送我們一人一盆海棠花。我爲了便於攜帶，只選了花葉不多的一個小盆花。

回來後，我把它放在陽臺上，和蘭花一起。那時正是報歲蘭盛開的時節，馨香隨著風飄送了過來，常讓我一日數次到陽臺上看花。而今芳蘭早謝了，若在往年，我的陽臺就要度過一個漫長無花的季節，我只能站在陽臺上遠遠偷窺鄰家陽臺或院子裏的春花。但遠看總不如近觀來得賞心悅目。今年卻不然，種了七八年的鳶尾，隔日就開一次三瓣白的三瓣藍的花兒，接連開了十幾次了，有一天多達十一朵，好像十一隻粉藍蝴蝶停落在長長的劍葉的上端，平添了春末夏初的美。啊，花大概也是有歷史的才開得盛吧！但最主要的，還是這一盆從守亮家帶回來的海棠花卻越開越盛了，常隨著風在我的窗紗外搖曳生姿；三個多月來，無日不開，不像鳶尾，早晨開，傍晚謝，然後隔一兩天再開一次，而是每天一早起來，你就會發現它呈現著一片嬌紅粉白。在濛濛的春雨中，「淡淡微紅色不深」，但入眼來，卻覺得奇采清麗極了。它雖然沒有一點香味兒，但爛漫可愛，教人從心裏喜歡。每到了傍晚，所有的花瓣兒都閉合了起來，成爲一薄片一薄片的紅萼，第二天清晨又盛放如舊，日日如是，——眞像我們的生活，晚上休息，白天工作。蘇東坡謫居黃州時就特別喜愛海棠花，時常和朋友帶了酒前往定惠院觀賞。他有詩說：

「嫣然一笑竹籬間，桃李滿山總粗俗。」

借海棠的幽美的情韻，深深寄託他對時流世事的感喟。現在，這盆海棠花卻使我想起了山居中的朋友，以及想起他給我的在淡淡中帶有濃濃的友情。

每當我伏案工作倦了，擡頭一望窗外的盆花，疲倦之意就一掃而光，精神又怡悅而振作了起來，使我更加珍惜這一份朋友的情誼。雖然只是一小盆海棠，眞是「朝看暮看看不足」啊！這一盆海棠花，一直開到了現在，仍然繁盛如昔。我但願與所有朋友的交誼，都能像這一盆海棠花一樣，能教人想起友情的珍貴！

春雨中的鳥聲

在春雨緜緜中，聽到不絕於耳的鳥聲，眞美！每當清晨，我走出了家門，沿著窄窄的小巷走去，兩邊樓屋上就傳來許多細碎的鳥聲，此起彼落，教我的心中盛滿了喜悅。

附近的人家都在小陽臺上養了了許多盆花，還有的在院子裏種了一些綠樹，也有在屋頂上開闢了空中花園。一到了三月，氣候溫暖，生意蓬勃，細雨迷濛，風軟如棉，到處是姹紫嫣紅、賞心悅目的杜鵑、棠棣、薔薇、茶花、金雀、芍藥、海棠都開了，難怪鳥兒要唱出最動聽美妙的歌曲。我一邊走著，欣賞著盈耳的春聲；一邊張目四望，要尋找牠們的倩影。看到的都是一些黃褐色的小麻雀，在電線間跳上跳下，飛來飛去；還有成群的灰鴿子，在高高的天空中，翩翩翻飛，忽明忽滅，有時越飛越遠，終成十幾點的小點子，一下子從灰色的天幕上失去了踪影了。

但我聽到的鳥聲卻都是那麼悅耳好聽，輕脆動人，好像短笛那麼優美，好像口哨那麼輕快，好像管絃那麼圓潤。我想這應該是戴勝、翠鳥、黃鶯、金翅雀、綠鸚鵡主唱合奏的「春光好」吧？才能有這樣好聽呢。這就像前幾天，聞到蘭花的馨香，而飛到我家陽臺上的一隻翡翠。起先聽到「的啁溜噍」的嚶嚀，我從綠窗紗望去，才發現有一隻翠鳥高高停在捲起的擋陽篷上，長約四五寸，一身翠綠，溜著一對圓圓的眼珠在那裏張望。牠不時鼓弄著如簧之舌，唱出珠圓玉潤的新曲。使我想起了古人的一些句子來：

昨暝春風起，
今朝春氣來，
鶯鳴一兩囀，
花樹數重開。

現在卻因芳馨襲人的花氣，引來翠鳥飛上了花間，好像在那裏告訴我：「美麗的春天的女神來了，就在陽臺上面，快出來，看吧！不要再沉迷書本間吧！」翠鳥的歌聲引得我動了心，不由得兩腳就站了起來，離開了書桌，走向陽臺。這時，我的心靈不知怎的蠢動了起來，忽然萌生了要將這隻好看翠鳥據爲己有的心思，想用一面羅網來捕捉牠。也許這種私心，這種欲念，已從我的眼中強烈的表露了出來。牠好像驚疑了一下，就倏的飛走了，不再爲我歌唱了，留給我一片若有所失的悵惘！

現在，我在這條窄巷中聽到的，都像是那一隻翠鳥一樣的鳴聲。我覺得這些人家都比我幸運，能夠有這樣羽色美麗鳴聲好聽的鳥兒，自願飛落他們的陽臺上爲他們歌唱，眞是令人羨慕不已的事。每天清晨，我經過這一條窄巷，我都有這同樣的想法。

今天，我盛著說不出滿心的歡喜，在濛濛的春雨中，處處爲悅耳的鳥聲而停步。忽然，就在我的身邊陽臺上傳來了極美的銀聲。我擡頭一看，才發現旁邊二樓的屋簷和欄杆盆花間，隱隱約約地，掛了一個鳥籠，裏面有兩隻可愛的金絲雀，正張著小嘴繼續啼叫。再一看隔壁一家的陽臺上，也掛著一個鳥籠，關著一隻羽毛亮麗的黃鸚鵡。這時窄巷的那一端四樓上又傳來了銀鈴一般的畫眉歌。我才驚悟這條窄巷中的春之曲，原來是這樣譜成的。

在這世界上，只有平凡的小麻雀最自由，因爲牠們沒有美麗的羽毛，曼妙的歌喉，而且身上的肉又瘦瘠的可憐。灰鴿子是半自由的，因爲牠們甘願受人馴養，飛了出去，又會自己飛了回來；牠又會爲主人爭取高額的賽鴿獎金，但不幸的有時卻也不免成了人們下酒的佳餚。

這些善於歌唱的鳴禽大都崇尙自由，深愛自由，一飛出樊籠，就不會再飛了回來；也因此，牠們終年被關在籠子裏，被鍊子鎖在架子上，受人們的豢養，唱好聽的歌兒。只有雲鶴、海鷗不受人類的網羅豢養，能夠在海濶天空中，自由的遠飛，自由的高唱，唱出牠的逸思猛志。

不過在這繁囂的城市中，我仍然喜歡這一條窄窄巷中盈耳的鳥聲，我仍然會爲這處處隔花喚人的鳥聲，緜緜春雨中迷人的鳥聲所迷醉。

鳥跟鳥聲

一

我讀過梁實秋「鳥」和周作人「鳥聲」，不禁要時常想起家鄉的鳥跟鳥聲，於是就有一種淡淡的鄉愁。

家鄉的鳥可眞多，除了簷前吱喳的麻雀，梁上呢喃的燕子，窗外紛飛而過的灰鴿，停在垂楊上迎著夕照唆聒的烏鴉，還有偶而飛落牆頭啃啃報幾聲喜訊的鵲兒。此外還有許許多多令人喜悅的飛禽，一年到頭出現著，從初春叫到了冬盡。

家鄉的鳥聲各有季節性，叫得最多的是春天，有的還跟農候有關。像鳲鳩，又名播穀，當二月春雨後，就在樹林裏一邊飛，一邊叫，好像呼叫「布—穀—，布穀！」農人聽了，開始購買鐵插，播種穀子，所以前人詩就有「聲聲催我急種穀，人家種田不歸宿」之句。在春天綿綿苦雨中，每聽到這悲急動人的鳴聲，我就有一種說不出的酸楚感覺。附近的田野上，農夫們正讓辛勤的汗珠混和著甜甜的雨滴，膏潤了田地。農諺云：「倉庚鳴，蠶兒生。」倉庚就是很會唱歌的黃鶯。蠶花兒蠢蠢生了，這時黃鶯兒也從幽谷出來，飛繞紅花綠樹，嚶嚶嚀嚀，唱出美妙的春聲，清脆如短笛；偶而，你還可以看到鶯兒在花枝上啄破了嫣紅的櫻桃。烏衣的燕子穿過如烟翠柳，在水面上剪起了一環環春夢花落的漣漪。用「鶯鶯恰恰啼，燕燕卻卻忙」來形容這堪畫的春景，是最恰當不過了。

在這百鳥鳴春的季節裏，最撩人客思的，是鷓鴣、杜鵑的啼聲。鷓鴣在春氣較暖的二三月間，鈎輈格磔的對啼，低沉緩慢，有人說牠的鳴聲是「行不得也哥哥——」，也有說是「但南不北」，當然這都是隨意附會的話；不過，在煙雨迷離花芳將歇的暮春，卻也啼盡了人間行路的艱難；住在寂寞的旅邸中，聽了「咕咕咕」，「咕咕咕」這單調的聲音，又有幾人能不情傷魂斷！記不得是那一個外鄉來的詩人寫過這樣的一首詩：

閩江兩岸無茅宇，綠竹陰陰覆江渚；春來未聽一聲鶯，只有鷓鴣啼暮雨。憐渠亦是他鄉客，苦向人啼行不得；縱教行得也消魂，那個行人不頭白！

杜鵑也是鳴於春暮，到杜鵑、山榴盛開時候，叫得更加凄厲，好像反覆地啼叫：「不如歸去，不如歸去！」從黃昏叫到深夜，從深夜叫到天亮。四川人傳說是古望帝杜宇的靈魂所變，但是南方各地多有杜鵑；又說杜鵑啼叫得痛苦就倒掛樹間，嘴裏淌出鮮血染漬了花木。這當然是很凄豔的傳說。「山榴一夜幾枝紅」，自是古時的詩人據此渲染而成的名句了。由於杜鵑啼聲的悲切，眞能動人旅思。記得抗戰期間，我寄居永安山城，有時想起家鄉年老的雙親，再聽到杜鵑的夜啼，實在不堪愁聽；因此終夜失眠的時候也有。如今時常看到杜鵑紅，卻聽不到杜鵑啼，可以說連一點慰解鄉思的聲音也沒有了。

二

家鄉常見的還有鶺鴒、百舌、鶺鴒、畫眉種種小鳥。在春禽繁音噂沓，攢嬌動葉，滿樹林子啼新晴聲音中，百舌、畫眉都是箇中的歌手名星。百舌巧於模仿各種鳥聲，很是好聽。在現代的歌壇是很容易出名的；但古人卻把「多言喻作百舌之聲」；可見中國的君子是不喜歡佞言巧語的。畫眉也是很可愛的小鳥，披著黃褐的羽毛，腹面一片白色，綴有許多月形的小黑斑，眼睛上有一痕白斑如眉，鳴聲千囀，非常委婉動聽。此地類似這些可愛的小鳥兒，有一時期多成了供養在有錢人家樊籠中的珍禽，只能在狹天窄地裏，跳上跳下，令人產生一種不自在感。歐陽修詩說：「百囀千聲隨意移，山花紅紫樹高低。始知鎖向金籠聽，不及園林自在啼。」我想這四句可以移來描寫金絲雀、畫眉、綠鸚鵡這類失去自由的鳥聲的況味吧！

我小時候，喜歡看鳥兒在大自然中自由飛翔，自由鳴唱，心裏有說不出高興。像夏夜鶴鳴，隨風戛然，遠聞八九里。墨子說：「蝦蟆日夜鼓吹，口乾而人不之聽；不如鶴清夜而鳴，天下振動。」這大概就是楚莊王所說「不鳴則已，一鳴驚人」的不平凡之鳴吧！還有像鳶飛戾天，乘風四翔，俯瞰下界，有空濶之感！在家鄉鶴之清音不能時常聽到，但卻能時常看到鳶鴟盤翔附近松林田園的上空，想凌空而下，捕捉雞雀野鼠。現在，我住在城市，鳶鴟的高翔盤飛，好久都看不見了。只有從古籍中讀到「精衛塡海」、「鶼鶼比翼」一些有關鳥的傳說故事，稍稍彌補心靈的渴望。有時也讀到如《鹽鐵論》所說的「泰山之鴟啄腐鼠於窮澤，非有害於人也；今有司盜主財而食之，焉得如泰山之鴟乎？」

感慨吏政之類的文字。

當然沙鷗也是愛好閒適自由生活的水鳥。杜甫說：「海鷗沒浩蕩，萬里誰能馴？」黃庭堅也說：「江南野水碧於天，中有白鷗閑似我。」從前的賢人常有拂衣辭官而去，忘記心機，跟鷗鳥交遊的。在我的家鄉閩江一帶的溪澗間，三四月裏也時常有白鷗從海上隨風飛來，伸展著矯健美麗的雙翼，浮翔碧藍，輕漾白波，或翻翻地飛，倒影素潭，或尖尖號叫，沒滅蘆葦叢中啊！我這時每每不禁從心靈深處喊出：「飛呀，飛呀！海鷗。有一天，我長大了，也要跟著你遠飛呀！海鷗。」

三

有些航海的客人曾告訴我說：「野鴨在東南沿海，常常數百成群，在早晨，在傍晚，蔽天遮日地飛，聲音好像吹風刮雨，所到地方，稻穀一空。」我的家鄉雖然也在瀕海的地區，幸而蔽天飛集的野鴨子卻不曾見過。當然像王勃詠歎的「落霞與孤鶩齊飛」的黃昏美景，也就體會不到了。但是像王維寫的「漠漠水田飛白鷺」，杜甫寫的「一行白鷺上青天」，卻是常常能夠看到的充滿著詩意的畫面。

此外，鸕鶿在家鄉卻也時時見到。在秋山黃葉溪中，竹筏上黑黑鸕鶿常使我竚步留連。從崖岸上望去，只見漁人在筏上燒著一盆柴火，撐著長篙，沿流緩緩行進。筏邊有一列鸕鶿，有的縮頭斂羽，靠火取暖；有的照著夕陽，曬著翅膀；有的撲翼水面，追逐魚兒；有的鑽入深水，捕捉魚蝦。一會兒，有一隻鸕鶿露出了水面，嘴裏叼著銀色的魚兒，因爲脖頸上拴著小環，大一點兒的鱗類都沒法吞了下去。這時，漁人就倒提著牠出來，把魚潑剌一聲抖向竹籃裏去。附近的漁家養這種鸕鶿多的常常到十幾、二十隻不等，也足以使一家人不愁衣食。

四

臺灣的鳥很多，白鷺也很多。報登余如季先生曾拍攝過「白鷺人家」的紀錄片。我住在臺北市，雖然也能看到近郊一些田野，近來卻很少看到好鳥，聽到美的鳴聲，白鷺也只能夠由畫片裏看到。這幾年來，附近的農地又都蓋起鋼筋水泥的公寓；現在就連紅掌撥波的白鵝，淺綠的小鴨，嫩黃的小雞啄食萍草蟲兒的情形，也都看不到了。只有鄰居的太太在不到一長方桌寬廣的籠屋中，養了十幾隻耐克亨，爲著下蛋及肉食。到了餵雞的時候，十幾個頭從每一嚦檻間伸了出來，在飼料槽上爭食飼料。陣陣的雞臭，隨著熏風熱浪，混和著左近建築物的水泥灰塵，一起從窗口衝進了鼻腔。我禁不住頭昏腦漲。

由於現代都市的繁榮，人口的集中，人們所能佔有的空間，越來越小，更何況人類馴養的家奴呢！宋人那種「春江水暖鴨先知」的境界，是現代文人不易經驗得到的。周人那種「風雨如晦，雞鳴不已。」用以象徵君子生在亂世而能不改其度的美德，是更不容易想像得到了。古時的雄雞，那種在黑夜裏引頸高吭，在風雨中不斷長鳴，又豈是關在籠子裏的公雞所能啼唱出的清音呢！我想將來城裏人恐怕只有在酒桌飯桌上見到肥腯的烤鴨，清水燉的雞湯，也許還會聯想到雞和鴨的存在情形嗎？鳥跟鳥聲，自更不必說了。

的確，「好鳥鳴高枝。」我已經好久沒有看到和聽到了。

迎春

這幾天，山中的煙雨濛濛，我因爲沒有出去走走，也就不知道春天的女神早已翩然來臨了。報春鳥今早在窗外鳴唱：「春來了，春來了！」我才發現小庭中的梅樹早已在枝梢上開了七八朵潔白的花兒；幽蘭淡雅的香氣也透進窗紗來，沁我心懷。聽濤館前的櫻花也已怒放，艷紅奪目，絢爛極了。桃李路邊的桃花紅了李花白了，垂柳也舒發著新綠。單這一個地方，就早已春意盎然，引入沈醉。

春天是多麼神奇！溫和的春氣，卻充滿著蓬勃的生命力量，撩動了萬物生的機能，愛的情懷！今年由二月四日半夜子時開始立春，每隔十五日，就轉換一個節氣；由立春，而雨水，而驚蟄，而春分，而清明，而穀雨，到五月五日申時，春天就完全過去了。在這短短九十日的春天裏，天地萬物都受這大自然的充滿著生機慾情的陽氣的鎔冶，氣流和地脈由寒冷趨於溫暖，軟軟的惠風吹拂過大地，好像母親的輕撫，大地就這樣綠化起來；緜緜的雨澤肥潤鬆軟了泥土，農夫播下了生命的種子；震天動地的春雷，驅走嚴冬的餘寒，驚醒了冬眠的動物植物，彎曲的挺生，蟄伏的蠢動，草呀木呀都萌生新芽，茁長嫩葉！禽啊獸啊也都爬出洞穴，開始蕃殖！萬物都因春天的到來，隨著融和的陽氣散發出青春的光輝，開始生長，孳育，繁盛，天天都在轉現著新的形象，充滿著新的希望！

啊，春天是生長的季節！上帝開闢天地，創造萬物，大概也是從春天開始著手吧！我想祂是非常用心計畫，努力工作，所以才能夠創造出這樣完美的世界，充滿著奮發向上的契機！在這春天裏，萬物都像上帝，努力地工作，求生長，求發展。你看那春光駘蕩，繁花剪綵，煙柳嬝絲，翠草鋪茵，輕風熔和，細雨飄濛，溪泉融融奔流出山谷，池塘也漾起圓圓的漣漪，游魚在荇藻間相逐嬉戲，飛鳥迎著晨間的春陽在雲中鼓翼，在花間歡歌。大家都讚頌上帝的偉大的工作！春天來了，整個宇宙都在不斷改變之中！連詩人都要高唱：「時至萬寶成，化風天地移」！

我們也該趁著明媚的春光，走出了家門，穿林尋春，度陌賞花，看千山的煙雨，聞一園的花香；席地藉草，細數落花片片；撲水飛紅，隨風散雪紛紛。倒不愁花不飛，倒只怕花飛盡，看得我心神都沈醉了！處處都洋溢著人們的歡笑的聲浪。

古人說：「一日之計在一晨，一年之計在一春。」大家在這春天裏都有了新希望，也作了新計畫。「秧開五葉，蠶長三眠」，農人早就開始辛勤的春耕，一年的收穫都要靠這一開春的努力；政府也配合著新春的來臨，宣布了今年施政的新猷；公司廠商也都適時擬訂了新計畫。我但願他們的新猷與計畫都能夠一一實現。而我們每一個人都應該把握住這美好的春光，努力讀書、學習與工作，來充實學識與能力，增進生活的幸福！朋友，春天給人的是無比愉悅！

但春天也是非常短暫容易消逝的！九十日的春天很快就會過去。到了滿川紅雨，飄花如夢，煙籠碧柳，飛絮惹情，春天就要老去；那時再來聽鶯囀，就已不再是春天！人的青春也會過去；那時再回頭努力，也已不再年輕！所以到了「落盡千花飛盡絮」，再來把握這良辰美景，也就來不及了！

古人說：「江南無所得，聊贈一枝春！」我就借這一季的春光，奉贈諸位：但願我們都能夠把握住自己的春天！

（七十三年二月十七日青年戰士報）

花的靈感

人人都說山上花很美；住到山上來，才覺得此語眞不虛。紅花悅目，綠意盈窗，明月賞心，煙雲逸神。但其中最令人酣醉的，卻是四時有各色各樣的花，相繼而開，送給人許多寫詩作文章的材料，難怪古時詩人能在繁花馨香中寫下了許多詠花的好作品。

在這秋天，香氣最濃郁的花，莫如丹桂，滿樹金粒，月色溶溶，香氣隱隱，隨風送進窗牖。宋之問作詩說：「桂子月中落，天香雲外飄。」

在臺灣，萱草、秋海棠、菊花也都是秋日開的。萱草，又名金針花，從長莖上開六瓣歧裂的鐘形的黃花。舊說吃了這花，可以忘憂，所以周代詩人說：「焉得諼草，言樹之背。」多種萱草，眞的多吃了，就能忘記相思之苦吧！

海棠，除了春天開，還有秋天開的。秋海棠，相傳是癡情的女人，因伊人沒來，情淚灑地而生的。新雨之後，深紅片片，貼梗叢生，妖嬈艷麗，非常耐看。鄭谷有詩說：「朝醉暮吟看不足，羨他蝴蝶宿深枝。」蘇軾詩也說：「只恐夜深花睡去，更燒高燭照紅粧。」

自從陶淵明「採菊東籬下，悠然見南山」之後，黃菊就成了高人雅士的朋友；再加秉性堅勁，不畏寒霜；寒氣愈盛，花愈挺拔。蘇軾不禁要讚美它說：「天寒猶有傲霜枝。」以作爲一個堅強人格的象徵。

詩人喜愛某種花，用這種花顯示自己的情性的也極多。如林逋隱居孤山，妻梅子鶴，作詩：「疏影橫斜水清淺，暗香浮動月黃昏。」爲詠梅的傑作。周敦頤獨愛「蓮之出污泥而不染」，說是花中的君子。荷花未開時風致飄逸，盛開時姿態婀娜；在夏秋雨後，風傳一水香，有說不出的涼爽。採蓮時尤其熱鬧，詠荷詩佳者尤多，鄭谷詩：「移舟水濺差差綠，倚檻風搖柄柄香。多謝浣溪人未折，雨中留得蓋鴛鴦。」就是最富有人情味的。

唐朝人喜歡牡丹，春暮盛開，買花成俗，一株數十千錢，多供養富貴人家。牡丹花大而富麗，有雪白、鵝黃、淺紅、釅紫種種顏色。蘇軾詩描寫牡丹說：「瑪瑙盤盛金縷杯」。再者香氣濃烈，當時有一次牡丹花開，就引來了數萬隻蝴蝶。李正封詩說：「天香夜染衣，國色朝酣酒。」白居易詩有「花開花落二十日，一城之人皆若狂。」可惜此地，看不到牡丹開。

春雨時，江南杏花盛開，嬌紅可愛。宋祁詞有「紅杏枝頭春意鬧。」徐州豐縣舊有杏花村，相傳有杏一百二十里。杜牧詩有「借問酒家何處有？牧童遙指杏花村。」杏樹高丈餘，剛好露出矮牆。葉適寫景詩有「春色滿園關不住，一枝紅杏出牆來。」後來竟轉爲女人偷情的意思，眞是有趣。這裏很少見到杏花；但桃紅李白，如霧似雪，山上的春天就有這兩種花，只可惜花期都很短。

現在，我們常見的花，有杜鵑、蘭花、繡球、茉莉、扶桑、木槿、山茶……，見於詩人吟詠的，也還不少。如楊巽峰詠繡球：「料想花神閒戲擊，隨風吹起墜繁枝」，說是花神把彩球拋在花枝間。過去的女人常把成串茉莉，來添晚粧。許梅屋詩：「情味於人最濃處，夢魂猶覺鬢邊香。」柔婉的香味的確可以增添夫婦夜生活的濃情蜜意啊！

（七十二年十月十三日青年戰士報）

故園荔紅

我小時候住在福州水西門附近，屋子很大。屋後靠著小山；山上遍栽荔枝，沒有其他雜樹，高高低低，總計有二百株左右。祖母告訴我說這些荔枝樹都是祖父在世時候親手種植的。祖父棄世將近二十年了，樹也都長成五、六丈高，枝葉茂密，每株每年可以結一百多斤荔枝，二百株，誠然是我們家一筆可觀的收入。不過講收穫是大人們的事，我那時候所喜歡的卻是工人們摘花、培土、挖渠、接枝、捕蟲、割荔枝、裝簍子的鬧烘烘狀況。我看見他們終日工作，流汗，到收成時候快意的唱歌；我才逐漸領悟到勞動的意義。

泥土要用汗珠和智慧澆灌，才會長出香甜的果實；不過那時，我只知道玩兒。像活潑的痲雀一樣，整天在林間水邊嬉遊，尋找春天快樂的訊息！

當春聲一動，滿樹林子都是青白色的荔花；東風吹過，花片紛紛亂落，清遠的香氣可以使醉人的頭腦清醒。三月杪，花謝了，結成青青荔子；過了一個月，就變成丹紅色。閩粵兩省都是產荔枝出名的地方；福州也是產荔枝比較著名的城市，洪塘、水西一帶鄉間有句諺語：「東家誇三月之青，西家矜四月之紅。」可見荔枝栽種得很多了。到六、七月，火紅的太陽把荔枝曬得發紫，林間到處有「知了知了」的蟬聲在叫，好像告訴荔枝熟了熟了。這荔林的景色多美呀！

在綠樹間，掛著纍纍的紅珍珠。每當暑雨初霽，夕陽照著雨水洗過的清林，那些絳紅鮮紫的荔枝和那翠得玉似的葉子，鮮明輝映，遠遠望去，就好像山林間蜿蜒著無數的火把。這是自然界燃起光明和生命的火把；一幅「夏林荔紅」的畫景；我所喜愛的，就是這種大自然的手筆。

荔枝林除了許多美景，給我精神上無限的安慰和陶冶外；我也忘不了物質上的享受。我很喜歡吃荔枝，每次總吃幾十顆，肉嫩味甘，性又滋養。唐朝詩人白居易說得好；他形容荔枝說：殼縐得像紅繒，膜薄得像紫綃，瓤肉瑩白得像冰雪，漿液甘美得像甜酒牛乳。難怪宋代大文豪蘇東坡先生要「日噉荔枝三百顆」了。

吃荔枝是一種享受，吃的人得到吃的快意；可是又有誰知道種的人的辛苦呢？舊法種荔枝要十年才能結子。在幼苗時代怕霜害，要用稻草覆蓋；結果實時候怕蟲災，有時綠殼的石貝蟲一來，停枝附幹，若不及時設法捕捉撲滅，不但收穫無望，而且會損害到樹木本身的生存。此外平日挖溝，引水灌溉，鋤草、施肥、培土，都要辛苦流汗，才有收穫。如果中年開始種荔枝，要到晚年才見收成；如果老年種荔枝就不是爲自己了。記得小時候唱過一支歌，歌詞大概是：「前人開路，後人便當；前人種樹，後人乘涼。」現在覺得這支歌，正唱的是我們的祖先爲子孫造福的事蹟啊！

秋的故鄉

這兩天，天氣變壞了，天陰沉沉的。氣象報告是寒流來了；我這才驚覺秋天和冬天一起來了。其實擡眼望窗外，仍然見不到秋色。樓下院子裏的綠樹連葉子都不曾落下半片，遠山也依然是綠的，只是現在籠罩在雲霧裏，顯得淡遠模糊罷了。

我爲了尋找秋，穿上厚絨的夾克，走向新店溪邊。在這裏，我好像他鄉遇故知一般的驚喜；我看到了一叢像故鄉的蘆葦，已有點「蒹葭蒼蒼」的秋色。有了一些如絮的白花，在風中搖曳，但卻沒有黃葉。再細看，也勾不出「雨折霜乾不耐秋，白花黃葉使人愁」的秋情了。

我又沿著重慶南路的紅磚大道，慢慢地走到了植物園。在這裏，可以看到秋吧！園子裏有一塘衰荷殘葉。「風傳一水香」，已經聞不到了。不過殘荷的清香，似乎仍殘留在空氣裏，比起我平日所呼吸的空氣，好得多多了。可是這裏的景象，仍然不像我小時候所見到的秋，不像我心中所描畫出的秋境。

我找了一張椅子坐下，細細地想。爲什麼在臺北老看不到秋天呢？我想了好半天，才恍然大悟，秋在這四季如春的寶島，是找不到的。因爲她仍然留在我小時候住過的地方。我離開家鄉二十七八年了，她仍然住在故鄉，那裏是秋的故鄉——我的故鄉，也就是秋的故鄉。在家鄉每一個景，每一個物，在這秋深的季節裏，你都可以看到濃濃的秋天的顏色，聞得到秋天濃濃的情味。

記得那時我還在福州郊區讀書，學校的旁邊就是一大片橘子園，樹上掛著纍纍的果實。到了秋天，白露變成冷霜。清晨起來，不像這裏的秋冬常常是陰沈欲雨天，多半是非常晴朗的，屋瓦上鋪滿了白霜，鄉間的山路上也鋪了一層厚厚的白霜，踏在上面，悉悉索索的響，腳印就留在晨霜上面。家鄉的朱紅的橘子，是非常漂亮的；但必須等到秋深霜徹林的時候，橘子才會由青變紅，開始變得甜了，入口化作瓊漿蜜液。在果園中摘幾顆橘子吃，是不要花什麼錢的。

又記得有一年，我離鄉到上杭去。那裏盛產水果，有梨子、桃子、柚子、栗子。外殼綠色有刺的栗子，傍晚時常常隨著秋風掉落。孩子常常等在樹下，用腳一踩，外殼就裂開了，露出兩三粒白殼的鮮栗，再剝開殼，吃起來甜甜的，實在很有味道。若在炭火中一煨，粉粉的栗子，風味更香了。現時在這裏再也吃不到那樣的鮮栗了。

在家鄉看秋天是非常美的，農家園籬中有長竹扶著的雁來紅，在這霜風中，疎疎密密的綴著新紅，看來就好像一叢叢紅錦。在這時候，遠山的樹都黃了。溪邊的楓林也正像杜牧說的「霜葉紅於二月花」。醉楓燦麗，好像殘霞，好像火燒，妝點秋山的確十分美。但在凜冽的秋氣中，這種美，也不能耐久，終也和其他的黃葉樹一樣的，隨風飄零，也盡幻化作黃粉蝶、紅蛺蝶飛落了下來。眞是「葉逐秋水去，花落釣人頭。」

心中想著這落葉，我又怎能不興起秋的感興。過去年輕時覺得美麗的歡樂的秋境；現在回想起來，卻覺得不堪回首。自己近來的頭髮也落得更多了；前些日子吃硬東西，竟還咬斷了半顆犬牙，也眞有到了「容色朝朝落」的秋天了。春天的花朵像彩錦一樣的美麗；夏天的綠葉像帷幕一樣的濃密；家鄉的秋光，雖有木桂的香風，黃菊的芳潔，但也有滿地桐葉飛的蕭條景象。

想起了故鄉，也想起了許多親人，都像秋風捲落葉過去了。由香港轉來家鄉的音信，父親早在十幾年前過世了，在他過世前不久，親友還轉來最後一封父親的信。信上大意說他「久病不癒，心甚見急！晚間又不能長眠，半夜醒來則起，而坐天亮。我想爲人，實在厭世，不如早死，已遺囑你大哥，我死只穿布朗褲一套，做和尚衣一件，用木龕化灰。」今夜再讀父親的遺書，實在忍不住眼淚盈眶。而大哥、大姊也都過去了。我將來回去，在秋天的故鄉裏，哪裏還有我自己所親所愛的人呢？最可能看到的，恐怕只有枝繁葉細，秋冬不凋的老榕樹了。

中秋夜

「月是故鄉明」，許多離鄉人都這麼說；所以中秋時節許多人都要趕回故鄉去，和家人一起賞月。

五十多年來，我在家鄉的日子很少，算來不過十二三載，其餘大都寄寓異鄉；而且在那短短的十二三年，又多在童稚無知及戰亂不安之中度過，能夠跟父母兄長姊妹歡聚一起，共度佳節，觀賞秋月，更可說少之又少，大概只有六七歲時的兩三年罷了。

那時，母親已經四十多歲了，但依然非常美麗，對待兒女就像明月那樣的溫馨。我還記得那一年秋天，由一彎新畫眉，變成一把銀鈎，再漸漸變成半規的玉梳，到了十五夜，就成了一輪燦爛的滿月，掛在黝黑高深的天空，明亮皎潔，沒有纖雲遮掩，還有晶瑩閃爍的繁星。我們一家人圍坐庭院中，吃著月餅，說說笑笑，非常快樂。天井中月色似水，青石板上好像灑了一層薄霜，微風嫋嫋，橫笛韻悠，丹桂香飄，盛夏的暄氣早已蕩盡無餘。但最使我賞心的，至今難忘的，並不是這些良辰美景，而是關於月亮的一些閒話。

「媽媽，嫦娥姐姐爲什麼要離家到月宮去住呢？」小妹天眞地問著。

媽媽用她的手輕輕撫摸著依在她身邊的妹妹的頭髮，微笑著說：「傻孩子，這當然是嫦娥的丈夫

──后羿不好啊！結婚不久，就不關心他妻子，只顧忙著工作，天天出外打獵，射了大豬，又殺了長蛇，射光了地上的走獸，又想射光天上的飛鳥。嫦娥一人在家很寂寞，也想出去玩玩，所以她就偷吃了一包后羿從西王母那裏要來的仙藥。吃了，就會飛；所以她就像小鳥飛出了籠子，高高飛走了，飛到了月亮，就在廣寒宮當起仙女了。」

「媽，後來呢？嫦娥姐姐有沒有再飛回來？」

「做了女神，就不能再回凡間了。」

「不能回家，不好！」妹妹又說：「將來我長大了就不要當嫦娥！」說得大家都不禁笑了起來。

接著大姊也講了一個她聽過的故事。她說：

從前有一對美麗的姊妹。姊姊溫柔嫻靜，妹妹豔麗剛烈。妹妹說要是有人敢大膽瞪著眼睛直看她，她就要用繡花針刺瞎他眼睛。姊姊就勸她說：「有人這樣看妳，妳就躲開他吧！」後來這一對姊妹就變成天上的月亮和太陽；所以月亮老是在雲裏躲躲藏藏，卻更吸引人欣賞；太陽，雖然也有許多人不計路遠，爬上高山，趕往海邊，苦苦等她出來，只盼望能見她一面，但見到了，卻又不敢正眼多看她幾眼，大概就是怕被她撒出的繡花針刺痛了眼睛吧！只能在黃昏，當她回家的時候，癡癡遠望她又美又紅的背影。溫柔，總是比較容易討人喜愛的。今天再想起來，覺得母親、姊姊說的這些故事，不但有趣，而且有深意。

七七事變之後的第三年，我離開父母，前往上杭時，不過十歲，此後大半時間，我一個人在外求學，東漂西泊；直到抗戰勝利，第二年，我讀高二，才隨學校復員而回到故鄉。高農畢業，我又離鄉到永安工作。不久，又途經故鄉來到了臺灣。在新竹、臺中、基隆、花蓮、高雄都待過一段日子——那是民國三十八年間事。三十九年初，進入師院，才在臺北定居下來。五十一年秋結婚，我才結束了單身生活。生於亂離時代，每當良辰佳節，總是孤伶伶地一個人在客邸中過。中秋月色，雖然鮮霽，卻常令人感傷，正如東坡所恨，這美滿的秋光，「只與離人照斷腸」！

中秋月，也有美極了，而教我忘記了鄉愁，共有兩次。一次是在黃歷的山麓，一次是在花蓮的海濱。

抗戰勝利的一年，我在福建臨時省會永安，讀農學院附農一年級。學校在黃歷的山坡上，一條清淺湍急的小溪繞過山下。這年的中秋夜，剛值日本無條件投降後不久，我們雖仍漂泊異鄉，但心境的歡樂已與往昔大不相同。我和幾位同學，在溪邊岩石上，坐看山月露出了樹梢，覺得分外明淨可愛，好像新拭過的寶鏡。遠處的山，漸漸成了一片黑影，透出幾點昏紅的燈光；近處稀疏的樹，零散的房屋，猶朦朧可見。月輝先是偷偷浮在淙淙的溪流上，像點點銀星，像片片碎玉；慢慢升高了，沈浸水中的月璧，隨著水光波影，搖晃蕩漾，碎了又圓，圓了又碎。這就好像我們青年時代所做的美夢，似眞疑幻。飄繞山林的浮雲，在朗朗的月光下，彷彿是橫飛著的淡淡的一匹素練，夜靜極了，也美極了！我們談著學校當局已準備遷回福州，今年的寒假我們可能就可以返鄉過年了，明年的中秋可以在故鄉泛湖賞月了。這一夜，我們愉快地談著，不覺時間的過去；直到了草葉露光寒，方知夜已深，才慢慢走回了宿舍。

三十八年秋，我因投考臺大落榜，懊惱之極，就辭去基隆的臨時工作，而去花蓮畜牧場做事，因此常去海邊，看夕陽散心。這年中秋，我就在那裏度過。我很早到了沙灘，已有一些和我抱著同樣心情的離鄉人來這裏賞月。不多久，一個月輪從東邊海平線的上空，冉冉而升，發出銀白的光輝，在黑裏透藍的海面慢慢又漾起了一道長長的光影，而且撒下無數的金礫銀星，在海上跳彈，隨著潮水湧向沙灘來，又像潮水不斷將流光帶了去。月亮越升越高，也越亮了，終於成海天一色，萬里涵輝，灩灩月波，隨潮起落，霞飛霜流，花湧雪濺，教人心神俱醉。在沙灘上，我徘徊，我流連，久久不忍離去，心中濃濃的失意與鄉愁，也都一蕩而盡。

有人說：「要是中秋沒有月亮，就等於這一年白過了一個秋天！」大陸的秋季，大多千里無雲，天氣高爽，所以中秋夜有月亮的居多，也特別明亮，所以詩人才會有「桂魄上寒空，皆言四海同」，「但願人長久，千里共嬋娟」的說法；但事與願違，所以詩人也才會有「人生幾見月當頭」的喟嘆！曠達樂觀，如蘇東坡卻認爲江上清風，山間明月，是取之不盡，用之不竭的。就像上個月，我在香港，擡頭看見一彎新月，徘徊在一群三十多層高樓的窗前，映著無數燈輝，迷濛昏黃。我看來，高樓中人，只要探出手來，就可摘下這一只玉鈎，形成一個極其現代美的畫；所以我們要想觀賞明月，時時皆可，不必一定要在中秋月夕，賞月才算賞了月。

月亮富有感性，海潮漲落就受她影響！我們的情思也常因月而變，所以我常覺得在不同的境地看月，就有不同的感受。前幾年，住在繁燈如海的市區，中秋夜，和妻、孩子開窗欣賞，所見的是窄天裏的月輪，的確不如故鄉的明亮。臺北人要想賞月，就得舉家到公園、到圓山去觀賞。這兩年，搬家到山中，常常見到月自五峯山出來，在林梢樹間款移蓮步，照進窗牖，微露她溫柔美麗的臉龐。月亮時常在我的夜生活中出現，因此，我也常常看見她圓了又缺，殘缺了又圓，也深深引起我的感觸。我們的生命到達了巔峯，是那麼成熟、充實、完善、美滿，就像中秋月；但一過此際限，體力和精神也就衰老退化，終於死亡消失；只是我們不像月亮能夠「死而又生」，這是人的最大悲哀。就拿現在這一輪的月亮來說吧，她過去也曾經照過我的父親和我的母親，照過我的大哥和我的大姊、妹子；然而現在我的父親、母親、大姊、大哥都已經「作古」，妹子也跟我遠隔天涯；看著月，又怎能不教我勾起深藏心底的相思與記憶！

美麗神秘的月亮，確曾給我們許多冥思幻想，不但我國產生「嫦娥奔月」、「吳剛伐桂」、「玉兔搗藥」的神話，就是在古希臘神話中也有「月神」。月亮成了人類嚮往的地方。嫦娥奔月，唐明皇夢遊月宮，譜下「霓裳羽衣曲」，和英國小說家威爾斯作「在月球上的第一批人類」，描述人類登陸月球故事。這都是從我們人類這種嚮往月亮的心理而產生的。月亮遠遠看去很美，在我們的想像中也很美。美麗的地方，假使只有少數神仙住在那裏，也是十分寂寞冷清的。

現在，人類的太空船已經登上了月球，太空人還駕駛著車「浪遊」。人類奔月的美夢已經實現，但同時也揭開了美麗的月亮神秘的面目。月亮上面，不但沒有瓊樓玉宇，沒有神仙洞府，而且沒有水、空氣和食物，有的只是奇岩怪石、山峯峽谷，景象非常荒涼。根據科學家說，一個人要想在月亮上住一年，至少需要二千萬美元的費用，因爲水、空氣、食物和用品，都要由地球用太空船運去。除非人成了不食人間煙火的嫦娥就不能長久住在月亮。也許有一天，科學家替我們解決了月球上的水、空氣、食物各種問題，那時我們就可以搬到月亮去住了，中秋夜也就可以在月亮上「賞月」，而不必到圓山上去了！

（七十二年中秋青年戰士報）

養魚

莊子秋水篇說：「莊子遊於濠梁之上曰：『鯈魚出游從容，是魚樂也。』惠子曰：『子非魚，安知魚之樂？』莊子曰：『子非我，安知我不知魚之樂？』」

過去，我每次讀到這裏，總想到那些魚在濠水的橋下面，輕輕快快地游著，是多麼悠然自得，多麼逍遙自在！所以我總以爲做一條魚，牠的生活應該是很快樂的，在清澈空明的水中，怡然不動，忽一擺尾，就倏然游走了；再一掉頭，又游了回來，來來往往，無事拘心，忽上忽下，多自由自在。所以「鳶飛戾天，魚躍于淵」，自是人類所嚮慕神往的境界。像鳥一樣的飛，像魚一樣的游，是我從小常做的美夢，做魚一定比做人快活多；忘記海雖大，而「大魚吃小魚，小魚吃蝦子」，仍然存在；那是億萬年都不會改變的法則。

孩子喜歡魚；妻好幾次從菜市場帶回幾條小金魚，養在小玻璃缸裏，大家都把鼻子貼在缸兒邊上看，可是沒有三四天，這些小魚都翻鰓死了。我想這可能是自來水不適合於養魚嗎。

大前年，我們搬到和平東路之後，每逢星期日，菜市場裏總有一位老阿公挑著兩大盆的金魚來賣，總有一些可愛的小孩子蹲著觀看，不想離開。去年夏天，妻向老阿公又買了十來條金魚回來。據這位賣魚的老阿公告訴她的名目很多：龍睛突眼，全身墨黑的，叫「黑牡丹」；高頭赤鱗，沒有背鰭，尾巴短短的，叫「獅子頭」；丹頂銀鱗的，叫「紅帽子」；又有身體透明的金鯽，如畫彩的五花魚。起先，我們將這些小金魚，養在小水槽裏，用蟲絲魚糧飼養。老阿公說：「在自來水裏，放一些『海波』，對魚就沒有妨害了。」後來，我才知道海波（HYPO）是含有亞硫酸鈉成分的白色小結晶體，可以中和自來水中的「氯」，十公升水，放一米粒，就夠了。我讀書累了，工作累了，就時常坐在水槽邊看魚游水。

牠們在這又淺又小的水槽裏游來游去，好像並不覺得侷促，看見人來也不覺得害怕，純然一片天機，游姿非常美妙動人。牠們的生活是那樣的悠游自得，使我深深體悟到陶淵明所說「審容膝之易安」這句話所包蘊的哲理了。一個人快樂不快樂，完全是建立在自己的心理上。能知足就能常樂，貪得多欲，自然痛苦。這些魚大概天生就是個哲學家嗎？很懂得知足的道理。一個人對眼前的生活，如能自足，如能滿意，就能常常自感快樂；那對於大廈華屋，榮名高位，珍饈佳肴，歌舞聲色，也就無所動心了。記得我的一對雙生子誕生的時候，住在師大第八宿舍一間小房子裏，收入又不多，但精神卻是頂快樂的；晚上，有時帶著妻到附近巷子口的麵攤，來一碗陽春麵，上面鋪展著兩片薄薄的瘦肉，就吃得津津有味。如今回味起來，卻仍感到溫馨無比。現在住在高樓大廈裏，卻時感俗務纏身，時有莫名其妙的煩惱。其實，生活實際的需要是非常簡單的，吃住穿都很有限，極易滿足，過度、奢華、浪費，都是沒有必要的。在努力中求進步，在平凡中求不平凡，自然生活得閒適安樂。要是你心裏不知滿足，日日追逐名利，講究享受，自然無法體會到生活的樂趣了。像晉人何曾日食萬錢，還說無下箸處。像唐人孟斧住在金迷紙醉的雅室裏，窮奢極侈。這樣當然只有沈淪於無底欲壑之中，作金錢的奴隸了；那能過魚兒這種悠游的生活呢！

我們因爲逐漸注意到養魚的事，這才知道附近的人家種花養魚的很多。這大概是因爲住在公寓裏，沒有活動的空間，看不到郊野溪流；種種花，養養魚，也可以打發時間，排遣閒暇，再者還可彌補彌補心靈的飢渴吧。也因爲養魚的朋友多，後來就有人告訴我們：要養魚應該買一個玻璃做的水族箱，四面透明，適以觀賞金魚浮游其中種種美妙的泳姿；還需要照明的燈管，供應適宜的光線，通氣的設備，充分補充水中的氧氣，若有過濾器，更好；這樣金魚才會生活得愉快健康，增加牠色彩的艷麗。假使箱底再鋪些細砂，植些水蘭、菊花茜的水草，水面再養些綠浮萍，葉上葉這一類的魚藻，將更會添加情趣了。

我們聽了，就到水源地的一家水族館，買回一個長四尺，高一尺二的水族箱，並依據朋友的說法，加以佈置。又添購了一些新的魚，有鱗片突起的珠鱗魚，有鰓蓋翻捲上去的翻鰓魚。因爲常到水族館，所以又認識了一些名種的金魚；像絨球魚，就是腦袋前綴著兩顆圓形的小肉絨；水泡眼魚，就是眼睛邊各掛了一個透明得像小小燈球的水泡；還有紫蘭花魚，有一身古銅色的鱗片泛出紫藍的光彩，非常美麗；還有大獅子頭魚，沈睡箱底不動，就像極了一個洋娃娃的臉，眞是美不勝收。只是價錢太貴了，我們捨不得買它。我們只挑一些價錢便宜的買回來，養在箱裏，吃飯時休息時，拉一把凳子坐著，觀賞箱子裏魚兒各種美妙的泳姿游態，眞能陶醉忘情。

金魚大都有胸鰭、腹鰭、脊鰭、臀鰭、尾鰭。鰭是由鰭條張著薄似輕紗的皮膜構成的。金魚的尾鰭大都又長又大，有兩葉，有三葉，有四葉。牠們在水中輕輕划動著左右兩片胸鰭，身子就輕悠悠地向前推進；腹鰭常在往下游的時候撐開，好像在減緩下衝的速度；聳立的脊鰭和不時撥動的臀鰭，都是用在保持身體的平衡；尾鰭像一面船舵，又像一個推進器，用來變換方向，並促使繼續前進。當這些魚兒在空明的水箱中，上下浮沈，左右泳游，銀鱗金片在粉紅色夢似的燈光下，閃閃發光，艷麗眩目，所有薄如蟬翼的鰭都完全披散撐開了，好像朵朵鮮花兒，在泛著淡綠的水中綻開怒放，怒放又綻開，不斷地變換著美麗的幻象。啊，眞美呀！美的教人常常一看就是一兩個小時，時光就在不知不覺中流逝了。因此，卻也時常使我自己生起一種玩物喪志的慚愧心理！

人有愛情，金魚也有極熱烈的愛情，當這明媚的春天來臨的時候，那些公魚的鰓蓋和胸鰭上，就會出現點點閃亮的銀星，透露著愛慾之火，在水箱子裏，常見一條健康靈活的魚兒，啣尾緊追著另一條魚兒，熱情地糾纏，追逐著，用力地將身體靠近緊擠著對方，有時身體微微激動顫抖，撩動得一箱的魚，也都追擠了過去，於是好幾條魚擠做了一團，比人類的愛更熱情更瘋狂。啊，生命就靠這兩性天生的情愛延續了下去呀！

啊，這些被人們豢養在箱中的魚，是否眞像古代詩人所想像的，無時無刻，都在想念自己的故鄉呢！有所謂「池魚籠鳥，本山川而有思」呢？都願意回到江河湖沼海洋過那天空海闊的生活嗎？金魚據說是我國的產物，原本是錦鯉金鯽的變種。自從宋朝人豢養以來，已經有一千多年的歷史了，牠們已經很適應這種被人供養的生活了，心理與體態也都爲了適應人爲的環境而起了變化；由牠們形體的圓滿，游姿的婀娜，性格的溫雅，可以看了出來，牠們已經喪失原來粗野的本性了。今天，我們假使再將牠們放回大自然中去，恐怕已經不能再過那種風浪兇險的生活了吧！

有一天，妻又從菜市場帶回了幾條熱帶魚，有體如流線型的「紅箭」，有身似彩帶兒的「孔雀」。還有身子兩側生著一系列綠色光點的藍寶石魚；這些綠藍色的斑點，是由珐瑯質的鱗片構成，一遇氧氣，就會發光。開始時，我們不知道這些熱帶魚被人馴養的日子尚短，有的還是野生的，不能跟金魚養在一起。後來才發現這些未經人工雕琢過的熱帶魚，個個性情暴躁，喜歡惡鬥；就像現在一些不良的青少年一樣的，成爲社會上的害群之馬。一放進水族箱裏，不久，就發現牠們眼露著兇光，全身充滿了狠勁，追咬纏鬥，把整個寧靜和諧的世界攪得不安之極了。不過，我還不以爲意。但到了第二天早晨，我終於又發現所有金魚的尾巴與胸鰭都被咬得殘缺，傷痕累累。還有一條紅色的紅箭魚被咬斷了小尾巴死去了；下午又有一條孔雀魚的屍體，飄浮水面。這才使我感受到魚並不像我們所想像的那樣的平和完美！我只好將這些野性難馴的熱帶魚隔離，另外豢養了。

由於金魚漸漸長大，這個小水族箱顯得擁擠，於是養魚的麻煩，也日漸增加了。魚的各種疾病，像尾巴腐爛，鰭生白霉，寄生小蟲，眼眶紅腫，鱗片倒豎，鰭葉脫落，硬嘴結口，身體消瘦，都陸續出現了。開始時，我們不知道怎樣治療，死了不少金魚。每死一條金魚，就使我感到痛苦，看牠們在死亡線上掙扎好幾天，然後死去。牠們雖不會呻吟出聲，但那種死亡前痛苦喘息的神情，仍然激蕩了我的心靈，使我深深感受到人類的生老病死，又何嘗不是如此。然而魚的生命，卻比我們人類的生命更脆弱、更短暫多了！魚一生病，就會露出病態，不太活動，常喜獨自靜靜躲在一角。這時就常常會受到其他的魚的欺侮追擠；這跟人類對病患者充滿著愛心照顧的不同；畢竟人類是受過教育的，當然與魚鳥野獸不同咯。這跟人類世界中「落井下石」的情況，倒有點相似。於是讀莊子秋水篇的美感，也就全破滅了。後來，我向水族館請教，才知道魚生病時，也可以用藥，給與適當的治療。經常可以準備些紅藥水、藍藥水、氨水等藥品，塗擦浸浴，現在魚很少因病而死了。

我們知道在自然的法則中，任何一種生物，都要經歷同樣的生命的歷程，有死亡就有生命，有病痛就有健康，有悲哀就有快樂，人們能夠認識到這一點，常自把握那快樂的時候，消除那悲傷的感受，我們就會覺得人生在世是那樣的美滿幸福了！

蘇子美詩說：「沿橋待金鯽，竟日獨淹留。」現在在客廳上養一箱魚，就可以盡夕欣賞怡情了。

（七十年四月十三日青年戰士報）

喜雨頌

好幾天沒有下雨了，熱得難耐，南部又乾旱，心裏實在盼望頃刻間雲興氣合，下一場大雨吧！種田最需要雨。沒有雨水，土地將乾裂像龜甲，堅硬像水泥，不能夠下種，不能夠插秧。有了雨水的膏潤，泥土變得潮濕柔軟，好像母親豐腴甜美的乳房，不斷供應著滋養的乳汁，教萬物欣欣向榮。啊！我們幾乎可以聽見禾根在滲吸土裏水分的聲音；我們幾乎可以觸摸到樹葉上毛細管蒸散的脈動！你看有了雨水，每一株幼苗，每一朵蓓蕾，每一棵大樹，都充滿了蓬蓬勃勃的生命，萌生嫩嫩的綠芽，綻放光鮮的花兒，添加了許多尖新的葉子。雨師幫助春天的女神來綠化大地，輔佐偉大的上帝來生養萬物。大地之流，潺潺地唱著喜霖之曲，就像古代巫覡祭神時所歌：

甘雨時降，
五穀豐登；
甘雨滂沛，
五穀增增！

在「靠天吃飯」的時代裏，人常常爲求「甘雨時降」，而在毒熱炙背的大太陽下暴曬著，直曬得頭暈腦脹；又宰牛祈祠，甚至有「殺人以祀神」者，可是天還是沒有半片油然的雲。現在科學昌明，遇到久旱時節，就派飛機到高空，帶了乾冰、細鹽和鹽水去「種雲造雨」，眞是進步多多了。

我們最喜歡的，是「十日一小雨，半月一大雨」，「夏天是天天午後雨」；但老天爺下不下雨，當然不可能盡合我們的願望。三春不雨，則農耕失時；炎夏不雨，則悶熱蒸人；連旬淫雨，也令人生厭；苦雨愁霖，更容易造成水災；所以風雨調適，是我們所最盼望的一件事。最好是下一兩日雨，停一停，隔幾天再下一場。尤其在這溽暑難消的夏日，天空中的炎陽像烈焰般的照射在對面貼著白色馬賽克的屋簷上面，金光鱗鱗，眩目刺眼；熱風好像從大洪爐裏散發出，一陣陣薰進窗來，電風扇不停猛吹著，也不能稍減這熱浪的逼人。人人都祈望午後快快來一場驟雨，以蕩盡這暄濁之氣，那樣就可以在清涼的夜氣中，做一個仲夏夜的好夢了！

果然，今天的午後，雲從四方湊集來，在天空掛起一面灰幕，慢慢天色越來越陰暗，烏雲越結越沉重，霎時間大雨傾注，淅淅瀝瀝，嘩嘩啦啦，打在花架的塑膠瓦上，聲音很響亮，也很好聽。

看雨密密地下著，比起王子安詩所寫「珠簾暮捲西山雨」，更加賞心。漸漸雨小了些，滴滴答答，滴滴答答，節奏也很美。記得小時候，我常常沉迷於這種富有音樂旋律美的雨聲中。想著想著，我彷彿又回到可愛的故鄉。下雨時，我常常搬了一張小凳子，坐在高高的屋簷下看雨。雨腳落在大天井裏，下得久了，積了一天井的水，雨腳激起了許多水泡，好像串串的小珠子不斷冒了上來。雨打在牆角邊的芭蕉葉上，把芭蕉葉清洗得綠意盎然。雨打在大魚缸中，泛起許多小小圓文，浮萍也被雨打得四分五裂，暴晴的金魚在下面躲來躲去。雨濕了石架上的盆花，嬌紅的更嬌紅，潔白的更潔白，一顆顆珍珠從花葉間滑落了下來。我又不禁想起靜葆小妹，最喜歡在下雨時，要我猜這麼一道謎語：

「千條線，萬條線，落在水裏就不見。」

想起這些小事，猶如昨日。還記得那時母親常說：「地面起潮，蟲蟻封穴，就要下大雨了。」幾乎是十次有八九次應驗。現在讀到古書裏記載：「礎潤將雨。」「穴居知雨。」才知道母親的話，原來也是有所根據的，都是出於經驗之談。現在母親已過世多年，再不能聽到她的訓誨，心裏實在惆悵得很！

「雨景」最美的時候，當然是在春天，空靈的好像薄縠，迷濛的好像飛煙，細密的好像織絲。風軟雨斜，紛紛漠漠，教紅花含淚，片片隨風零落；使鳥兒濕了羽衣，慢慢在雨中翻飛；讓遠處的觀音山，也籠罩著飄渺的煙雲。在戀愛中的青年男女，最喜歡兩個人撐著一把花傘，並肩走在植物園的濛濛煙雨中。他們常從心裏說：「這是最富有詩情畫意的雨呀！」

雨聲境界最美的，恐怕是在靜夜裏，如果是在山中，是在夢裏，你將覺得它像泉瀑，像流水，像松濤，美得令人沈醉。我想音樂家也常常由於雨聲的美，產生作曲的靈感。就拿我國的古代音樂家伯牙的故事來說吧。

據說伯牙到山東的泰山去玩，忽然遇到暴雨，滂沱傾注；他只好躲進一個巖洞中避雨。雨滴滴答答地下著。眞美呀！美得使這位音樂家無法抑制住心絃的顫動。他坐了下來，隨手撫著琴彈出一支淋雨之曲。雨越下越大，從高高的樹杪飛落；掣電狂雷，昏晦如暮，山壑中雲翻雨捲，遮沒了山下綠綠的梯田；上面的峭壁，忽有垂瀑像千丈銀河的倒瀉。伯牙十隻手指重重敲擊著琴絃，聲音隨之激越飛揚。只見横潦滾滾，山中的路徑已被激流所淹沒，山洪像河水的奔決。在轟轟隆隆的雷聲中，突然山間的滾石隨著山洪崩躍跳蕩掉下山去，震撼得巖洞搖搖欲塌。伯牙更加瘋狂地彈奏著絃琴；急速而有力的琴音，敲擊著我的心絃。壯闊極了，這崩山之曲！——這就是十幾年前，我和露昇兄同遊獅頭山，突遇滂沱大雨時的一些感受；我想伯牙的高山流水之曲，大概也就是這樣譜成的吧！

當然，現在最使我感到愜意的，是午後這一場驟雨。它一下子滌盡了多日來的暑氣與心煩。但願在這一季夏天裏，能多下幾場這樣教人喜悅的雨吧！

（六十九年十月十五日中華日報，並選入「靈泉散文集」及采風出版社「人生如蜜」中）

珍奇的窗景

有一個詩人說：「開一面窗子吧，窗子裏有無數的珍奇！」

記得從前鄉居時，坐在窗子邊眺望，可以看到四時朝夕陰晴不同的美景。春天的綠野，披簑戴笠的農夫，在濛濛煙雨中，吆喝著水牛在犂田，低著頭在插秧，撲鼻是草香泥土味，緜蠻的鳥囀就響在我的耳畔。夏天的小溪，浮漾著一片爛紅的夕陽，孩子與青年在溪中玩水，清脆的笑聲，快樂的歌聲，和著潺湲的流水之聲，一起由窗子送了進來，教我心醉神馳。秋日盈疇的金稻，就在窗外，結著沉甸甸的穀粒的長穗，在農人看來無疑是燦然可愛的金子，他們彎著腰拿著鐮刀正在收割，汗珠一滴一滴落到泥土上，喜悅的微笑卻展露在他們的臉上；還有幾隻鳥雀從如雲的稻浪上飛起，一幅多美的畫掛在我的窗框子裏！冬日光禿禿的田野，叢叢的禾根殘留在地面上，母雞帶領著遍身嫩黃雪白的小雞，在溫暖的晨光下，咕咕、咕咕的叫著，指點牠們啄食田地上的餘粒，表現著無比慈藹的母愛！漂亮的雄雞吃飽了，有時伸直著脖頸，表現威武的神態，鼓起蓬鬆的羽毛拍舞著翅膀，好像要展翼高飛似的；但沒飛幾步，就掉落了下來，卻嚇得那些滾圓可愛的小雞，滿地飛跑。看得我直想笑了起來。

由窗子裏還可以數繁星點點，賞新月彎彎，聽風吟樹梢，看雨跳荷珠。難怪陶潛要說：「五六月中，北窗下臥，遇涼風暫至，自謂是羲皇上人。」這一段日子，現在回想了起來，好像在回想一個古老的故事，一個再難以拾掇回的夢痕！

現在伏案窗前，擡眼望去，見到的只、顏秉璵各台；我的視線就被陽台上鋁窗擋住了。要想展望，只有走到陽台上去，移開鑲著花玻璃的窗子，伸出頭去，透一口氣，入眼來的是對過的高樓，巷道的兩頭也是高樓，沒有一絲涼風，風好像都被高樓擋住，吹不進來。樓下六米寬的巷道上，停著三幾輛汽車。呆板與單調充滿了這一條巷道的空間。許多陽台外面還裝著防盜的鐵柵欄，人把自己像動物一樣的關在鐵柵欄裏。許多人家在陽台外裝有長長的花架，來改善視野，花架上緊緊排著一列盆花，也開得五顏六色的，但隔著銹色的花架看去，總不能教人覺得悅目賞心。還有人利用陽光，在花架上曬著衣服，隨風搖曳；我們只能將它美稱爲萬國旗。從一清早起，到了深夜，相繼入耳的，是各種噪雜的聲音，車聲、叫聲、收音機聲、音響聲、彈鋼琴聲、尖尖的樂器聲、飛機聲、排油煙機聲、馬達聲、敲打聲、說話聲，還有養在樊籠中的鳥聲，不斷從窗戶傳送進來，聽來不但沒有一點兒美的感受，還時常打斷了我本已枯澀的文思。當然，黃昏更不會有滿天彩霞裝飾你的窗子，夜裏也更不會有明亮的月兒裝飾你的窗子。倚著樓窗，看到的只有體態輕盈、婀娜多姿的女人，從這巷道中經過的時候，才會使你疲憊已極的眼睛爲之一亮。過路的人，就成了我眼中的風景。呵，也許那輕盈多姿的身影，能夠裝飾一下城市人夢中的窗景吧！

現在，城市裏高樓上的窗子，只是調節空氣的通口罷了。而且是「窗雖設而常關」，冬天不讓室外的寒風進來，夏天不讓室內的冷氣漏出，只有春秋兩季敞然開放，讓空氣自由進進出出。由於生活形態的改變，窗子只有實用價值，而沒有欣賞珍奇美景的作用了。當然在城市裏幾座特別高的高樓上，還可以憑窗眺望城市中奇麗的夜景與晨光，一般的大廈公寓是絕對無福享受得到的。

人們因爲看不到窗外的自然美景，就只好將景物搬到室內來，在牆壁糊上壁紙，有春草秋樹的圖案，有睡蓮黃菊的圖案，花花綠綠，彩色鮮麗。「審容膝之易安」，當也可調劑心靈的生活了，感到幸福滿足了。但仍然有人認爲這是沒有生意的，沒有情趣的，看久了，著實膩味厭煩；對於頻頻噪音，難以忍受，時感煩躁。這樣的生活自然沒有樂趣之可言了。

在現代城市的公寓中生活，要怎樣來裝飾我們的窗景呢？我認爲只有從心靈改造起。前人說「結廬在人境」，「心遠地自偏」；假使能使耳朵爲妙音盒，眼睛爲錄影機，那你對一切聲音與景象，都將感到興趣，就不會覺得厭煩與不安了。要是不能做到這一點，那就讓耳朵像聾聵，眼睛像盲瞽，聽而不聞，視而不見，自然忘情；噪音惡色，自然摒除於心靈之外了。其實，最好的辦法，還是讓我們在自己的心扉上，自我塗抹美麗的窗景吧！讓知識從心扉湧進你自己的心靈，讓快樂從心扉流過你的夢境，讓一切珍奇美好的東西，裝飾了你的心靈中的窗子吧！

（六十九年七月七日中華日報，並選入中華日報「全國散文特選」之中）

當阿勃勒花開時節

從民國三十九年初，我在臺灣省立師範學院做學生兩年，除了中間到國語日報當編輯四年半，然後再回到師範大學任教到了今天，我前後在師大共待了四十二年半，可以說我近三分之二的歲月與生命，是在師大的校園中渡過。她好像我的母親以豐美的乳汁孕育了我，涵養我的學識，提昇我的智慧，並給我安定的讀書、工作、研究與教學的環境。使我從懵懵懂懂的孩子，像小毛蟲的蛻變成了美麗的彩蝶，像醜小鴨的長成爲白天鵝，我終於有了今天博雜的學識，寫下了六百萬字的各種各樣的著作。我回顧往昔，我滿心充滿了對母校的感謝！

一

現在當師大五十週年校慶，實在有許許多多故事值得提出，與學弟學妹分享。四十六、七年前的師範學院，學生只有五、六百人，大部份都住校內，各系科、各班級的同學，彼此差不多都認識。女生成爲稀有的動物，每班一兩個，音樂系最多有十幾人。讀數學的學生最少，有一屆只有一個畢業生，就是王詩頌學長。那時的老師多半是兼任的，就拿我讀的國語專修科，老師是全部兼任的。不過，其中不乏學問淵博的學者，何容先生是文法專家，他讓我學會應用圖解分析〈國父遺教〉。王壽康先生號稱「國嘴」，只有他一開口演講，就終場緊扣人心；我再沒有見過比他講得更好的人了。齊鐵恨先生，我們底下稱他「有腳辭典」，無論什麼字的讀音字義問他，都可以馬上得到正確的答案。許世瑛先生是有名的聲韻學家，只是他的眼睛近視度極深，上課拿著書本是緊貼著眼鏡來「聞」的。董長志先生教語體文，我們在課堂上作的散文好的，他就讓學生自己朗讀出來，給大家欣賞；我的短文常被選誦。那時因爲家鄉赤化，經濟來源斷絕，我就把它寄到報紙雜誌去騙些稿費做零用金，也因此我在校時頗有小小文名，因此我一畢業即被國語日報網羅去當《古今文選》的編輯，也因此我就跟文字結下不解之因緣，這眞是始料不及的。但影響我最大的，是梁容若（字子美）老師。

梁容若先生，河北行唐人，生於一九〇六年，畢業於北平師範大學，爲錢玄同、沈兼士的學生，後來前往日本東京帝國大學研究「中日文學比較史」，與青木正兒、鹽谷溫、辻善之助、藤村作等人交遊。他是一位知識非常廣博的學者，而且是文筆恬淡凝鍊的散文作家。他在國語日報創辦並主編了兩個重要的刊物，《古今文選》和《書和人》。他教我們目錄學和中國文學史。他對我這個學生的印象大概不錯，所以我師院一畢業，就要我去國語日報跟他編《古今文選》。我在他的手下，整整工作了十年，他好像師傅教徒弟一樣的：教我如何讀書找資料？他修改我作的注譯稿件，極爲嚴格。我因此能夠涉獵了經史諸子，楚辭漢賦，駢文散文、詩詞戲曲、小說雜記，奠定了我堅實的學問基礎，錘鍊我鎔鑄各種材料的能力，也提升我的文字的簡潔與精鍊。使我後來能夠單獨主編《古今文選》，撰寫種種不同的專著與創作，都能揮灑自如，得手應心。現在回想起來，實在感謝當日老師對學生盡心的教誨與大力的提攜！

我在師院時，學校的主要建築只有兩排大樓，一個禮堂，一座體育館，一幢兼作教室和女生宿舍的七星寮。另外是很少的兩三棟兩層樓的學生宿舍，男女生的膳廳都在男生的宿舍內。圖書館在第一棟行政大樓的二樓，只有兩、三萬冊圖書。學校對面是一片綠油油的稻田，男生宿舍的旁邊附近是一口大大的池塘。它原是日據時期的臺北高等學校，爲進入臺北帝國大學（國立臺灣大學的前身）的預備學校。可以說相當狹隘簡陋。

那時，我們的校長是劉眞先生，他就像我們的大家長。我們每天要早起參加升旗和早操，劉校長也一定準時前來參加，因此養成我早起的習慣。劉校長認爲師範院校學生將來做老師，在校時必須接受嚴格訓練，將來才能以身作則領導學生。當時上課點名，宿舍也有晚點。我們的生活非常簡樸，一切自治，學生自己在第二棟大樓的過道上辦了一個小小的福利社，賣一些日用品和文具，由英語系的涂天貽學長負責。由學生選出的膳委會辦理大家的伙食；我曾經當過一屆膳委會的主委，每天秤米給廚子，並派兩個輪値的同學，陪同廚子到中央市場採購蔬菜。同學大都靠公費和配給糙米過活，吃的很差，每天都是青菜豆腐，豆腐青菜，大鍋湯飄著幾絲兒豆芽青菜葉，能有一薄片的五花肥肉或一個小滷蛋就算加菜了。管伙食的膳委會管得好，到月底每人能有幾塊錢剩下，分給同學買肥皀、衛生紙和理髮。本省同學要比外省同學好一些。我們故鄉都已經赤化，不但音訊不通，經濟來源也斷絕，但我們讀書心情更加殷切，課餘和假日幾乎都泡在圖書館裡過。朱生豪譯的《莎士比亞的戲劇》，《世界文學大系》等等文學名著，我就是在這一段艱苦的日子裡把它讀完。

同學之間，也舉辦種種活動。像校慶時候，舉辦各系的壁報比賽。我們國語科因爲有林良（子敏）、鍾露昇、邵遵瀾和我，都是能寫能說的好手，因此我們的壁報就曾經得過冠軍。英語系的卞銘灝，中英文俱佳，又擅長設計，他主編的壁報也是相當出色的。他也因此成爲我的好友，後來我們曾經合辦過一份《英文選讀句刊》，由他主編，李曼瑰教授爲社長。不幸，他不到三十歲就死於腸癌！此外，我、子敏、鍾露昇和國文系的詩人陳幼睿（陳慧）、邱燮友（童山）、馬森、皮述民等發起組織「細流詩歌研究社」；全部成員各系都有，有二十多人，常常聚會，討論寫作新詩的方法。我們編的油印詩刊，每一期都有一些好詩。現在，我還有當日寫的一首情詩：

妳那香腮邊柔波似的青絲，
　是出自月琴上悠美流麗的曲子！
每當你走過我的窗兒外，
我就不禁要飛上相思的青枝。
　化成一隻夜鶯，
在妳寧謐而甜蜜的夢中，
　用美妙的歌聲，
爲妳歌唱，嚶嚶寧寧！

我那摯愛的淚珠兒，
早已像千萬朵的芬芳落滿了一地！

這少年之作雖不是什麼好詩，卻也值得追憶懷念！

我們同學也組織劇團演出話劇，當日活躍的像李子達（李行）和白景瑞，他們離開學校之後，都成了電影界著名的導演。我們班上的邵遵瀾會說多種語言，又有演劇的天才；他就自己編寫劇本，用幾種方言演出一齣單人劇。他畢業之後卻去做牧師，利用他口才，到世界各地傳播天國的福音。梁尙勇、呂少卿、王松茂、顏秉璵各位學長，後來在教育界也都有卓越的成就與貢獻。

現在每當我想起那一串學校的生活，我就會想起了五六月間，在母校的圍牆裡，那幾棵阿勃勒掛滿了一串串迷人的黃花！那鵝黃迷濛的色彩，那盪人心靈的黃花！

二

我在師院讀書做學生只有短短的兩年。民國四十一年二月，我就離開師範學院，前往國語日報工作。到四十五年八月，我因梁容若教授和梁實秋院長向劉眞校長的推薦，我和鍾露昇兄一起回到母校擔任助教。

師院在劉眞校長領導之下，已經在四十四年六月改制爲師範大學。下分教育、文、理三個學院，十二個學系。家政系和工教系都是在我畢業後成立的新學系。校區也擴大許多。劉校長努力爭取之下，徵購了學校對面兩甲的稻田，建築了新圖書館、視聽教學中心、工教大樓、英語教學中心、僑教館。還有在圖書館的後面，蓋了一個長條形的教職員第八宿舍；可能是爲了觀瞻之美，宿舍是背向圖書館，每間的後牆壁上開一個小窗通氣。門和窗在另一邊。我回校後就分配了一間。這時，同住在第八宿舍的，有英語系的教授吳匡先生，圖書館的林耀豐先生，還有畫家孫家勤，校長室秘書主任董鐸先生，教育系的方炎明伉儷……。從背後只有一個小窗看來，大家就戲稱爲「第八監獄」。圖書館的建築需要可觀的經費，劉校長說他四處奔走，設法籌款，得到交通銀行總經理趙淳如先生的熱誠贊助，發動銀行公會捐助了十萬元專款，另由當日師院全體老師學生向社會募集二十多萬元，和教育廳補助了一部份建築費，在四十一年夏開始動工，經過幾年終於建成了一座希臘式的造型巍峨的圖書館。館內的圖書也增加到十幾萬冊。學校本部在第二棟大樓的後面，運用美援的款項興建了家政系館和女生宿舍。當我再回到母校工作時候，環境已煥然一新。這時學生有兩千多人。

我雖然回到師大當助教，但我仍兼著國語日報的《古今文選》的編務，師大的圖書使我的工作更加順利。第二年八月間，劉校長出任臺灣省教育廳廳長，杜元載繼任爲師大校長。這年，我負責管理國文系所圖書。系所裡原來只有東北大學轉來的一萬多冊的線裝書，後來有一些圖書經費，我就協助總館挑選購買新出版的許多圖書，來充實系館，圖書日漸增加而稍具規模。今天師範大學圖書館總藏書，已達到九十四萬五千六百九十七冊，西文書約佔三分之一，中文書和線裝書約佔三分之二。國文學系也由於圖書大量增加，分成兩個館：系圖書館有八萬多冊，所圖書館有六萬五千多冊。五十年來，單由圖書一項，就可以看出師大發展的概況。

我也可以說是上帝時常眷顧的幸運小子！民國四十八年，我認識了國文系二年級班長黃麗貞同學。我們交往了三年。到五十一年，她因成績優異，畢業後和黃淑璀同時留系爲助教。我已經升爲講師。我們就在這一年十月二十八日結婚。由杜元載校長福證。第二年八月三十一日，我們的雙生子就誕生了，程發軔主任爲取名做：宗舟、宗苞。方舟、方苞兄弟是清初桐城派的名家；我想程老夫子蓋欲我的兩個孩子，能夠追宗先人的芳躅，有一番作爲與成就吧。

談起了程老夫子，尤其令人懷念。程發軔先生，字旨雲，湖北大冶人，畢業於湖北武昌高等師範學校國文部，精通曆法和地理。他說話帶有濃重的鄉音，把「魏晉南北朝」說成「味精男伯槽」。我剛開始在他手下做事，聽他說話實在很吃力，漸漸也就習慣了。他的生活很規律化，根據師母俞文蘊的說法，每天六點半起床，吃同樣的早餐：一碗牛奶麥片、兩片吐司。七點鐘晨運，在師大校舍間的巷道上，來回走三百步。走完了回來，看看報紙，就躲進書房看書寫稿。然後坐公車到師大上課、上國文系辦公室看看公文，交代助教處理一些事情。回家吃午飯。午飯後小睡半小時。起來又去看書工作寫稿。晚飯後，夫妻兩人看看電視，閒話家常。到九點半，又去作睡前的散步，然後入浴睡覺。他常年穿著一身淺色中山裝，生活十分節儉。程老夫子對人和藹，能體恤人。我沒看過他生過氣，大聲說過話。處理系務，相當公平。譬如當我們雙生子出生後，負擔加重：他老人家自動給我在夜間部排了兩小時課，增加我們的收入。那時還沒有退休制度，龔慕蘭教授患了重病，不能教書，沒有收入，他就請汪中先生義務代課。王壽康教授中風，他的課也由他的學生義務分擔。饒彬講師車禍，腦部開刀，一兩年不能上課；他也商請我和張美煜，一起代他上「荀子」。荀子並不好教，我備課累的要命，但一想起程老夫子這種義風，也就無條件去教了。直到鐃彬兄康復，可以自己上課，我才把課交還給他。

民國六十四年五月一日，程老夫子病故。程師母把他的藏書分給大家，我拿了兩部書，一部《清史》八大冊。《清史》原是據民國三年至民國十六年清史館所編的《清史稿》修訂補闕，並加句讀。程發軔先生負責修訂「天文志、地理志、時憲志、河渠志」，我幫他就「地理志、河渠志」做句讀的工作。當時新疆、蒙古一帶那些希奇古怪的地名，的確難倒了我，花費了不少時間。因此，我挑了《清史》這一部史籍。另外，我還要了一部顧祖禹的《讀史方輿紀要》。上面有程老夫子的手跡。不幸得很，第二年程師母俞文蘊女士在辦過程老夫子週年忌辰之後的一天，服安眠藥自殺，留下遺書和遺囑，將他們生前省吃儉用留下的積蓄約一百九十萬元，分別捐給師大國文系和夜間部做獎學金（分十九萬元）、湖北同鄉會（五萬七千元）、金甌商職（三萬八千元），以及全省各慈善機構（一百六十一萬五千元）。我被系裡的同仁推舉負責辦理其事。我透過國民黨中央委員會社會工作會，代爲選擇了許多慈善機構，（包括養老機構、孤兒院、殘障救濟院、陶聲洋防癌中心、貧弱病患者）捐了出去。這筆錢在當時是一筆很大的款項。程老師和程師母這種的義風慈行，實在應該在師大校史裡記下一頁。

劉眞先生做師大校長時候，他認爲要辦好一所大學，必須多聘請一流的教授。這樣才能把大學教育辦好。他聘請知名學者爲系主任，如教育系楊亮功先生，英語系梁實秋先生，理化系陳可忠先生，史地系沙學浚先生，數學系管公度先生，博物系李亮恭先生，藝術系黃君璧先生，音樂系戴粹倫先生，體育系蕭忠國先生。溥儒、蘇雪林、沈亦珍、高明、李辰冬、江良規等先生爲教授。這種以「學有所成」的學人來提高師大教學的水準，使師大的名氣日漸提升。

當時，師大國文系專任教授開的課程，有高明的《文心雕龍》和國學概論，潘重規的《昭明文選》，程發軔的《左傳》、曆法和《論語》，梁容若的諸子、目錄學和歷代文選，許世瑛的文法、聲韻學和《史記》，林尹的散文選、訓詁學和學術思想史，牟宗三的哲學史和理則學，李辰冬的文學史和《詩經》，高鴻縉的文字學、鐘鼎文和甲骨文，謝冰瑩和孟瑤的新文藝，繆天華的《楚辭》，陳蔡煉昌的日文，王偉俠的《韓非子》，張起鈞的老、莊、《大學》、《中庸》，章微穎的教材教法和教學實習，戴培之的應用文，宗孝忱的書法，陳致平的《史記》；此外還有唐傳基、陳泮藻、龔慕蘭等人。兼任有汪經昌的曲選，嚴賓杜的詞選，趙友培的修辭，成惕軒的駢文，巴壺天的詩選，李漁叔的《墨子》，李曼瑰的戲劇，王壽康的國音，何容的演說與辯論。他們教學的一些逸事，仍然是當時同學所津津樂道的。

許世瑛教授眼睛的近視度極深，坐在第一排的同學，他都看不見；但他有非常強的記憶和辨音能力，所以只要你和他說過一次話，他就能把你名字牢牢地記住。有一次上課時候，有一個同學在課堂上吃花生米；許老師問：「誰在課堂上吃東西？」大家都知道許老師看不見，所以一聽到這麼一問，就都笑出聲來，吃花生米的同學的笑聲更響。還沒有來得及回答；許老師卻已經把他的大名叫了出來。那時是不准在課堂上吃早點的。黃慶萱兄說：他上許老師的《史記》課，學期末了考試，採取開放式的考法，同學可以看書作答。許老師只出一題，就是把〈廉頗、藺相如列傳〉改寫爲白話文。那天他沒有帶書去，沒法看著書來改寫，只好根據記憶，把藺相如派人把玉璧連夜送回趙國去的一段故事鋪演了起來，極力描寫當時的情形，藺相如的心理狀態，結果得到九十高分，其他同學照著書直譯的，都挨了罵。許老師說：「短短的一百分鐘，你們怎麼能夠把全傳譯得出來呢？」

汪經昌教授教曲選，每星期一次，在晚上找來幾位朋友拍板拉琴，教同學唱崑曲。我每年都替他們錄音，因此和汪教授很熟。內子是他的學生，他沒有兒女，喜歡我們到他的家裡聊天；他很健談，時常告訴我學界的許多趣事。那時，我們常常在假日帶著孩子到他家裡去做客，喝著茶，常常到深夜才告辭回去。李辰冬教授教文學史，只講《詩經》：教《詩經》只說一部《詩經》是尹吉甫一人所作。他用歸納法找出許多證據來證明他的說法。大家都認爲他的說法太偏，但他不以爲意。是一位非常執著的學者。不過，因他的歸納研究，對《詩經》文字的闡釋，也因此有很大的發現。

宗孝忱教授是當日的名書法家。他的十個大字的一副對聯，要賣新台幣五百元。當時講師月薪是一千二百元。他的行書、篆字都寫得非常好。我由助教升講師的著作《建安詩研究》，是由宗老師審查的。他欣賞這七萬多字的著作，他就用宣紙來寫審查的意見，飄逸淡墨的行書，流暢有味的古文，一卷四箋，變成書評題跋，在他署名的下面，加蓋了一個圖章印記。待我升等通過之後，他就把這一卷審查的題跋，鄭重地贈送給我。這的確是我很難得的際遇。我將它裱了起來，裝了鏡框，掛在書房裡的牆上。現在，每當我抬頭，就會看到宗老師的這一幅墨寶！我不禁又記起那個時候的前輩教授的許多事情！

師大從民國四十四年開始設立教育研究所，第二年又增設國文、英語兩研究所，開始造就大專院校的師資，至今已發展到二十六個研究所，十六個教學中心，造就了不少人才。這五十年來，師大畢業的校友分布全省各級學校，對臺灣教育的貢獻是非常偉大的。現在黨政方面擔任要職的像教育部部長郭為藩，內政部部長黃昆輝，中國國民黨秘書長許水德諸位先生都是師大畢業的校友。師大的本身也隨著歲月而發展，民國五十六年改制為國立。繼劉眞先生之後，出任校長的，有杜元載（四十六—五十五年）、孫亢曾（五十六—五十九年）、張宗良（六十—六十六年）、郭為藩（六十七—七十二年）、梁尚勇（七十三—八十一年）、呂溪木（八十二年至今）諸位先生。他們對師大都盡過心力，各有貢獻。現在內子黃麗貞教授開車進體育場下面大停車場的時候，她就會對我說：「這是梁尚勇對師大做得最好的事，就是我們老師上課再不必趕七八早的了！」全臺灣大學也只有師大有這麼大的停車場。師大能有今天的規模，同學能有那樣舒適的校舍，上課有相當不錯的教室，圖書館有那麼多的圖書，各個系所有那麼多的電腦與其他設備，都是前輩的努力的成果！我們在校實在應該充分利用這些圖書和設備，充實自己的學問，涵養自己的德性！

在這母校五十年校慶的日子裡，我又想起校園中盛開的串串的阿勃勒，那鵝黃迷濛的色彩！那些過去美麗的故事，都是前輩努力的足跡。這些眞實動人的許許多多的事情和感情永遠盛滿我的心中，一時說也說不完！我想你們在師大也有許多故事等待追憶和訴說吧！

第二輯　雜文選集

矛盾的人性

民國八十一年六月六日星期六下午六點鐘，臺視影集「原野飆龍」播出：一個賣藥的江湖郎中突然生病了，假藥酒當然救不了他，待他的同伴聽懂了他的意思，趕緊替他找來了一個眞正的醫生，卻已晚了一步，寶貴的生命就這樣猝然終結了。這看來是必然的結果，但對人世卻隱隱含蘊了嘲弄冷諷！賣藥的郎中救不了自己的生命，眞的是相當矛盾的一種現象。

實際，在我們生存的這個世界上，到處滿佈了這一種矛盾。前年寒假，我和麗貞往遊杭州靈隱寺，看到有個老太婆在前面打掃垃圾，有個年輕人就跟在後面隨手亂丟橘子皮。這種矛盾的畫面並不是大陸所專有，在我們臺灣尤有過之。像主張維護環境的群衆遊行示威之後，卻常常留下大量垃圾破壞環境的衛生，狂熱縱情地唱歌也撓亂靜夜的安寧！有一次，學生和我到娃娃谷去。這山谷中除了三幾家小旅店外，別無人家，非常僻靜，一般人所少有到者。但在路邊水湄，觸目皆是來此一遊過客之傑作！現在我們高倡要乾淨的生活空間，製造髒亂的卻往往也就是這一撥知識份子。我們要別人聽我們的意見，尊重我們的意見；可是當別人發表意見、不合我意時候，就力加痛斥，甚至以暴力對之。這世界的確充滿了種種矛盾，難以解釋。這種現象是越來越嚴重的。所以現在口是心非的人越來越多，說的是一套，做的又是一套，心裏想的又是另一套！「一代皇后」中的皇太極就是這一種典型的矛盾人物！

我常常想：現代畫家要描畫出這種人物的眞面目，要怎麼下筆呢？可以畫一張慈眉善目的臉孔，嘴裏說著冠冕堂皇的話兒，然後再給他安上一顆污黑的良心；或且畫陰沉沉的笑容之中含有一絲冷詐的意味；或且畫用一隻手指指人大罵，氣蓋當世，以掩飾內心的自卑。這種人性善惡兩面的矛盾，正是我們現在常常見到的現象。藝術家又怎麼能夠用單純的幾種顏色來畫出來呢？也許只有文學家那鞭辟入裏的筆鋒才可以挑取刻畫了出來！

我對這個問題思索很久：我們愛她卻又恨她，幫助朋友卻又打擊朋友，有時出手闊綽、有時卻又一毛不拔，在面前讚美他、在背後卻咒罵他，出門打扮得油光雪亮，住家卻髒得像豬窩狗窩。這種種矛盾想得我的頭都矛盾起來。還有些人想錢發瘋卻想不勞而獲，好不容易謀到一份工作卻不好好地做。這就是我們人類可悲的地方，不懂得化矛盾爲一致。這樣世界就不至於如今之紛亂了！

朋友

「出門靠朋友」，這是大家都熟知的諺語。

我從小就喜歡交朋友。那些青梅竹馬的玩伴，彼此天眞無猜，一起唱歌遊戲，添加了童年生活的快樂，成了美麗記憶中的影像。感情最深摯的，應算高中階段的同窗，總有好幾位成爲終身最要好的朋友；後來雖因所學不同，各走各的路，但一見面，總仍然情深如海，無話不談；即使久離也不會沖淡了感情。大學時代的同班同學，卻往往是你一生中最重要的朋友，在校時切磋學問，忘形相交，有了過錯，他會盡心忠告你；吵過架，他也會推情原諒你；或因意見不同，大擡其槓，他也會據理說服你；你有了挫折，他也會從旁鼓勵你；你有了困難，他也會設法幫助你解決；畢業了，到了社會，大多能彼此照顧，互相幫助，而成爲事業上主要的夥伴。這才是如兄如弟的摯友。

我們進入社會之後，仍然可以結交到許多朋友。前人說：「人之相知，貴相知心。」彼此以赤誠相待，自然能肝膽相照；不然，就是你盡心竭力幫人做事，人也總以爲你有所求於他；說錯了話，也一定銜記心裏；做得不好，他也一定在背後譏笑。這樣，自然難成爲情誼深摯的朋友。

范蠡說：「句踐，可與共患難，不可與共安樂。」許多朋友在艱辛創業的時候，志同道合，相親相愛，合作互助，因而共同締造了偉大的功業，表現了生死與共的友情，也發揮了「同德同心，其利斷金」的力量。但人間這彌足珍貴的友誼，卻也往往因成功而毀壞；權位名利，就足以使友誼的基礎動搖，再加以嫌忌猜疑，終而使它連根拔起；於是彼此傾軋殘殺，比對待敵人還要冷酷。韓信相信自己和劉邦的交情，固如金石，但最後他的鮮血終竟染紅了長樂宮室。朋友互相殺害的歷史悲劇，終不斷在人間演出。稱兄道弟，親熱說笑的友情，常因一旦地位有了變化，財富有了差別，而消失無蹤；你說他端起了臭架子，他說你天生就一副勢利眼，看不起昔日貧賤之交。難怪翟公要說：「一富一貧，交態乃知；一貴一賤，交情乃見。」因此，你要知道，當朋友做了官，發了財，你就應該和他保持一段尊敬的距離，不可再像過去的親密。「君子之交淡如水」，的確是前哲體驗出來的名言。這樣朋友的情誼才能夠保持永遠。

社會上的朋友，因爲不是深知，總帶著幾分朦朧，人們多只看到你的長處，反而能夠客觀地賞識而重用你的才能；過於親近的老友，卻往往只記住你的短處，反而不肯用你的長才了。

有人認爲朋友有通財之義。花人的錢，就像取自自己的荷包。這樣的交誼，常見於英雄豪士，既雄於財，又好交友；像周瑜向魯肅借糧，魯肅一給就是三千斛。還有市井間、名利場，也多這號人物，揮霍千金，毫無吝色；這自然有人趨炎附勢，徵逐左右；有肉吃疊肩而來，無酒喝一哄而散；失意日故客盡去，得勢時門庭若市。一般人自無法做到，收入只夠養老婆生兒子，又哪有餘錢供你花用？所以當朋友不肯互通有無，借錢與你，你也不必埋怨。泛泛之交，雖多無益。朋友的交情，是越久越深越篤厚的。「海內存知己，天涯若比鄰。」在你的一生中，又交了幾位知音好友呢？

（七十三年一月八日青年戰士報）

胸無成竹

鄭板橋專畫蘭花竹子五十多年，不像石濤能畫各種東西。板橋畫的竹欹側勁拔，清瘦秀雅。文與可畫竹，胸有成竹，直畫熟視下對竹子的印象；板橋畫竹，則胸無成竹，竹的長短、肥瘦、濃淡、疎密，只是隨手寫出，自然成了一幅幅精神節理都非常生動的畫。

板橋畫竹，並無師承，畫得好，乃得之生活。他觀賞竹，理解竹，體會竹。他小時在眞州毛家橋讀書，天天在竹林裏閒步，愛竹看竹；後來的住所，常有幾塊石筍，幾叢幽蘭，幾竿修竹。新篁初放，綠蔭映人。零亂的竹影畫在匀薄潔白的紙窗上，眞如他自己所說：「在風中雨中有聲，在日中月中有影，在詩中酒中有情，在閒中悶中有伴。」一室小景，充滿了雅趣。他常常早起去看竹，晨光烟色露氣，都浮動在疎枝密葉之間，於是胸中畫意蓬勃，——有了作畫的衝動，他就焚香喝茶，磨墨鋪紙，動筆作畫。十丈的長卷，有時白天畫不完，夜裏就在燭影下，畫到了半夜，他彷彿聽見風聲竹韻，秋意蕭瑟，從畫境中生；難怪他畫的竹畫得灑脫極了。「竹石」，「竹水」是他常構的畫面。板橋說：「其實我胸中的竹，並不是眼中的竹；落紙又倏作變相，手中的竹，又不是胸中的竹了。」他認爲畫畫要「意在筆先」，還要「趣在法外」，才能有變化，才能有創意。

板橋的畫屬於寫意。但他認爲一般學畫的多被「寫意」二字所誤，以寫意不拘拘於畫法來欺人騙己，不肯在基本的畫技上下工夫。基本的筆法「極工而後才能寫意，非不工就能寫意。」現在許多青年對作畫基本的方法還沒有學好，就要講究創意，變化作風，走「立體主義」與「超現實主義」的畫路，難怪終就無法成爲「畢卡索」或「鄭板橋」了。

（六十三年九月一日中央月刊）

懼內懼外

在中國怕老婆的不多，卻被記下成爲典故；懼外的倒是很多，卻少有記錄。但今日報紙，每天總有一些爲妻的弱者被虐待，被遺棄，甚至鬧成新聞。在我們這個男性中心的社會裏，這種問題當然不會特別引人注意，要加以糾正；最多只是把它當作抽煙看報時排遣時間罷了。

因此，有一些「大男人」可能從小就被「男性權威論」的思想慣壞了，認爲「男子漢豈有怕老婆的道理」，所以有人說「不釣魚，就要上酒家」，好像貪花戀草也是一樁極風雅的事，喜新厭舊也就不足爲奇了；家裏的女人又不施脂粉，唇青臉黃，一個邋遢婆，又如何不惹人厭。可是卻忘記了新婚燕爾、花好月圓的美麗的愛情生活，也忘記了她曾經替你生兒育女，洗衣煮飯，把家裏料理得整齊乾淨；忘記了這一切，因此叫太太吃「棍子」的事竟也發生了；這才眞是「可恥」。

洪炎秋先生說：「怕婦也是大好。」過去，我總不以爲然；讀汪廷訥的《獅吼記》，蒲松齡的《醒世姻緣》，覺得河東獅吼的時候，兇悍的妻子要做丈夫的去隔壁借李大嫂昨晚打李大伯的竹篦來，或家裏的雌老虎把丈夫打得只剩一絲遊氣，針刺腿，炭燒背，認爲這太不近人情，「人間自不會有這可怕的故事」。

現在，看了這「奇丈夫」虐妻的毒刑；不禁使我記起數年前一個丈夫用磚頭砸死跪地哀求饒命的妻子；以及十多年前，又有一個丈夫要妻子夜裏頂著長板凳跪到了天亮：才相信人類這種性慾變態心理，並非文學家故意渲染的筆墨了。

現代社會，已經男女平等，內外不必相懼，應該相敬如賓，譜成「和樂且耽」的家庭。

（五十九年六月十八日大眾日報）

茶道

日本的友人邀請我們夫婦到她的家裏去喝茶，使我們想起了代表東方文化的茶道。

日本茶道是由我國傳過去的。據唐封演的「聞見記」，我國的茶道是產生於唐朝。南方的飲茶早就流行；北方見於玄宗開元中，泰山靈巖寺降魔師大興佛教，僧衆禮佛坐禪，必須喝茶提神。從此，大家仿放，飲茶的習俗也就風行北方。禪宗在佛祖的靈前獻茶，寺中的管事就有「茶頭」，職司煮茶，供僧衆飲用，並招待前來進香拜佛的善男信女。肅宗上元初，陸羽研究採茶、製茶、烹茶的方法，並且製造各種茶具，爲遠近所傾慕，家家就都藏了一副。另有常伯熊，又加增潤推廣；他替御史大夫李季卿烹茶的時候，身上穿著黃披衫，頭上戴著烏紗帽，手裏拿著茶具，口裏報著茶名。茶熟了，李季卿據說喝了兩杯。於是茶道風行了起來，當時的王公朝士沒有不喝茶的。那時是先將茶葉蒸過，壓成了餅狀，飲用時候再把茶餅烤軟，用小茶磨碾成粉末，將水燒開，再將茶粉放了進去一起煎煮，用竹茶筅調拌，就成了氣味清香甘滑的熱茶。李群玉詩說：

> 圭璧相壓疊，積芳莫能加。碾成黃金粉，輕嫩如松花。紅爐炊霜枝，越甌斟井華。灘聲起魚眼，滿鼎漂清霞。

飲茶的情趣，盧仝所作詩描述得最爲透澈。他說：飄浮上來的茶葉，好像一片密密的碧雲，引風也吹不斷，或像白蓮花的浮光凝聚在碗面。我喝了第一碗，使我的嘴唇喉嚨都潤澤生津；第二碗使我孤寂憂悶盡都消失；第三碗下去，搜刮枯腸只有五千卷古文；第四碗冒出輕微的汗珠，平生所有不平的牢騷全由毛孔散發乾盡；第五碗覺得肌膚筋骨全都清爽起來；第六碗可以跟神靈相通了；第七碗再喫不得，只覺得清風就在我兩腋之下，在習習的風聲中，到了蓬萊仙境。

飲茶不只是可以消除疲勞，消閒提神，而且是可以表現自我生活的理想的一種方法。微苦的茶，當能幫助人冥想妙理，參悟禪機，給人無窮的回味。南禪宗的僧人，坐在蒲團上，禮佛參禪，常捧著粗碗喝茶。這種飲茶的方式傳入了日本，就成爲十五世紀盛行日本的茶道。

在唐朝，我國的茶葉就傳入日本。德宗貞元十七年（公元八〇一），日本僧人帶去了一些茶種，也引起日本的貴族和僧侶的愛好飲茶。宋光宗時，又有到我國研究南禪宗的教義的人，帶回了新茶種，種在京都附近。到了十五世紀，唐宋人飲茶的儀式，詩人飲茶的精神境界，南禪宗的冥想妙味，形成日本人飲茶的特別方式，就是所謂「日本茶道」。因爲烹茶的方式不同，產生了許多流派，總有千家左右。貴族也常常豢養茶人，爲人烹茶。如豐臣秀吉時就有茶人針屋宗春。他們認爲好手方能烹出好茶。他們在慶典的日子裏，賓主在特別建造的茶屋中，席地而坐，主人先將茶粉置在茶器中，然後傾入滾湯，點以冷水，再用茶筅調拌，然後飲用。據日本人的說法，茶屋就像荒漠中的綠洲，在人生旅途上身心俱倦的旅行者，在內相聚飲茶，表現著純樸高雅，寧靜尊嚴，和諧協調，儀式非常簡單而自然。人生的哲理也就含蘊其中。取我所需，也使人分享快樂，保存一些意味，讓人自己去玩賞。使絢爛的平凡，好與親友相處，養成講究禮貌的習慣，謙虛寬容的胸懷，並使自己行爲適當約束，追求心靈的寧靜、和諧和快樂；這就是日本的茶道。

我國由粗糙的煮茶，進步到細緻的碾茶，發展到後來簡便的泡茶，可以看出我們生活方式變遷的痕迹。處在今天生活忙碌聲音喧擾的世界，我們大口飲茶，多只爲解渴提神，幫助工作，很難再享受到古人那種玩賞茶味、寧神冥思的生活情趣。難怪茶道在我國早就失傳了。像曹鄴詩所寫的「半夜招僧至，孤吟對月烹，碧澄霞腳碎，香泛乳花輕」，就只能從詩句裏去體會了。

（七十三年十二月八日青年日報）

論養生

我國人喜歡吃，講究色香味，談到菜樣見於食譜就有八百多種。雞鴨豬肉、蠔蛤魚蝦只是一般菜肴，貓狗蛇蟲有時也列於酒席之中。宴飲時間之長，也夠人吃驚；古人有所謂「長夜飲」；現在八道十道十二道菜一上，起碼也得吃它兩三個小時；這樣過量費時的飲食，當你走出了酒樓菜館，難免不有一些外國醫生所說的：吃中國菜會引起一種併發症：頸痲臉紅，頭昏眼花。在酒後若非散散步，喝喝茶，則不足以消食。這種盛宴吃多了，若不鬧腸胃病，也要變成腸肥腦滿的俗物。現在臺北街頭，菜館林立，各地名菜雜陳，這當然是表示經濟的繁榮，生活的富裕；因此，我們每年都要吃掉了好幾條高速公路呢！

講究營養、適量的吃，對身體是有好處的。蘇東坡說：「無肉令人瘦。」青少年發育的期間，尤需要肉的滋養。我國現在青年男女的平均身高，比起過去，要高出半個頭，就是因爲食有肉。顏回所以短命，我想這跟他的「一簞食，一瓢飲」，營養不良，自然有關係。過去，我貧困時特別喜歡上館子，大嚼一頓，打打牙祭，油油五臟廟；現在餐餐有肉，也就不喜歡上館子，反而喜歡吃素淡的蔬食。

過去的文人也不諱言「吃」，李笠翁、袁子才、徐珂都著有飲饌、談吃的書，甚至食譜。蘇東坡對於飲食，也多饒有情趣的逸事。過去文人雅士，多能喝幾杯；可是東坡的酒量卻很淺；他起先是望酒而醉，後來自己訓練，也只能勉強喝三小盞淡淡薄酒。他酒量雖極淺，但卻喜歡看別人喝酒。他說：「見客舉杯徐飲，酣適之味，超過了客人。」因此他常常釀造美酒，招待賓客。結果是他所釀成的美酒盡都灌入野人高朋的肚子裏去，就是濁醪也都送進他的僕人的嘴巴裏去，涓滴不留。他所以釀酒，意在與人同樂。他說他要持杯邀勸天邊月，願月長圓無缺；要持杯邀勸枝上花，願花長開莫凋零；也願我們能在月夕花前多多喝酒！

東坡也頂喜歡吃菜，嘗作「老饕賦」，說要有好庖丁來切肉，好廚子來烹煮，水要清氣，鍋要乾淨。他最愛吃的，有蜜煎的櫻珠，杏酪的蒸羊，半熟的醉蛤，微生的糟蟹。夭嫩的食物，味必鮮美，自可饗老饕，饞口健腹。他也很會烹飪，少水慢火燉的「東坡肉」火候夠時，入口就化了，味道十分可口。

其實，談到吃之道，人人同好。我想就是連素食的出家人，有時也不免要貪饞，想到了葷食。所以他們將酒叫做般若湯，魚叫做水梭花，雞叫做鑽籬菜。凡是人，未有不好吃的。「民以食爲天」，確是名言。不過，生活在富裕的今天，我卻希望大家在飲酒吃肉的時候，應該記住「飲食有節，不可過量」。大杯喝酒，大口吃肉，雖說意興豪發，慾望滿足，但勁烈的酒精，太多的脂肪，過高的膽固醇，對我們的身體都是有害無益的，待一日引發了腸胃炎、肝硬化、痛風、血管阻塞、中風，那就後悔也來不及了。能節制飲食，自然健康長壽，這就是最好的養生之道。

（七十二年十二月二十九日青年戰士報）

過勿憚改

孔子說：「過則勿憚改。」人生數十年，誰敢說從來沒做過一件錯事？修養品德也不免會有小瑕點，研究學問也不免會走上錯誤的路子，處理事情也不免會有失當不妥的地方。孔子也只希望做到「無大過」罷。其實過錯只不過像太陽月亮的昏蝕，是一時之失，能改好了，就再成爲「無過」的人，又再放出美德的光輝，更加令人敬仰了。

犯了「過」不改，這才算是「錯」。沒有「改過自新」的機會，這才眞值得自己耽憂哩。過錯是滋生在心田裏的大惡草，「野火燒不盡，春風吹又生」，會越生越多，會犯了重犯，會錯了再錯。看過農夫去草，連根拔除，勿使更生；所以我們也要學顏回的「不貳過」，犯了過就該徹底悔改，永遠不再犯第二次了。

不過一般人常常「自以爲是」，不知道自己的過錯，更害怕別人指出自己的過錯，所以要想改過歸正，還要做到兩點：首先要「知過」。孔子說：「見賢思齊，見不賢而內自省。」程頤也說：「學問之道無他，知其不善，則速改以從善。」都是教人如何去修養德性，努力爲學，以人爲鏡，反省自身。知道了自己的過失，然後才能做到「遷善改過」了。其次要有「聞過」的雅量。孔子說：「聞過色喜。」就是說要樂意接受別人的規勸；尤其當別人指責你的過錯，不但不可動氣，還要虛心接納，勇於改過。譬如晉周處年輕時，兇狠鬥強，爲人所患，後來聽了鄉里人的批評，就「痛改前非」，這才是最完美的品格的表現。古人貴「朝聞夕改」，所以要改過只怕立志不堅罷了，沒有做不到的。只有小人才怕聞過、改過，自己欺騙自己。「諉過飾非」，徒然加重過錯罷了！

由能不能改過，可見人品的高下，只知道責備別人的過錯，不知道自己的過錯的，可以說是最最下品的人了。

（六十三年九月一日中央月刊）

子年談鼠

今年是甲子年，今年出生的孩子，生肖屬鼠。

說到老鼠，首先我想起了美國卡通電影製片家華特·狄斯耐作畫攝製的「米老鼠」，給孩子的形象是那麼活潑可愛。雖然如此，但老鼠在我們的心目中，總是相當令人厭惡的；這可能跟我們自古來以農立國有關連，因爲老鼠常常偷吃穀物。詩經裏就有「碩鼠碩鼠，無食我黍」的呼告。

老鼠本身的形象與行爲的醜惡，應是人們厭惡牠的最大原因。牠眼小如豆，嘴巴尖尖，長著幾根毫鬚，黃黑色的身子，生著四隻短腳和一條長尾巴；猥瑣醜惡，像這種長相，又怎叫人喜歡？牠的門牙尖利，愛破壞東西；又膽小多疑，行動鬼鬼祟祟；晝伏夜出，躲在糞坑臭溝裏，吮咀食穢，藏身倉庫中竊取積粟；穿牖窬牆，嚙壞衣物；身上又帶著毒素桿菌，咬傷了人就會發燒怕冷，頭痛生病的，又會傳染可怕的瘟疫，啾啾的歌頌死神的魔法。牠聽覺靈敏，行動狡猾，你一聲響，牠就逃竄藏匿；你一縱容，牠又橫行無忌，作惡多端。人世間也儘多這一號的人物；難怪人們不喜歡老鼠。

有人說：老鼠也並非一無用處。田鼠竹鼦，肥腴脆美，味猶烤豬，嶺南人視爲珍餚。我在福建上杭時，看到一些店舖專賣風乾的老鼠，但我終不敢品嘗一臠。其他地方的人大概也只有鬧飢荒時才會掘鼠來充飢吧！所以盧元明說：老鼠在動物中最賤，「毛骨莫充於玩賞，脂肉不登於俎膳。」又有人說：科學家常用老鼠作實驗醫藥、研究心理；大鼠的毫鬚尾毛可以做毛筆，叫做鼠鬚栗尾；而且老鼠感覺靈敏，在地震水災前，常預期奔逃，能給人警兆。我們又何必那樣痛惡老鼠，非消滅之不可？

諺語云：「鼠精溺一滴，成一隻老鼠。」地球上有多少隻老鼠？恐怕無法算出。唐段成式在「酉陽雜俎」中說：鼠母所至，動成萬隻小鼠，所經地方，苗稼盡被吃光。老鼠繁殖極快，爲害極烈。最近有一部叫做「金鼠王」的電影，描述地下管道中的老鼠，在金鼠王帶領下，橫掃市場商店和住家，吃光各種食物，破壞各種東西，甚至攻擊人類，當地居民只好發動人力，火噴水灌，消滅了牠們。現在，政府正發動滅鼠週，發給毒餌，消滅老鼠。只怕有些迷信的人，拘忌鼠年，而不去放餌：那就錯誤了。柳宗元寫過一篇警世的文章說：「有一個人，因爲自己的生年，剛好是子年，肖鼠，所以特別愛老鼠，倉庫廚房，讓鼠橫行，不加聞問；結果是『室無完器，椸無完衣』，所有的東西都被老鼠咬得稀爛；後來連大白天都敢出來，夜裏偷竊恣暴，更不必說了。這人只好搬家遠去不能再在這裏安居了。」

今天，在我們的社會裏，犯罪的人已經日漸加多。闖空門大搬家的小偷，持槍搶劫的強盜，鬥毆施暴、強姦婦女的不良少年，開賭場吃妓館的地痞流氓，惡性倒閉的經濟罪犯，貪贓枉法的官吏，都是醜惡可恥，爲害社會的鼠輩；希望政府在這新的一年裏，能徹底肅清他們；我們做百姓的也應該全力協助政府完成這滅鼠運動，以淨化我們的社會。唯有社會安定，我們才能安享幸福的生活。

（七十三年一月三十一日青年戰士報）

古代出版業

過去人買古書講求版本，現在人不大講究這些，多半購買影印本，因爲比較便宜；但販賣古書的商人仍多注意找好的版本來翻印；專門研究古籍舊學的學者也常找善本珍本來校勘比較。我日常到圖書館借閱線裝古書也特別注意版本的問題。圖書館目錄，像中央圖書館、臺灣大學、師範大學圖書館所編的善本書目、線裝書目，在每本書目之下，除了註明作者外，關於版本的著錄，如刊刻的時代、情形、出版者的處所等，也都寫得很詳細。諸如「宋紹興間刊九行本」、「南宋建刊十一行本」、「元至元二年建安勤有書堂刊本」、「明虞山毛氏汲古閣刊本」、「明覆宋刊巾箱本」、「清順治乙未傅青主手寫本」、「民國間上海涵芬樓影印本」……之類就是。但一般的學子對於這些著錄的文字，大多不能深知它的含意；對版本的採擇，也就懵懂不精了。

我國人刻木雕版來印刷圖書，起於唐末五代；在這以前，只憑寫本流傳；到了宋朝才普遍盛行。由於當時刻工精鍊，校勘細密；字勢勁雅，紙色蒼潤，墨氣香淡，所以宋版書至今多成了珍藏，爲稀世之寶。明、清以來，印書業更盛，除新刊外，還有翻刻覆刊的，用活字排印的，銅版鑄刻的，楷書鈔寫的各種版本。民國後還有就舊本照相製版重印的影印本。宋朝刻本每頁九行稱九行本，十一行稱十一行本。宋刻以臨安本最佳，次爲蜀本，閩本最差。閩本多採用福建建陽麻沙鎮所產的榕樹，作刻書的木板，質地鬆軟易刻，能快速成書，也因此錯誤較多，又稱麻沙本。後唐明宗時，國子監刻印經書，稱做監本；明朝南北兩監都刊印經史，又有南監本、北監本的分別。南齊衡陽王手鈔五經，放在放手巾的小箱子裏，後人模仿他，用小板刊印圖書，稱做巾箱本，因可以懷藏袖中，又稱袖珍本。此外還有各種刻本，如清武英殿本，天祿琳瑯本，御刻本、欽定本……，還有各地刻版，如閩板、建板、廣板、太平板……。不勝枚舉。

過去出版書籍的，大概有作家、藏書家、學者、富翁和書商。作家如清李笠翁設立出版圖書的坊肆，用他的別業「芥子園」名，刻印他自己的作品「閒情偶寄」，以及別人著作。當時名畫家王槩所作「芥子園畫傳」，是初學國畫的畫譜，就是由他刊印，至今仍極有名。明清藏書家尤多，如明常熟虞山人毛晉，於汲古閣，收藏圖書多達八萬四千冊，他親自校讎，鳩工刻印，經史子集四部，無不翻雕，成爲歷史上最著名的出版家。此外，如清鮑廷博的「知不足齋」，伍崇曜的「粵雅堂」，黃蕘圃的「士禮居」，藏書也極豐富，所刻書也都不下數百種。學者如明陳眉公（繼儒）、胡文煥所刻書亦精美。附庸風雅的巨富，如清乾隆時鹽商安麓村刻石印「孫過庭畫譜」。書商如建陽余氏，設立「勤有書堂」，從北宋，經元朝，至明末，就以印書爲業，所印書都有「勤有」二字的印記。上海涵芬樓，爲清宣統間張菊生所創設的圖書館，後附屬商務印書館，影印各種古書。

有關古書版本的研究，是一門重要的學問。對於版本的根源、好壞，藏書家與出版家的考索，也是研究我國的文化歷史、圖書目錄，國學文學的人士所深感興趣的問題；因此，我希望大家能就這方面多撰寫多出版一些通俗化的專著，以享讀者，增進研讀的興趣。

（七十三年一月二十日青年戰士報）

閒話與傳聞

我國人最喜歡說人閒話，不過從前愛說閒話的，只限於長舌的婦人，因爲那時的女人除了生兒煮飯外，餘閒很多，實在難以排遣；於是幾個結過婚的女人，聚在一起，就不免要閒論「東家長，西家短」一番，炫示自己見聞多，消息靈，貶斥別人，提高自己，同時也可以增加生活的樂趣。大抵這類閒話，可信的價値很低；但爲著有裨談資，她們也常常依據一些「傳聞」來談談，捕風捉影，添油加醋，造一些流言，說一些空話，以求內容的充實。

閒話的破壞力量卻是很大的，有時也會造成一些夫妻的反目，朋友的不和；不過女人的影響力畢竟有限，尚不致使天下大亂；況且今日婦女的教育日漸提高，職業性婦女日漸加多，這種愛「嚼舌頭」的風習，已不太在婦女界流行。這是一種極可喜的現象。

風水家說：「風水年年轉。」現在這種「長舌之風」似乎已移到「紳士界」來了。於是常見一些無事生非的閒言閒語，像滾雪球一般的，出現於酒香茶濃，甚而出現於筆陣硯府。雄武糾糾的男士，說人閒話，當然要比女人的「禍水」要強過百十倍了，因爲他們的筆劍唇槍，已經夠鋒利，同時又懂得借重「正義」的美名，眞是銳不可當，往往能一夕毀人的聲名，使人無法立身世上；敗國的法令，使國家失信於天下。荀卿說：「流丸止於甌臾，流言止於智者。」只是世上「智者」甚少，於是「流言」好像「水銀瀉地，無孔不入」，無處不受影響了。

說「閒話」的方式，因人而不同；大衆卻無法掩耳不聽；因爲有些人往往是披著神聖的外衣，然後來說美麗的閒話。假設有一位記者只根據傳聞，而不切實採訪，就發佈某些新聞。但是讀者又怎知道這只是「閒話」？也許明天在同一地方出現更正的文字或相反的報導。這當然喪失新聞的價值，連帶也會影響到報社的信譽。

又如主管專職的官吏，要是只根據一些傳聞與閒話，而不體察民情，注視輿論，即行製訂法令；那麼這種法令往往是不能切合實際，不免成爲不能便民的「禁令」，無法執行的「虛文」。

有人說要禁絕違章建築最好的方法，就是不給「違建戶」裝置「水和電」。上帝都知道誰能在沒有水沒有光明的地方過活？於是推而廣之，凡未取得「使用執照」的新屋，一概不予輸送水電；因此現在有許多經政府公務機關審查合格新建的高樓大廈，或因地主與承包商的財務糾紛，申請不到一紙使用執照；於是那些倒霉的住戶，只好喝打自地下帶著泥巴細菌的井水，點每度四元五角的營業電，或自附近人家轉接過去，作一個眞正違法的國民了。我眞不知道制定這種「不許百姓點燈」，「限制人民飲水」的禁令，以及執行這種不在「利民」的法令的官員，作何感想？使人民的生活感到不便，使國家的法令變成具文，像這類法令，實在應該改弦更張。同時，要注意制定新法令時，一定不可再依據少數官員一些閒話，一定要多方面考察，徵求意見，以集思廣益。

假使有一些司法官只根據兩造虛詞，一些閒話，審判案件，不能像「黑臉包」暗中私訪，實地求證；於是原本很簡單的案子，也就常常一拖經年，纏訟數載，懸而不能裁決，使人民對法律的水平失去信心，使刁民騙徒刀吏訟棍，更加明目張膽，為非作歹，司法界有「黃牛」之說，不能說是空穴來風。張韻淑的案子，據新聞報導，至今已經六年半了；當時只因未能切實求證據，於是一審再審，而無法裁決；如今，假使她無罪，一個女人最可貴的青春已在牢獄裏消逝過去，心境的衰老，更是可想而知；假使她有罪，但這種天天如待決的囚犯，卻不能解脫她的生命，一了百了，這種苦痛，自不是我們所能想像。本省這種懸而不決的案子當不止這一樁，尤其是房地產糾紛的案子，每一審都要經過成半年，三審下來一兩年是平常事。我想時間久了，人事變遷，證據也會消滅失效，所以對案件的審判應該儘可能的快速。

科學時代講求實證，但由以上種種看來，我們的社會各個階層，仍然有許多人喜歡以「傳聞」作處事立言的依據，這當然是很不進步的現象；若想要求社會進步，自不可在「連篇閒話」中過去，否則一切都將「架空不行」了。

（五十九年六月十三日大眾日報）

論言論自由

讀清朝稗史，所載文字大獄，常株連數百人，深感專制時代的黑暗，人民言論，備受壓迫。而國民黨黨人所爭取的就是這種自由；所以當辛亥革命，攻下武漢三鎮，不到一個月，宋教仁草擬「中華民國鄂州約法」，就規定人民享有「言論自由」。這是革命先烈拋頭顱、灑熱血，犧牲了可貴的生命所爭取來的，我們應該珍惜它，並善用這種自由。

然而有一些人卻濫用了「言論自由」這種權利，去侵害別人，誹謗別人，侮辱別人，破壞別人的名譽。有些報刊爲了製造新聞，增加銷路，專事揭露政要明星的私生活，給人許多困擾；有些記者只因某人不幸牽涉到糾紛、嫌疑、訴訟案件的時候，就根據一面之詞，大作報導，甚至加油添醋，大加渲染，似已認定這個人就是「罪人」。侵害人的私生活，破壞人的名譽，莫此爲甚。還有一小撮有心製造國家紛亂、破壞社會秩序的野心份子，更藉言論自由的權利，僞冒正義的名堂，無中生有，攻訐政府，以黑描白，誹謗從政者，甚至胡說八道，侮辱我們的元首。

這種「殺人不見血」的言論，在美國、日本也很嚴重。美國有一部電影，就暴露了這種「言論自由」的卑鄙與醜惡，內容敘述一個芳心寂寞的女人，偶而在舞會中邂逅了一個男人，帶他回家；沒想到這個男人是警方暗中要緝捕的殺人嫌犯。這個嫌犯卻趁著這個女人美夢方酣之際，逃脫了警方的監視網。有一個報社的記者爲了製造新聞，用巨大篇幅，捕風捉影，將這無辜的女人，寫成了和這嫌犯有密切的關係，使他變成了可恥的人物；她生病中的母親因受不了這種刺激，猝然而逝。後來這個嫌犯終於被逮，案情大白；這個女人就要求這個記者就事實加以更正。而這位無冕的皇帝卻仍要進一步製造新聞。這位弱女人在忍無可忍之下，就饗他一顆「衛生丸」，終而結束了這位好以「言論殺人」的可鄙小人物的生命。其實，這卑鄙小人和殺人兇嫌的作爲，並無差別。

爲什麼有些人敢任意以文字侮辱別人？不怕受害人訴之法庭？七月份「讀者文摘」中，有一篇小說「絕對特權」所探討的，就是這個問題。蓋到法院打官司，請求名譽損害的賠償，要花許多費用、好幾年時間，原告就是勝訴，也常常弄到傾家蕩產，所得賠償還不夠付律師與訴訟等費用，而且名譽已被破壞，後來縱然勝訴，也再已無法彌補，恢復如舊了。現在我國對於誹謗罪的處罰非常輕，罰金不過五百元，處刑在一年以下，而且屬於「告訴乃論罪」，還有些「免責」的條款，在保障他「損人」；受害人如屬高齡的人，自然沒有力氣去打這種官司；如屬位高事忙的人，自然也沒有時間去打這種官司；那就只好忍受這種卑鄙小人的造謠中傷，惡意侮辱了。

我認爲爲了維護我們言論的公正與自由，不致走向邪惡與專制之途：可以隨便藉言語文字暴露別人尊嚴生活的隱私，可以惡意誣衊、誹謗、破壞別人的神聖名譽；在今天有些濫用言論自由、蓄意傷害別人的時候，實在應該重新檢討、修正有關出版的刑法與民法，以加重誹謗罪的賠償與刑罰；這樣才能教那些專喜損人的變態者下筆三思了。

（七十三年八月二十五日青年戰士報）

自信

近讀何福田對「臺灣地區青春期男女學生困擾問題之調查研究」，知道有許多學生認爲自己的記憶力很差，功課不如別人，害怕不及格，考不上學校，天天爲著自己的學業擔心苦惱，完全喪失「初生之犢」的銳氣。

這種缺乏自信的現象，實在可憂。許多人在進入高中、大學，甚至到了社會，仍然有這一種毛病，在參加聯招、學校、就業各種考試，就常會產生不安、恐懼、焦慮的心理，因而失眠、肚子痛、怯場、失常、忘記了答案，紛紛出現，影響了成績，加深了挫折與失敗，自信心自然更受到嚴重的打擊，於是快樂活潑的青少年，在別人的面前，變成了釘在硬紙上的小蟲兒，木訥呆滯，手足失措，不敢高聲說話，羞愧頹喪，到了連頭都不願高擡起來的地步。

缺乏信心的孩子，大都羨慕成績優良的同學；自己修幾門課就夠吃力，別人讀那麼多門，卻那麼輕鬆，樣樣都讀得好。這就像獨腳獸「夔」羨慕百足蟲，能夠運用那麼多腳走路；百足蟲又羨慕蛇，能夠屈伸自如，飛快游走；蛇又羨慕風，不見形迹，就能從北海呼呼地吹到了南海，毫不費力。總以爲別人的智商比自己高，本領比自己多。這當然是要不得的心理。

何先生認爲所以造成學生心理的困擾，主要是由於青春期一開始，生理就發生急速的生長與變化，性腺分泌賀爾蒙，男性長毛生鬚，聲音變粗沉，有了性的慾情；女性乳房發育，臀部圓潤，月信如期來了；身體上就有了許多不適意，不舒服；又由身體成長迅速，易感疲倦。連帶引發心理困擾，時感苦悶多愁，精神懶散，注意不集中，讀書速度緩慢，做事粗心大意，甚而不想讀書和工作了。他說這都只是暫時的現象，生理成熟了，大致就會改善。我想這好像春花要萌發之前，只剩下光禿禿的枝椏，看來極爲蕭瑟難堪。但過了這苦寂的階段，就會一樹燦爛，光艷無比。

今天，升學競爭激烈，從國中開始，課業日見沉重，經常考試，題目超過程度，智力中等的學生讀來辛苦，成績又偏低，往往有兩三科不及格，心理壓力，長期挫折，都會戕損青少年的自信。這好像犀利的鋒刃，用鐵鎚亂打重擊，自然刀口捲曲鈍缺。挫折多了，失敗多了，自信心自然磨損殆盡。

想要恢復自己的信心，除了要認清沒情沒緒只是一時的現象，不足爲憂。但最要緊的，還是要以自己鋼鐵堅強的意志，昂首挺胸，去克服畏難的心理。聰明與不聰明，是天生的稟賦；學習與不學習，需要自身的努力。天資未必可以依靠，努力可以自己做到。兔子不如烏龜，驢子可以趕上駿馬，全看努力不努力。一個人能努力不懈，專心一志，去讀書做事；沈溺其中，自然精通。庖丁解牛，三年如是，自然得心應手。能力愈高，成就愈大，信心愈強；我們應該在讀書中尋找樂趣，知識日增加，就越讀越興趣；於工作裏體會樂趣，能力日提高，就越做越出色；要從失敗之中，去追求好成績傑出成就，你就會常常感受到成功的驕傲和快樂！

（七十三年三月三日青年戰士報）

鄉情縈思

數十年來，我都在異鄉客地，東漂西泊，只有極少數的幾年是住在故鄉，但故鄉卻是那麼令人難忘。每逢大年夜，聽到爆竹聲喧，總常有「一年又驚新歲換，異鄉雖美自思歸」的鄉愁。

其實，我三歲時，就隨父親前往建甌；待了兩年，又回到福州，住過津門街和倉前山。抗戰軍興，爲了逃避日本飛機的轟炸，我們一家從倉前山搬到鄉下去住。民國二十八年，父親應政府的徵召，帶著母親、妹妹前往江西參加抗日的工作。我隨他們到了南平，就一人轉往上杭，依靠大哥。這時我才十歲。我在故鄉過年，不過可數的幾年而已，也因此我特別懷念那一段的生活。雖悠悠三四十年，那過年的情景，猶自清晰如昨日的事。

故鄉的過年，應該從十二月廿四日就開始了。父親對家裏的事是從來不過問的，都是由母親張羅主持。這時，家裏還用著一個女僕人，叫陳厝，年紀約三十五六歲，日常穿著樸素的藍布衫褲，梳著半圓的髮髻，很會做事，手腳又很勤快，只要母親吩咐一句，她早就把事情辦理妥貼。她在我們家好幾年了，我們小孩子都叫她「陳媽」。

祭竈的那天，母親在廚房的牆壁貼了一張紅紙牌位，寫著「九天東廚司命竈君之神位」，左右兩邊又各有一行小字：

上天奏好事，

下界降吉祥。

陳媽早在小供桌上，擺滿冬瓜糖、花生糖、塔兒糖、雞角糖、芝麻糖、糯米花、油炸巧果、枕頭酥……，總有十個小碟，都是糖點甜餅。陳媽告訴我說：「竈君是每一家都有的司命定福的神，一年到頭都住在你們的家裏，只有這天夜裏，他要起駕上天七日，向玉皇大帝報告這家人的事情。祭竈要供糖食，就是要他吃得嘴甜，多說些好話，玉皇就會保佑你們一年平安。你讀書也就會聰明囉。」妹妹說：「哥哥最笨了，那裏聰明？」母親笑說：「你們兩個都聰明，快幫著媽媽點起香燭，燒化紙馬紙錢，給竈君作旅費上天啊。」這時，二哥已在後天井裏放起鞭炮。這一夜，我們家鄉人就叫它「小除夕」。

到了「除夕」那夜，供過祖宗神明，大家鞠躬行過禮。我們一家十口，就圍坐一桌，吃年夜飯。這晚的菜餚，都是母親事先烹飪好的，陳媽再下鍋熱一熱，接連著就一道一道上桌，非常可口。福州人煮菜都是用蝦油，味極鮮美。母親所做的都是道地的福州口味，有文蛤、香螺片、小珠蚶、江瑤柱、醉蝦、醉蚶、糟魚、糟肉、扁肉燕、炒腰花、香茹芥菜老、炸糟鰻、豆官燜肉、紅糟雞、燉羊肉、十錦火鍋、大黃魚，點心有紅年糕、蘿蔔糕、芋頭糕、冰糖豬油芋泥、還有蓮子湯。大家都暢懷放情，興高采烈，飲酒吃菜。我們做兒女的更一盞一盞地敬父親「老酒」。後來，喝到大家的臉兒都紅紅的，眞是歡樂極了。我們一家人都會喝酒，就是在這種場合訓練出來的。

酒醉飯飽後，收拾乾淨，我們就向父母叩頭拜年。父親、母親用紅紙包裝了銀角，給我做壓歲錢。大嫂、大姊就帶著我們上街逛店買東西。除夕，福州的商店做買賣，常到半夜以後。許多人爲孩子添購新衣、新鞋，再採買一些香燭、年畫、玩具、茶食、水果、茶葉、雜貨、首飾等等東西，街上的行人反而比平日更加擁擠。回到家裏，多已接近半夜。不久，外面爆竹聲就劈劈啪啪的響起來，徹夜不停。我們家也焚起香案，迎接竈君下界。

元旦，街上的店舖都關門息業。一大早，大家吃過年糕湯，就穿著新衣出門前往親友家拜年，道新喜，親的登門道喜，疏的投下名片。我記得過年時節，天氣多半很冷，我都是穿著棉袍，圍著圍巾，跟著母親去拜年，總賺回許多壓歲錢。孩子們最快樂的時候，就是過年了。這時，街坊間又有許多大孩子組織樂隊，鑼鼓喧天，來來去去，十分熱鬧，我和妹妹，午後無事，戴著彩繪的假面具，拿著木刀，玩起打鬥的遊戲。有時也和二哥、大姊玩升官圖。

新年時，戲園子裏的戲，總是由跳加冠、跳財神開始，以後才演出了各種正戲。

初二，祭財神，放鞭炮，做生意的商家尤其放的多，常常連珠長串的放個不停。初三，跟隨母親到外祖父家拜年。有一年，黃家的四姨媽，帶著小表妹，從南京回來。小表妹比我小一歲，長得十分活潑可愛。四姨媽替小表妹選了一件藍嗶嘰的棉袍和一頂黑色瓜皮帽送給我。我們兩小無猜，玩在一起，手牽著手在小池邊看魚說話；看在姨媽和母親的眼裏，就戲言說：「將來要把表妹許配給我。」

在我們的故鄉，表兄妹結婚的非常多。現在看來卻是違反了優生學，而且法律也禁止這親上加親的婚姻，因爲血統過近常常會生下低能的後代。不過那時我也認爲小表妹一定會嫁給我了。淡淡的綺念長大後還時時潛藏在我的下意識裏，有時在夢裏還會重複地出現往日的情景。但不久，四姨媽帶著表妹回南京去了。後來，戰爭爆發了，和姨媽、表妹的聯繫從此隔絕，至今音訊全無。這童年的小事，就像鏡影夢痕一般的虛幻，像烟花流光一般的消失，留下無盡的惆悵與迷惘。

到初六七，商店才漸次開市。到十五元宵夜，家家都懸掛燈籠，叫做「散燈花」來祛除不祥。家裏懸掛的燈，有蓮花燈、西瓜燈，都是用白紗製成的，而加以彩繪，我們孩子玩的燈，有鯉魚燈、飛機燈、大刀燈，大都用透明光面的色紙糊成的，點著紅燭，光暈朦朧。我們提著燈，在大廳庭院裏玩，口裏說：「東街買買燈，南街買買燈，前街買買燈，後街買買燈。」十分有趣。還有走馬燈，騎馬提刀的黑影兒在裏面不斷轉動，也常教我看得入迷。還有放滴滴金的煙火。在喧天鑼鼓聲中，舞龍燈來了，我們都擁到街上去觀看。龍燈大約長十五尺，不像我們這裏龍長一兩百尺那樣的舞不動；我們家鄉的龍燈，多半是金龍，由十個人穿著綠彩衣的青年，頭紮著彩巾，腳綁著綁腿，穿著布底鞋，執著竿揮舞，又有一個人在前面高舉著燈球，龍燈跟在後頭，上下左右，盤旋追逐；蓋取金龍戲珠的意思。龍和珠都透出紅紅的光影，舞來非常矯健靈活，十分好看。燈光月色，交相輝映，在如畫的街上巷間，人們大聲的鼓掌喝彩，都給人留下難忘的回憶！過了這夜，新年才算完全結束了。

這種歡樂的生活，不久就被日寇侵略的砲火所粉碎了。自我十歲離開故鄉，在南平別過了父母，以後就開始我到處爲家流浪漂泊的生涯。我到過永安、龍岩、永定、上杭、寧化、福清、永泰、閩清、尤溪各地。其間大都一個人奔走途上，寄住學校宿舍，在外整整七年。民國三十四年，抗戰勝利，年底才又從永安，返回福州。三十七年春，中學畢業，又遠去永安工作。未到一年，二哥由臺灣來信，說此間也有大學可讀；又回福州，小住了一月又半，又從南臺，搭小汽船，順閩江東下，至馬尾，別了羅星塔——那六角形的大塔！改乘「唐山號」大輪船，前來臺灣，至高雄登岸。以後我就沒有再回過故鄉了！

多少年，在他鄉過年？算來總有四十多年呢！其間許多年是我在孤伶的宿舍裏過的；許多年是在朋友的家中過，直到民國五十一年十月二十八日，我和麗貞結婚了，我才在所謂的「自己的家」過年。以後，兩個孩子誕生了，生活逐漸安定；過年時候，我一家四口和二哥祖榮一家三口歡聚一堂，祭拜祖先，圍爐吃年夜飯，才又有了一些在家過年的情味，但仍不如故鄉的熱鬧。而今又到了冬暮過年的時節，故居那濃蔭廣覆的大榕樹，清芬徐吐的報歲蘭，又彷彿出現在我的眼前。對故土的縈思，雖時日之久遠，也還是難以淡忘的！

（七十三年二月五日除夕青年戰士報）

從芥川龍之介的「鼻子」談起

從前在學生時代，每讀芥川龍之介描寫禪智內供因爲鼻子太長而感到苦惱，我就覺得滑稽好笑。禪智的鼻子有五六寸長，從上唇的上面一直拖到下巴的下面去，像一根細長的香腸，這當然是非常令人煩惱的。第一是吃飯不方便，嘴巴給鼻子蓋住，如果不設法把鼻子掀起來，就吃不進美味可口的東西。我想這跟古人留五綹美鬚，是同樣的麻煩，粘些肉屑，沾些油水，也是難免的。

禪智因鼻子長，曾經試過各種縮短鼻子的妙法。譬如叫人用湯浸他的鼻子，然後再用腳踩，並且用鑷子來鉗鼻孔內的脂肪，七弄八弄，鼻子果然短了一些，可是不久又恢復原狀。從前讀完了這篇詼諧突梯的故事，總忍不住笑。誰會料到現在我也常常爲自己的鼻子而感到苦惱！

自從患了過敏性鼻炎，眞是有說不盡的痛苦，有時發作起來，鼻腔因爲乾裂而隱隱作痛，有時因爲鼻塞不通，要吸一口空氣都困難萬分，有時因爲懋氣天沒亮就醒，有時一邊打噴嚏一邊不斷流鼻水。每次到鼻科診所去，我總看到許多像禪智一樣爲鼻子而煩惱的人。醫生試著用種種方法來減輕我們鼻子的苦惱。有的用淡淡鹽水來沖洗鼻腔；有的讓我們吃鎮靜藥，一粒眼皮就像鉛一樣沉重，神經遲鈍如木，只想睡，無法做事，要是睡不夠爬了起來，就有說不出的鬱悶難過，煩躁易怒；也有用電療法，燒去鼻孔內一些腫肉，讓呼吸孔道，開通無阻。但這些治療都不能根治，只能解救一時之苦。

我的鼻病，已歷十個春秋，時癒時發。許多認識的朋友也為鼻子過敏所困惱。現在過敏性鼻炎為什麼如此盛行？成為都市人的時髦病？有人說這跟氣候有關；也有人說這是吃錯了魚，吸多了花粉所致。其實這種論斷並不完全正確。想起十幾二十年前，很少人為鼻子煩惱。那時我們也吃魚，也吸花粉，也生存於現在的氣候中；可是沒有人為鼻子煩惱。那時我在學校讀書，生活比起現在差得很多，營養也不好，可是鼻子卻從來沒鬧過疾病，原因是那時車輛很少，空氣很新鮮乾淨，和現在的郊區鄉間一樣。想起那時夕陽西落的時分，我們可以在臺北和平東路上漫步，騎腳踏車，輕鬆悠閒。

現在我還是每天清早要到和平東路去上課，卻早已不敢騎腳踏車了。每當搭車要穿過永和中正橋前端的馬路，在車陣中趁隙而行，眞是驚心動魄。尤其自今年四月開始拓寬永和路的工程，至今將近半年，這短短的一段馬路，還沒有完工。在柏油路未鋪好前，空氣的污濁，無以復加；從橋頭看下去，只見黃塵滾滾，從地橫生。還有各種車子放出濛濛烏煙，觸目驚心，等車的人都用手帕掩著鼻孔；還有那些機車直撞猛衝，計程車啣尾爭先，速度大概多超過每小時五六十公里，明明看它還在橋頭，才想邁步，卻早已險險擦身而過。這樣污濁的空氣，危險的馬路，鼻子怎能不過敏？神經怎能不緊張？

永和路沒有拓寬前，我夢想著拓寬後的美麗遠景。起碼過馬路可以不像從前那麼惶恐，也許還可以在寬寬的路邊散散步。現在這個夢卻已經破碎；馬路尚未竣工，車子數道齊來，亂七八糟，煙塵更多更濃。暑假兩三個月，我多數閉門在家，鼻病也覺好了一些；但自十月二日開學以來，不得不天天上街，呼吸那蔽天遮地的黃塵，那熏人欲昏的濃煙，於是過敏的鼻炎又發作，更加利害。才幾天，已去公保和私人鼻科兩次，到現在鼻子還是又痛又塞，天天噴「生化新黴素」。

我覺得現在這個科學文明的世界，也是個充滿著矛盾的世界。開闢寬大馬路，在求行走的便利，生活的安適；另一方面，是開拓了馬路，滿街車如飛龍，如猛虎，走路更要戰戰兢兢；空氣更加污濁，許多人死於鼻癌、肺癌。這的確是令人惶惑不解的「矛盾」。

過去芥川龍之介筆下的禪智因爲天生鼻子太長而煩惱；現在我們卻因車多鼻子過敏而苦惱；要是有一天人人都爲著鼻子而煩惱，那就嚴重了。

（六十一年十一月六日）

教育家典範

今天是孔子的誕辰，也是我們的教師節，因此不禁使我緬思起春秋時孔子從事教育工作的種種典範。

孔子不但是聖人、思想家，也是一位溫和而嚴肅的好老師。他熱心教育工作，主張有教無類，認爲不分貴賤智愚，都應該給他受教育機會，所以他教過的學生多達三千人。在他的學生中，有錢的如澹臺子羽，貧窮的如原憲，聰明的如顏淵，魯鈍的如曾參，愚笨的如高柴，甚至犯了罪入過獄的公冶長，他都一律接受，盡心教育他們。

他認爲一個人受了教育，就會明白事理，提高道德涵養，就能改正觀念與行爲的錯誤；我們要敏而好學，不恥下問；要多聞多看，擇善而從。每個人都各有所長，所以他說：「三人行，必有我師焉。」而且從不斷學習中，也可以得到無窮的樂趣，所以做一個學生要「學而不厭」。

當然，當老師的也應該具有「誨人不倦」的精神，按學生的程度能力去教導他們。顏淵從心裏感激讚美他這位老師說：「循循然善誘人，令我欲罷不能！」孔子雖然很會教書，卻也不免會遇到一些學生偷懶蹺課。像宰予時常白天睡大覺。孔子說他是「朽木不可雕也，糞土之牆不可杇也。」可見孔子也不大喜歡蹺課的學生。他最喜歡的學生，是既聰明又好學，能聞一知十，又專心聽課的顏淵。

孔子認爲中人以上就可以和他們談高深的學問。他在杏壇之上，講學開課，有詩、書、禮、樂、易、春秋六經；從政治禮制、語文歷史、倫理道德各方面教學生，和學生討論問題，都能給他們適當的解答。他自己也從中得到許多「教學相長」的好處，所以他喜歡學生發問，提出疑難。學生能舉一反三的，他就給特別指導；發奮求知的，也給特別啓發。他認爲做一個老師，還必須「溫故而知新」，要不斷從「故舊」中發現新知識，創立新說法。

孔子平日很留意學生的爲人品性，所以能看出子路好勇，申棖多欲。他也很關心學生的生活情形。像冉求學習遇到了困難；孔子就鼓勵他不要「中道而廢」。冉伯牛染了惡疾——痲瘋，住在隔離房間；孔子去看他，說：「這樣好人，怎麼會生這種病呢。」顏淵不幸短命死了；孔子就傷心痛哭；當然，這也是感傷他自己的學說與思想再也無法得到最傑出的弟子來發揚光大了！

學生學有所成，他就向當道推荐。比如說子路果斷，可使治賦；冉求多才藝，可以爲邑宰；端木賜明達事理，可以從政；公西赤可使接待賓客，辦理外交。

孔子的學生到社會，遇到問題，也常常回來找他商量。如子夏做莒父宰；孔子告訴他，爲政勿求速效小利。季氏密謀攻擊顓臾；孔子就教冉求設法勸止。學生做事有了大錯，他也就不客氣，加以糾正批評。如冉求爲季氏聚斂錢財。孔子說：「他不是我的學生！」叫大家鳴鼓而攻之，揭露他過錯。

孔子是這樣的培育學生，造就人才，所以他的學生有成就的很多。我們以孔子誕辰爲教師節，可見他的「風範長存世，典型在人心」！我們做教師的又怎能不努力自勉！

無恥

國父在三民主義第一講中說：「中國的人，只有家族和宗族的團體，沒有民族的精神，所以雖有四萬萬人結合成一個中國，實在是一片散沙；……如果再不留心提倡民族主義，結合四萬萬人成一個堅固的民族，中國便有亡國滅種之憂。我們要提倡民族主義，用民族精神來救國。」

從前的中國人的確有些人只重個人、家庭和宗族，缺乏民族與國家的觀念。這可能跟從前「天下爲家」的帝制有關，皇帝爲了鞏固一家的政權，就特別倡導「忠君」思想，久而久之，人民就只知道忠於一姓，而不知道要愛國了，所以俗語有「忠臣不事二主」的說法；但當暴君失政的時候，於是也就另有「良禽擇木而棲，賢臣擇主而事」的說法，像明末天下大亂，流寇攻破了北京，吳三桂爲了一個所愛的女人陳圓圓被流寇所擄，就勾引清兵入關，出賣了國家；洪承疇戰敗被俘，爲了清人勸降時的寵遇，就投降替清人打前鋒。清史貳臣傳專記明人爲了保全身家，爲了貪圖富貴，叛國降清的重要人物，就有一百二十多人。難怪顧炎武先生要悲憤地說：「士大夫之無恥，是謂國恥。」知識份子只知有個人、家族、宗族，而沒有民族國家，遇到敵國侵略，國家就只有等待滅亡了。明朝就是這樣的被只有八萬軍隊的滿清所滅。

孔尚任在「桃花扇」中，探討南明亡國的歷史；拿現代的話來說，就在於當時許多人沒有民族國家的觀念。當明末流寇漸逼京師的時候，那在南京的名士，如侯方域之流，尙流連秦淮河上，繾綣名妓李香君；清兵入關之後，馬士英、阮大鋮等，尙在進聲色，羅貨利，結黨報仇；各鎭將領高傑、黃得功、劉良佐、黃澤清尙在爭位爭權，自相殘殺；沒有一絲一毫爲民族爲國家的觀念，明朝就這樣走上覆亡的命運。

「桃花扇」的得名，是因爲侯方域和李香君定情的時候，題詩扇上，贈給香君。以後兩人分散，到國破家亡，侯方域和李香君，到棲霞山道院，打算修道出家，不期又再相遇，兒女私情，又再復燃，道院法師罵說：「你看國在那裏？家在那裏？偏是這點花月情根，割他不斷麼？」說完就將這一把桃花扇給撕得粉碎了。留給我們極深的感觸，民族國家滅亡了，那有個人、家庭和宗族呢！　國父說：「我們要提倡民族主義，用民族主義來救國。」所以要提倡民族文學，應該在作品中特別加強民族主義的思想。

（七十年十一月十九日青年戰士報）

蔣經國先生的文學觀

蔣故總統　經國先生是偉大的政治家，一生奉獻國家，關愛人民。他曾說過：要以民衆的利益爲利益，以國家的利益爲利益。他也說過：不要爲自己著想，而要爲民衆的福祉和國家的利益著想。這是他一生堅守的信念。

經國先生是在平凡實用中寄託他偉大的理想。在文學與學術方面，他也是從「有利於民衆；有利於國家」的實用觀點來自勉勉人的。他引述先總統的訓示：「一切學術，要切合於人生實用。」並進一步闡釋說：「任何學問，如果不能應用到發展社會和增進全體人類的生存福利上去，就是無用的學問。」因此，經國先生提倡用白話寫公文；用流暢的口語發表各種文告；主張要重視輿論，分析輿論，鼓勵人多做建設性的批評和建議。他認爲這樣政府與民衆才能完全溝通，政令才能得以宣導，大衆的言論也可以作爲政治革新、改造社會、推行民主憲政的推動力量。這跟古代採擇詩歌、小說來觀察民風民俗、改善政治措施，是一樣的想法。使詩歌文章成爲反映民意民情的鏡子，使政府一切措施都能爲民衆著想，以民衆國家的利益爲主。

經國先生又說：「中華文化的根本精神在於教化，最重倫理。」「中華民族文化的深厚潛力，是激發國人理性良知。」所以他說：「文學不再是『苦悶的象徵』，而是光明的寫實，詩人不止是戴上桂冠，而要使詩篇淨化塵俗。」也就是說我們作家要寫有益教化、發揚倫理、激發人理性良知、守法精神、淨化塵俗、光明寫實的作法。他勸人不要讀無用的書，色情小說、迷信小說都不可讀，要選擇最需要最有用的書來看。

經國先生是情感與理智並重的人。他說：「情感兩個字用錢買不到，只是用心血才可以換得來。」「理智是革命的南針，情感是革命的動力。」他是充滿愛心的人，他說：「愛是情感的溫暖，它好像陽光，照耀大地，給萬物一股生長的力量，使其欣欣向榮。」他又認爲一個人要追求眞、善、美的人生，「要表現人生的眞，要多了解自己：要表現人生的善，要善盡人生嚴正的職責：要表現人生的美，要發揚理性的光輝，養成活潑的生命力。」文學作品想要表現的就是人類的情感與理智，還有愛：所要發揚追尋的就是眞、善、美的生命境界。

經國先生的文章雖然非常平白如話，但卻充滿了聖睿的哲理，珠輝的華采。如「自然是最美的，空靈是最美的，聖潔是最美的。」「矯揉做作的不是美，失去眞實的不是美，充滿富貴榮華的名利思想也不是美。」「白浪滔滔，海風浩浩，不是很雄壯的歌聲嗎？海波萬里，水天一色，不是很美麗的圖畫嗎？松濤泉聲，鳥語蟲鳴，不是很輕鬆的曲調嗎？古木奇石，紅花綠草，不是很秀麗的景色嗎？」所以當他親自爬山越嶺涉水，開發橫貫公路的時候，所見到的都是美，所以能夠忘記了艱險，克服了困難，領導大衆完成了這聞名世界的偉大工程，造福了大衆。

經國先生還說過：「正確的想，實在的做，愉快的活，深刻的學。」「人生天地之間，祇有代表眞理的，才能存在：祇有創造生命的，才能永恆。」這些話使我深深認識了生命的價值，也使我認識到文學的價值。我們要「創造一個新的生命，本身就要成爲一粒新生命的種子」，讓我們大家來做生命的種子，讓它生根、萌芽、茁莖、長葉、開花，結出纍纍的碩大甘甜的果實吧！

抗日文學

去年十二月十二日，我和麗貞在漢城塔兒飯店，參加韓國「中國現代文學學會」主辦的國際會議，討論「中國抗日戰爭文學」，出席有中、韓、日、美四國的學者一百多人。

這次會議有一個特色，全部採用我國國語發言，論文雖只有六篇，但涵蓋面卻很廣，可見主辦者安排的苦心。上午九時三十分，由主持人許世旭博士致開幕詞後，就由我國來的師大楊昌年教授發表《中國抗日文學的發展與意義》，論述我國文學在抗日戰爭的影響下，走向寫實與通俗的路子，鼓舞著民心士氣，所以我國能在非常艱苦的情況下，打了八年的戰爭，得到最後的勝利。接著日本東洋大學今富正己教授提出《南方華僑的抗戰文學》，主要論介在抗戰初期的馬華文學；馬來西亞華僑作家的愛國，因此產生了許多抗日的文學作品，又因受母語方言與當地文化的影響，因此華僑文學自有其獨特性質與地方色彩；又說今天在泛馬主義觀念的影響下，華僑的民族意識，已不如從前濃厚了。美國舊金山大學葛浩文（Howard Goldblatt）教授提出《孫陵的長春通訊「邊聲」研究》，日本軍閥在民國二十年發動九一八事件後，就逐漸侵佔我國的東北；第二年三月九日，扶持溥儀做傀儡，在長春成立偽「滿洲國」；孫陵的文章就在報導日本併吞了東北，建立偽滿，壓迫中國人的情形，所以叫做

「邊聲」。

午餐後，繼續討論。聯合報副總編輯詩人瘂弦首先提出《艾青的文學歷程》，介紹艾青抗日詩的成就與影響。日本京都佛教大學吉田富夫教授宣讀《從「七月」雜誌看初期抗戰文學的發展》，「七月」雜誌創刊於民國二十六年九月，後來由上海遷往武漢又遷到重慶，主要刊登抗戰時期，我國的民衆活動、戰地生活、抗日英雄的悲壯慷慨的事蹟，表現了中國人強烈的愛國犧牲的精神。「艾青」和「七月」所代表的是當日我國抗日文學的抽樣研究。兩位日本學者對於過去日本侵略中國的往事都表示了深深的歉意。最後，由韓國外國語大學許世旭教授提出《中國抗戰詩的藝術性》，中國抗日時期詩人很多，凡是不願做亡國奴的人都提筆寫抗日的詩歌，產生了許多感人凝鍊的作品，而肯定了我國抗戰文學的藝術價值與成就。

論文討論完了，許世旭會長請我代表來賓說幾句話。我覺得這次會議，每一篇論文都很簡要精采，而且各有其代表性，但最使我感到有意義的是，在這「事過境遷」的現在，由中、日、韓、美四國學者歡聚一堂，共同來討論「七七」事變前後，中國抗日戰爭的文學作品，這所含蘊的意義是多麼深遠，是多麼令人反省深思。我是從抗日戰爭中長大的，當幼小青少年時期，正親身經歷了這個戰爭離亂的時代。當時，我們的國家受到日本帝國的侵略，我們的家庭被敵人轟毀，我們的同胞被敵人屠殺，我們的土地被敵人侵佔，我們的國家正面臨著生滅存亡的時刻，我們爲了挽救我們的國家，辭別了妻兒父母，勇敢地走上戰場，用我們的血肉與生命，與敵人的大砲飛機，奮戰至死。那時候，我們中國的詩人作家所寫的作品，就是表現我們心中這種爲保衛家鄉、爲收復國土，視死如歸、慷慨犧牲、握拳扼腕、熱血沸騰的愛國感情。我小時候所唱的歌曲，都像「我的家在東北松花江上」，「我們的國旗在空中飄蕩，飄蕩，飄蕩」之類；所朗誦的詩篇，都像「去吧，朋友！千千萬萬的同胞在呼喚著你！去吧，朋友！我們是爲祖國戰鬥的兒女，我們所渴求的是光明與勝利」之類。大家所傳誦的，是馬占山在東北英勇的抗日，是謝晉元團長率領八百壯士死守上海四行倉庫，是空軍英雄高志航的壯烈殉國，是臺兒莊的空前大捷……。

中國人這種愛國的感情，是永遠長存在我們中國人的心中！過去如是，現在如是，將來亦當如是。假使有一天，中國再受到異族侵略，中國人仍然會從海外、從邊區、從本土，匯聚成一股像火山噴發熔漿般的巨流，淹沒前來侵犯的敵人！所以歷史上的中國，雖曾衰落，仍能中興；雖曾滅亡，仍能復國。這就是由於中國人的愛國的情愫，像火苗一樣的深存於中華民族的每一個人的心裏！

現在，只要我們所有人的心裏都熱切地祈望和平，大概也就不會再發生侵略的戰爭了。今天，一個國家要養活她的人民，只要提高科技，增加生產，從事商業，和他國互通有無，也就足以改善國民的生活，像現在的日本就是，已不必再用武力去侵佔他國的土地，去奴役他國的人民，去掠奪他國的物資了。現在，我們在這裏探討「中國抗日戰爭文學」，在回顧過去不幸的歷史，我希望我們的近鄰，彼此之間，都能眞正成爲和樂相處的兄弟之邦，再不要發動那種滅絕人類理性的慘酷的戰爭了！

（原刊七十六年一月二十四日青年日報）

佛教現代化

去年十二月二十六日，「世界顯密佛學會議」在高雄縣大樹鄉佛光山寺召開，到有來自十九個國家與地區的喇嘛高僧，居士學者三百多人，發表論文共三十六篇。我的朋友成功大學建築研究所傅朝卿、劉銓芝合撰一篇《西藏佛寺的建築風格與內部設施之研究》；現在因傅去英國研究，劉在軍中服役，都無法前來，我就被邀請代表他們宣讀論文，並爲代撰論文提要；與佛有緣，因此我在佛光山待了三天，也因此我對佛光山有了新的體認，給我感受最深的是「佛教現代化」。

佛光山，佔地約五十頃，原是榛莽荒野。民國五十六年，星雲大師購買經營，至今不到二十年，即成佛教勝區。寶殿梵宮，莊嚴雄偉；亭臺樓房，華彩艷目；佛陀菩薩，端嚴慈悲；壁畫裝飾，絢麗奪目；入夜燈影，銀花火樹，燦爛非凡。大雄寶殿，爲寺中心，有一千多坪，兩旁有東禪、西淨二樓，朱柱金頂，石欄長廊，中間廣場，步道寬廣，兩邊草坪，柏綠花鮮，內供三寶大佛，寶相莊嚴，四壁佛龕，另有小佛萬餘尊。

其他建築，有東山供文殊的大智殿，西嶺供觀音的大悲殿，佛城下的地藏殿，佛光精舍後的普賢殿；大佛城有金身接引大佛，觀音放生池有游魚浮泳，淨土洞窟有西方三聖，各具勝景妙概。翠林叢密，曲徑通幽；寶橋橫臥，石燈夜照；果樂齋中，植有珍果；佛光精舍，養老樂土。星期假日，遊客絡繹；平安法會，信衆齋戒。

在各地設有分寺，有臺北普門寺、高雄壽山寺、普賢寺、宜蘭雷音寺、礁溪圓明寺、彰化福山寺、基隆極樂寺、嘉義圓福寺、善化慧慈寺、臺南福國寺、澎湖信願寺等，海外有美國洛山磯西來寺、香港佛香精舍，各派住持掌理，宣揚佛法禪理。舉辦佛教會議與活動，傳播佛法於各地，都需要大量弘法人才，設有佛教學院、研究院，除研究佛學外，另有英、日、梵文課程。還有佛教文物陳列館，蒐集有關文獻圖籍法物。佛光書局出版經典書籍，刊物有覺世、普門二種。星雲大師告訴我，今年六月《佛教辭典》將要編好出版，約四百萬言。

他們爲了發揚佛徒渡世的精神，設有種種機構，有中學、幼稚園、托兒所、醫院、診所、育幼院、圖書館、文化服務處、活動中心、慈悲基金會、佛光精舍、蘭陽仁愛之家、萬壽公墓花園，對外開放，服務大衆，希望對社會有所貢獻。由此也可見佛光山寺規模的龐大了。

這次我由臺北往高雄佛光山，是在普門寺前搭乘他們的專車前往的，約五個小時到達。下榻的朝山會館，管理與設備完全類似現代化的旅館。當晚，星雲大師在朝山會館大餐廳，筵開數十席，歡宴我們，有二十四道菜，是我平生所吃到的最佳的素餚。晚餐後，八點鐘在祇園廳有聲光設備的舞臺上，由普門中學、大慈育幼院等演出，如敦煌飛天、金孔雀等古典、民俗、現代的各種舞蹈，舞姿曼妙，歌聲優美，效果甚佳，最使我感動的是這裏的人的臉上都掛著快樂的微笑。使我想到西方諸天品嘗觀受到美好的口味，可意的歌舞，衆妙的音樂，隨欲隨業，應其所須，沒有痛苦，只有歡樂，眞像一片具足、圓滿的佛土。以後二日，都在麻竹園用餐，完全是自助餐方式，將西方文化融入了出家的生活中。

第二日，開幕典禮在大雄寶殿舉行，由星雲大師主持，發言講話的人很多，繁文縟禮，比起一般學術會議更爲隆重留意。下午開始論文討論，中文三組，英文二組，分別在法輪堂、竹林四室、西淨樓、雙園堂、龍廳五處舉行。這些場所都有現代會議廳的設備，大的可以容納三百多人參加。會議至二十八日下午四時圓滿結束。

佛光山所有今天的成就，我想除了創始者星雲大師有弘揚佛教的理想外，他還有企業家的頭腦，用現代企業管理的方法去經營佛教事業。他說：「過去，佛教徒的農禪生活，已不足適應目前的時代與社會；今天佛教寺院要想自力自足，就必須實行工禪、商禪生活。」所以佛光山寺設有農場，設有工廠，種植菜蔬水果，製造僧伽被服、法器、紀念品出售；有遊覽車、朝山會館、素食餐廳經營餐旅業；設立書局，供應售賣佛教圖書文物；在美國建築房屋出售；靠這些農工商三業的收入，來維持各處寺院日常的支出；至於捐獻則用於各種建設，佛光山上的每一個柱子、橫梁、佛、菩薩……都是善男信女虔誠的心願所建造的，上面都刻有他們的姓名。這第一流的企業宗教家的智慧，的確令我欽佩無比。佛光山寺的組織也很嚴密，在宗務委員會的下面，設有宗務、教育、文化、慈善、福利五堂，負責各種事務，此外另有計畫、策進兩個工作會，不斷研究策畫推展工作。

現在看到原屬避世離世的佛教徒，用這種現代入世的方式管理寺院，而得到如此成就，給我們的啓示眞是不可忽略。今日世界上的一切事物，都在不停的改變，無論我們的生活方式、道德觀念、教育方法、社會形態、經濟結構、政治法制、軍事裝備，都隨著時代而不停變動，我們要是不能緊隨著時代的腳步邁進，也就無法適應生存了。「現代化」不是一句口號，而是大家要詳密研究、努力更新，配合時代的需要，走上新的路子。

（原刊七十六年二月十九日青年日報）

權勢常使人發瘋

不久前，電視劇演出「一代皇后大玉兒」。有人看了說：叔嫂亂倫，叔姪爭權，實在有違社會教育的意義。福臨的母后——莊妃娘娘下嫁多爾袞這件事，是清史三大疑案之一。多爾袞被晉封「皇父攝政王」事，是在順治元年十月十日。其冊封制文說：「我皇考末命之時，宗室諸王，人人覬覦，有援立叔父之謀。叔父堅誓不允。」又說：「雖無先皇遺詔，以朕文皇帝子，不爲幼沖，翊戴擁立，國賴以安。」「及乎明朔失絕……叔父又率大兵，入關，取燕京，撫定中夏，迎朕來京，膺受大寶」。「重念叔父靖亂定策，撫育幼躬，推誠盡忠，克全慈孝。中原賴以擴清，萬方從而底定，有此殊勳，特賜寵異，故加崇號，奉曰『皇父攝政王』。」當時福臨才七歲，這冊封多爾袞自然是出於孝皇太后的意思。

大玉兒下嫁多爾袞，也並不是不可能。滿洲風俗，娶繼母、兄嫂、弟婦、姪媳，多見史籍。多爾袞納肅親王豪格妃，就是姪媳。後來福臨奪董鄂妃，就是弟婦（襄親王博穆博爾古妻。或說董鄂妃是冒辟疆的姬妾董小宛，乃是小說家附會之說）。大玉兒爲了要兒子做皇帝，紆尊降貴，和多爾袞相戀私會；這也可能是眞實的事情。張蒼水有宮詞，說：「上壽稱爲合巹尊，慈寧宮裡爛迎門。春官昨進新儀注，大禮恭奉太后婚。」

福臨因爲戀母的情深，年紀漸大對這自然深引爲恥，再加小人挑撥，自然形成宮闈之間激烈的權力鬥爭。其實權力鬥爭，中外皆然，何代無之！權勢常使好友成仇，骨肉相殘，牽連無辜，史不絕書。專制極權時代爲保持權位，爲爭奪權位，而大肆殺戮自是司空見慣的事。像勾踐、劉邦、漢武帝、明太祖開始都是能夠禮賢愛民、聰明睿智的帝王，到了晚年卻都變成多疑猜忌，殺害朋友，甚至親人。

越王勾踐與吳王夫差作戰失敗，用文種、范蠡計策，忍辱求和，臥薪嘗膽，恤民養士，生聚教訓，終於滅吳。可是成功之後，就對文種、范蠡產生疑忌。范蠡說：勾踐可與共患難，不可共安樂，乃棄官而遊五湖。文種終被勾踐逼迫自殺。因此有「狡兔死，走狗烹；敵國破，謀臣亡」的喟嘆。

秦亡之後，劉邦與項羽爭天下，特別寵遇韓信，解衣推食，築壇拜將，授以指揮軍隊的大權。當楚漢爭戰俱困的時候，蒯通勸韓信說：「相君之面不過封侯，相君之背乃貴不勝言。」勸韓信背漢，與劉邦、項羽三分天下。但是韓信終因劉邦待他甚厚，不忍背義，自恃功高，不至怎樣。項羽敗死之後，幫助劉邦打天下的朋友，像韓信、彭越、英布都遭到身誅族滅之禍。

漢武帝是我國歷史上一位偉大的皇帝，文治武功，皆極隆盛。但是他到了晚年，迷信疑忌，濫用刑戮，派遣使者暗中監視貴戚大臣，大興巫蠱之獄，官民死者數以萬計，連親生的女兒陽石公主都遭殺害，最後連皇太子也因困於讒言，無法自白，被迫起兵作亂，失敗自殺。士族因之牽連滅門極衆。武帝南征北討原是爲兒孫著想，現在卻變成自己去殘殺所愛的子女和皇后。蓋權勢會教人猜疑瘋狂。

明太祖朱元璋當異族統治中國漢人備受壓迫的時候；他出身貧寒，出家爲僧。元順帝時，天下大亂，朱元璋結交一時英傑如徐達、常遇春、胡大海，謀士如劉基、李善長，耆儒如陶安、宋濂等人，和這些朋友稱兄道弟，並肩作戰十幾年，削平群雄，驅逐元帝，登上帝位，建立大明。但他到晚年卻成爲歷史上殺戮功臣有名的暴君。他的心理跡近變態瘋狂。正史往往因文字簡略，無法窺其眞相，民間秘記野史詳記其事。朱元璋晚年因借左丞相胡惟庸謀逆，鋤戮株連多達萬餘人，李善長因之賜死，宋濂因之下獄。太子標進諫。朱元璋說：誅戮臣下，是爲了太子。又興藍玉大獄，又殺了一萬多人，元勳宿將，相繼都盡。太子遂憂鬱病死。在專制時代，爲保護權勢，使人變成疑猜殘暴，不惜以殺人爲手段，以刑戮立威來控制人心。

明弘治時詩人徐禎卿作《翦勝野聞》，記明太祖晚年好殺戮的事，說：「太祖視朝，舉帶當胸，則是日誅夷蓋寡；若按而下之，則傾朝無人色矣。」可見他誅虐之甚。又記他欲殺宋濂一事說：洪武十年，宋濂告老歸鄉說：希望能夠每年覲見皇上。十三年失信不朝。太祖召見濂子璲、孫愼二人，問不來的原因。二人推說生病。帝派人去看，無恙，大怒，把璲、愼關進監獄，並下令殺濂。宋濂曾做過太子的老師。太子替他求情。帝說：「等你做了天子，再來寬宥他！」後來馬后又替宋濂求情，才饒一死，謫居茂州，然而終不肯放過璲、愼，而殺了他們。

又一則記徐達病疽，明太祖大集醫生替他治療。病稍稍好一點，太祖忽然派人賜膳。徐達流涕而食，暗叫醫生逃走，旋即病死。帝親臨痛哭，下令收斬醫生。這段文字委婉含蓄，隱隱約約指出徐達之死，與賜膳有關。

又記明太祖殺人事兩件：太祖怕人輕侮自己。杭州儒學教授徐一夔作賀表說：「光天之下」，「天生聖人，爲世作則」。這位和尚出身的皇帝看了大怒說：「腐儒乃敢如是侮辱我！生者僧也，以我曾從佛也；光是沒髮光頭之謂：則字近『賊』。」可惡之極，就命令砍了這個、不知忌諱的腦袋瓜。又一次，明太祖微服出巡，聽到一個小百姓叫皇帝做「老頭兒」。大怒說：「張士誠小竊江東，吳地人民至今叫他『張王』；我爲天子，此地人卻叫我『老頭兒』！」於是調集兵馬抄沒了很多民家。

有人說：權勢會教人腐化。但我卻認爲權勢往往會叫人發瘋，變成無情無義的獨夫，變成喜歡殺人的瘋子。大家爲了爭權奪利，常常鬥得你死我活。讀史往往教人感喟浩嘆即此之故，所以作家以人類的政治鬥爭史爲題材撰寫戲劇與小說，當然不在教育社會，我想他們只是要教人認清歷史人物的眞面目！有些人當上了皇帝，最後就變成了瘋子。現代這一類的瘋子也不會比古代少，希特勒、史達林、海珊……，你屈指算一算就知道還是不少呢！

（八十一年七月三十日中華副刊）

污染與環保

由於人口增加，車輛衆多，工業發達，我們生活環境的污染越來越嚴重了。人畜排泄物，工業廢水，河床淤泥，風雨洪水帶來的穢物，垃圾場滲出污水，都已經超過河川流水自淨的能力，水域受到了嚴重污染。四十年前，我們可以在中正橋附近游泳，現在一走到溪邊只有陣陣難聞的惡臭。城市鄉鎮每天製造的垃圾，數以噸計，散置大街小巷之間，有時還會引發排斥垃圾戰爭。

空氣的污染更是糟透了，不只是工業區的煤煙、灰塵、粉末和微粒形成了烏煙瘴氣，籠罩我們的上空，還有害人的氧化硫、氮氧化合物、碳氫化合物種種氣體。車輛的內燃機更成了都市最大的空氣污染源，排氣管噴出一氧化碳、過量的鉛，都會損害我們的健康。當這些氣體受到炎熱太陽的照射，就會發生「光化」的毒霧。貨卡、運沙車柴油排出的黑煙，氣味尤其難聞。這些污濁的空氣，常使鐵窗框花架很快腐銹，行道樹葉枯萎變色，造成我們的氣管炎，鼻塞氣喘，甚至肺癌。從前，我住臺北市區，空氣污濁，鼻子過敏了十幾年，厲害時鼻黏膜腫到幾乎沒法呼吸；搬到花園新城，空氣新鮮也就自然痊癒。

現在城市中的噪音，飛機車輛的震天動地的聲音，建築工程打樁、灌水泥的碰碰響，宣傳車擴音器的嘈雜聲，鋼琴唱歌的煩人聲，機器轉動的轟隆隆聲，叫賣吆喝的聲音，種種響聲震得耳鼓欲聾，腦脹欲炸。

工業廢料和化學物品中有幾千種有毒，如石綿、鉛、鎘、水銀、殺蟲劑、溶劑、舊日光燈管、舊電池、老鼠藥、放射性物料、氰化物……，有的有烈毒，有的富腐蝕性，有的會致癌，有的能殺死植物。若從口腔、呼吸道、皮膚侵入了人體，往往就會引起皮疹、呼吸器官發病、胎兒畸形、癌症甚至死亡。隨時棄置化學廢料，過量濫用殺蟲劑和農藥，也會破壞自然環境，使土地不宜種植稻作，水域不宜生物生存。鎘米和死魚，都是由於大自然受到化學品的污染。

我們生活的環境污染到了這樣可怕的地步，自然引起大衆的關切。多數的污染是可以事先防範的。我認爲環境的保護，要政府和人民一起來努力的；現在就這兩方面加以說明：

一、政府方面：政府環保機構應該通盤研擬計畫，制定法規，作爲管制、檢驗、監測、追查、推動的規範。政府要做的環保工程，像建築下水道、污水處理廠，收集穢物污水，經過淨化處理，再排入河川海洋。設立垃圾掩埋場、堆塡區、焚化爐，解決垃圾問題。垃圾堆塡場一定勿使有漏水滲水的現象；焚化爐噴出煙霧，也會造成空氣二度的污染，最好安裝沈澱器。設置清潔船，清除漂浮河流港灣中的垃圾和油污，有時還要配備化學散油劑，防止油污擴散的欄柵。高速公路經過民居的地方，要設立隔音板。政府對民間環保的管制，像水源地區要絕對禁止飼養豬雞鴨子。一般的畜牧場責令設立堆肥廠，做種花種菜的肥料。對石化、造船工廠，一定要廠東做好污水處理工作。工廠的煙囪要安裝

「靜電除塵器」，利用靜電吸力，吸去煤煙和微粒，或把氣體導入旋轉水槽中跟水混合，使污染物溶化水中，再加淨化處理。車輛排放的廢氣，必須符合標準，嚴加檢驗，不超過六〇克必治黑煙單位。鼓勵開車的人使用無鉛汽油。噪音實在會影響人安寧與睡眠，在晚上七點鐘到次晨七點鐘間，建築打樁工程、工廠轉動機器都要加以管制，除非獲得環保機構特別批准，不得在夜裡趕工。工業廢料的傾倒，要受嚴格管制。廢物如舊報紙、鐵罐、塑膠、鋼板還原成各種物料，也是非常可觀的收益，要責令廠商做好回收的工作。對有毒的化學物品，要取得許可，才可以製造輸入、販賣使用，違法就要按律處他刑罰。此外，政府還要多多設立公園綠地、市民活動的場所，改善環境衛生，提高大衆的生活。

二、人民方面：每一個人在保護環境上，最該盡力的就是要養成好習慣與公德心，一定要做不亂丟垃圾，在公共場所不抽煙，不帶狗亂拉大便，洗澡洗東西時候不要用太多肥皀和清潔劑。洗碗和碟子先用紙或抹布擦去油污再沖水。使用無鉛汽油，以減低污染腐蝕，這樣也可以保護汽車的火星塞和排氣管。將垃圾分類，協助廠商回收。能這樣就可以減低對生活環境的污染。

（原刊於《中國語文》四五三期）

談修心養性

談到道德修養，大家就會想到心性問題。

許多思想家說：「心是我們的主宰，非常靈明神妙，我們一切的行爲完全由心決定。」我認爲心就是心靈，它是後天形成的，它並不是生來靈明的，它是由父母給我們的教養，學校給我們的教育，社會給我們的規範與影響，形成了我們的人生理念；這種理念，可以作爲我們做人做事的準則，這就是心。我們的意志情欲，行爲動作都受心念的指揮。而人性稟自先天，我們行善爲惡，根自天性；孟子主張性善，認爲人性生來純良，所作所爲，自然合於理性；荀子主張性惡，認爲人性天生邪惡，肆情縱欲，自然多行不義。所以我們一談到如何提高道德問題，就會想到心性的修養。

老子說：「不見可欲，使民心不亂。」大概他認爲人心是肉做的，有情感，有欲望，很容易受到外物的誘惑，而心亂，而墮落，而做壞事。這就像從前有一個人，在鬧街上搶金子，給抓到；有人問他：「搶金子時候，有沒有想到後果？」他說：「當時，眼裏只看到金子，沒想到別的。」這就像現在許多人犯罪，就是因爲這個花花世界給他們的誘惑太大了，可欲的事情太多了。

現在，人所推尊的，是財富金錢，地位權勢；所貪愛的，是好味麗服，美色靡音；所以許多人拼命去爭取財富金錢，地位權勢；講究好味麗服，沉溺美色靡音。因此，社會風氣日見奢侈，倫理道德日見敗壞。處這紙醉金迷的世界，一個人本性的善惡，定力的強弱，就有很大的關係。三國時候，管寧和華歆在一起讀書。有一天，有一個高官坐著大車子，前簇後擁，吹吹打打，經過他們的門前，華歆聽見了聲音，放下書跑出去看，心裏十分羨慕；管寧讀如舊。又一天，他們在園子裏鋤地，挖出一塊金子，管寧揮鋤如舊，不異瓦石；華歆拿起來，看了一會兒，才扔掉。可以看出兩人根性的不同。後來，管寧在遼東教書講學，人沐其化。華歆終熱衷名利，助紂爲虐，做曹操的幫兇，殺害了漢獻帝的皇后。

性善性惡是天生的，改變較難，所以只有從人的內心，來建立正確的道德觀念，形成完美的自我意識，這就是王陽明所謂「良知」。我們有了堅固的心防，外物種種的引誘蠱惑，自然不得其門而入；就是侵入了，也不會爲之所動，而能將他壓抑了下去。要使心靈能夠辨識什麼是善，什麼是惡，這才是我們修心養性最重要的課題；然後才能夠發揚性的善，除掉性的惡。

我們生活在這個物質極端文明的時代，又怎麼能做到「不見可欲」？孔子說：「非禮勿視，非禮勿聽。」現在到處充滿著非禮不法的現象，我們又怎麼能夠做到「勿視」「勿聽」？我們只有加強心靈的修養，這樣才能夠看了聽了，也不會爲之所亂！自然就能夠做到「非禮勿言，非禮勿動」的了！

一位計程車駕駛的心聲

老劉開公司交通車的時候，喜歡跟人聊天兒，所以跟我們乘客都很熟。後來不知爲甚麼竟辭職不幹，轉業去開計程車了。

老劉年紀不大，但也不年輕，約莫四十歲左右，孤家寡人一個，住在鄰近公寓一間十坪大的套房裏。他的個子不高，留著短短的西裝頭，一臉飽吃風霜的膚色，下巴微瘦，一年三季都穿著T恤衫深色長褲，只有寒冷的冬天才改穿夾克，耐磨的藍牛仔褲，也已經泛白了。說起他開車技術確實高明極了，總是平平穩穩，舒放自如，能夠一邊開車，一邊從從容容地和人聊著天。在臺北這人車爭道橫七豎八的市街上，能夠十餘年沒生事故，不碰不擦，的確可以稱得上這一行的高竿兒。

但老劉有一大毛病，喜歡跟人開小玩笑。有一次，他的朋友帶了一小袋東西上車，隨手放在駕駛座邊的引擎臺上。老劉問說：「什麼東西啊？」他的朋友說：「替我太太剛買的新衣。」老劉笑嘻嘻地說：「新衣！你太太那麼兇，你還送新衣給她！我看丟掉算了。」說著，他就空出右手，一把抓起了小袋子，往左邊的車窗，作勢要扔向窗外，結果因爲握著駕駛盤的左手溜動了一下，重心不穩，車子突然傾向右邊駛去，衝向山崖的邊緣，幾乎要墜落山崖下的直潭。這時，我就坐在駕駛座的後側方，目睹他這樣的開玩笑的狀況，直驚得叫出聲來，心想：「完了！這一下子，一車人都要跌得粉身碎骨！不死也要殘廢！」就在這千鈞一髮的一秒之間，只見他左手猛扭著駕駛盤，另一手扔下了小袋子，就握住盤的另一邊，向左急打，軀體笨重的交通車，頓然強烈震動了一下，就扭回到原來的車道；看他的臉色也變得蒼白極了，大顆的汗珠從右鬢邊滾落了下來。我心裏不禁罵道：「渾蛋！開車還開什麼鬼玩笑！幸好，沒出事！」但我也不得不佩服他技術的高超。

自從他開計程車以後，就沒有機會坐他的車子了；不過，有時仍然可以碰到他。我們遇到，大多彼此點點頭，打打招呼，就過去了；有時也會停下腳來聊聊天。有一天傍晚，我迎著西天飛紅的夕霞，在山間林蔭道上散步，經過停車場時候，看到他正在沖洗那輛紅色計程車。我們跟往常一樣的，由點頭、打招呼，而停了下來聊天。由多次閒聊中，聽到了許多有關他的生活瑣事與開車見聞。下面就是他說的話。

我所以吃這一行飯，是因爲在軍中當兵時，學會了開裝甲戰車，退伍後找不到好工作，就去做司機，至今已經十七八年了。在公司開交通車，比較不辛苦，但收入少；開計程車，每天有兩三千元，除了油錢、稅金、保險、折舊、修護，也有千來塊的收入，一個月有兩三萬元，但累多了。清早出去，深夜回來，一天十幾小時要坐在這一小塊的駕駛座上，幾乎回來腰板常酸得直不起來，整天關在冷氣的小車廂裏，空氣很壞，還常常要吸乘客的「二手菸」，久了，怕不患上肺癌，才怪。貼了「請勿抽煙」的小標語，也沒用；有些不抽菸的乘客一上車，就抱怨「煙味太濃了」，忙著搖下車窗子通氣，但路上的廢氣熱浪，又透窗進來，又只好勸乘客關上窗子。有些乘客就說：「有些國家，在車、船上是禁止抽煙的，No Smoking的『No』就是禁止，不是『請勿』。」我，又怎能禁止乘客抽菸？我們大抵開兩天，也就得休息一天，調換肺裡的空氣，消除身體的疲勞。

我們也知道：許多人罵我們計程車司機，最不守交通規則，總是超車超速超雙白線，有縫即鑽，左右搖擺，橫衝直撞，絕不讓人。我們也知道這是不對的。但有誰知道？我們有一句行話：「時間就是金錢」。開慢車耗時又耗油，耗油多燒錢，耗時少賺錢，又怎能不鑽不開快？也最怕堵車，堵車寧願不去；因爲我們不能把時間窮『耗』在那裡。再說乘客坐計程車，大都是趕時間的；就是不趕時間的，也是一上車就希望馬上到達。乘客有這種心理，我們又怎能慢慢的開？開久了，他們就開始注意「跳錶」，嘴裡就說：「快到了嗎？」也許心裡早已在盤算車費多少呢！八月十六日以後，既計程又計時，對我們開車的，也許有利一點，也許不守交通規則、開快車的現象，也可能會減少了一點吧。當然，過去遇到示威遊行，堵在半路，進退不得，倒楣的是我們；以後就要乘客和我們一起來分擔損失了。像十五日，我們少數的一些同行，開車上街，遊行示威，又亂按喇叭，實在不好。所以我們認爲要示威遊行，應該侷限他們在新公園的廣場內，在那裡他們就是像瘋子一般的叫喊唱歌，也不會妨害交通，影響到別人。

每個人的心裡，都有苦悶；現在就是上帝也有挨人怨尤的苦悶，有了苦悶，就讓他去那廣場裡大叫大喊，發洩一下吧！

我們最喜歡載的是長途，到機場、外縣市、郊區，一趟就是一兩百元，多的五六百元；跑幾趟，這一天的收入全有了。不像短程，不知道要拉多少客人？有一些司機就不願意載短程的。我不會這樣，積少成多，有賺就行；開車「計程」，就是一公里一公里的算呀！我們這一行業，也屬於服務業的一種，應該不要計較短程、長程。

你談到像我們這樣亂開車，會不會出事呢？一年三百六十五天在開車，是不是危險性比較高？有一些藝高膽大的司機說：「只要拿捏得準，分毫不差，就不會出事。」拿捏不準，那出事的也就不少。車子毀了，受傷、死亡的也有。

我的一個朋友開車，有一次出了車禍，車被撞得稀爛，車蓋板就像一張薄薄的硬紙皮，被撞得凹了進去，幸好鋼樑撐住了它，沒有受到大傷，不過頭部也縫了十幾針，療養了一個多月，才告復原，但耳鳴得厲害，嗡嗡作響，聽到聲音，非常刺耳，當然也就不能開車，整整過了半年，才完全康復。又有一個倒楣的朋友，車剛停下，乘客剛下車走了，就被一輛越過安全島來的十輪大貨車撞扁了，人也被夾死在車內。原來那貨車的司機和朋友喝醉了酒，剛走出了小飯館，才上車開車，在酒醉意識不清中，控制不住駕駛盤，不知怎的，就由對街橫闖了過來，奪走了他寶貴的生命。當然，自己開車不留神，出車禍的也不少。傍晚時視線最不好，聽說有一個司機喜歡開快車，就在青田街一條巷口，撞上了一位中年教授；他把他送往臺大醫院急診。這位教授外表看不出什麼傷。但據醫生說：「他腦部出血，需要開刀。」結果是頭頂的腦蓋殼挖開，清理乾淨了淤血。這位教授有公保，不要肇事的司機出醫藥費；但這位教授有輕度糖尿病，恢復很慢，據說兩年後終於過世，留下妻兒四口走了。這位司機的內心歉疚之極，把計程車賣了，永遠不再開車了，但是也贖不回這意外事件所造成悲慘的結局！開計程車整天在道路上跑，出事的機率自然要比別人高！再加臺北的街頭，車子一天比一天多，眞夠你開。有人說：「能在臺北開車，隨你到那裡都能開！」最要緊的，還是要小心謹愼，不要爭先；保持距離，以策安全。晚間開車，尤其要注意前面的情況。

現在，油價降價了兩三回，計程費沒有降，反而要加價，消費大衆要上街頭自力救濟。有人說：「漢城的計程車費比臺北便宜多了。」但日本比我們貴多了；他們卻不說。我說車費貴不貴？要跟一個地區的物價指數來比，生活水平來比。是的，油價降低了，開車利潤提高了，但計程車也多了許多，我們實際的收入並沒有增加多少。即使增加了一點，但各種東西也都貴了；像五元的報紙，增張後要十元，就漲了一倍；房租也漲了百分三四十；況且現代人的生活開銷也多了許多。錢眞不値錢，不耐花，一千元大鈔，一下子就花光了；幾年前，一張花花綠綠的千元鈔票多有用！怎麼能怪我們要漲價呢！政府官吏，議會議員，消費大衆，當你們考慮勞務報酬、物品價格的時候，實在應該好好用腦筋算一算：什麼都漲了。像公教人員的薪水每年也都增加了百分之八。爲什麼計程車費不能讓它漲一點？白米價格不能讓它漲一點？「水漲船高」是非常簡單的道理。是的，我們的生活是比從前好了很多，但大家更好；比一比，我們也想更好一點，才公平啊！

你笑，是笑我太貪心吧！現在有錢的多有錢，像玩股票的，炒房地產的，開公司的，一下子暴富；政府應該對這些人多課一點稅。他們那像我們十元、二十元的賺呀，連老婆都不能娶半個呀！

我不結婚，跟車費高低多少也有點關係。雖說我自由慣了，不喜歡有家的拘束。一個人賺一人花，多舒服！有錢多花，沒錢不花。精神好，多開幾個小時；累了，就收車回家睡大覺。不必像那些有家有眷的，就得天天拼到三更半夜，回家還不得休息呢。

凌晨深夜開車最累，所載的大都是過夜生活的人。單身的女人上車時候，有些神經過敏的總用那懷疑的眼神看我們，常對送她上車的朋友說：「等下，我會打電話給你。」好像我們都是有問題的司機。在我們這一行業中，良莠不齊是事實。報紙上刊載計程車司機刼財刼色的新聞，寫的只是極少數的害群之馬，一粒老鼠屎壞了一鍋粥罷了。反過來，我們深夜載遠程客、少年郎，也是心裡怕怕。遇上惡客，時有所聞。幸運的，一天辛苦的收入被搶；不幸的，有的車子被開走，甚至賠上了生命。在深夜，有人攔車，我們也會衡量客人和地點，然後決定載與不載。

有一天午夜過了，行人已少，在中山北路有兩男一女招手。我緩緩在他們的身前停下車來，拉下了前車窗，就聞到熏人的酒氣，透窗而入。這三人都只十七八歲，男的流里流氣的，女的穿著新潮的，看來就是不良少年的樣子。問他們要到那裡？一個男的說：「北投吧。」我說：「對不起，我要收工回去了。」那知其中女的已拉開車門，坐進我旁邊的座位，笑臉迎人地說：「司機先生，拜託拜託。」那兩個年輕人也進了後座，一個仗著酒勢說：「媽的，有錢不賺。」我說：「實在對不起，我已經開了整整十五六小時，正要回家。」另一個說：「你不開；我們不下車。」就賴在車上。我心裡十分火，表面還是低聲下氣說：「有的是車，你看後面又來了一部。他可能順路，可以載你們。」他們這才十分不高興地下了車。不是我不肯載他們；深夜還在外面遊蕩喝酒的少年男女總不是什麼好東西。

大家都認爲開計程車最自由，本錢最少；有錢自己買一部來開，沒錢向車行租一部來開；只要有營業駕照就可以開計程車。老兵退伍、軍中退役幹這行業的最多。找不到好工作，來開計程車的也有。有犯罪前科、刑滿出獄、改過自新的，以開計程車爲業的也不少。開小公司、工廠失敗，暫時以此維持生計的也有。最近美國不景氣，在美國沒法待下去，在美國大學得了什麼柏克萊，什麼里克萊的碩士，回臺灣一時找不到適當的工作，高不成，低不就，也就開起「特洗」了。他們說起話，常常夾雜著嘿咯，OK；還說他們在美國時候，做過中國餐館的無味特，什麼美國公司的抹抹淚子！你說，不是「抹淚子」，是MANAGER的「魅力子」。啊，英語的魅力子就是國語的大經理。既然做了有魅力的經理，還回來開什麼車呢！眞是吹牛。不過，也可以看出現在我們這一行業，眞是藏龍臥虎，人才濟濟。也因爲開計程車的人多，收入大不如從前，所謂「計程車的黃金時代」，開幾年就可以有自己的房屋，可以娶妻生子，已經過去了。現在，我們最盼望的，是政府能夠在各地替我們勞工多興建一些廉價的勞工住宅或宿舍，賣給我們或出租給我們住。

現在，新的車資計算法，好像消費者付出要多一點，但大家要諒解，物價年年漲，車費貴一點，也是應該的。我們也要吃飯啊！方先生，我知道你常常發表文章。你說寫稿的稿費也很低，也想改行來開計程車。你眞會說笑話，寫稿只是耍耍筆桿，在紙上塗塗抹抹，哪有我們整天在這小車廂裏，轉動這又鈍又重的圓盤子辛苦啦，單調啦！你開兩天，就知道難受哇！開久了，腰酸背痛啦，三四十肩啦，痔瘡啦，都來了。希望你能寫寫我們的甘苦事、心中話吧！

（七十七年八月三十一日臺灣新生報）

纏我二十多年的痔瘡

俗諺說：「十個男人九個痔。」我不幸是其中的一個。從前痔瘡所以成爲男人的專利，實在是因爲過去的男人坐著工作的時間過長，壓迫肛門內外的毛細管或小靜脈叢鬱血擴張，以致引發「痔瘡」。這是痔瘡最常見的病因。專科醫生認爲「除此之外，長期便祕、直腸腫瘤、前列腺腫大、婦女懷孕、肝硬化、心臟病、腎臟病等也會造成痔瘡。」不過，由我兩次痔瘡突然發作深切的體驗，還可以補充醫學上的一點說法，就是「急怒驟憤」也會造成痔瘡的突發。

表面看來，我是謙冲溫和、文質彬彬的君子。其實，我火爆的性子不發則已，一觸發，就像晴天的霹靂火，難以自制。我第一次痔瘡發作，是在民國五十六年底，因爲和人爭執嘔閒氣，如火的憤怒在我的血管中鼓蕩激動，結果第二天肛門口的靜脈滲血，鬱結成了鴿子蛋大小的外痔，非常疼痛，無法安坐。當時，麗貞陪我前往圓環一家治痔的中醫診所，馬上實行切除手術。

當時的手術是十分簡陋的。醫生讓我屈腿側躺在一張靠牆的床上，附近燒著一盆炭火，炭火上燒著兩三把木柄的刀子。據麗貞告訴我手術的情形是：「你的外痔脹得很大，肛門的粘膜鼓鼓的，有雞蛋大，好像魚鰾非常嚇怕人。那位老醫生先在你的患部用紅藥水消毒，又打了麻醉針，用剪刀沿著粘膜的周邊快速剪了過去，血跟著流出，他就用燒紅的刀尖去燙它止血。」現在我彷彿還能記起自己的肌肉被燙焦時嘶嘶的響聲和煙味，可是當時並不感到有什麼痛楚！那醫生拿出圓圓的大小痔核有好幾個。「開刀口」，這位中醫師並沒有用藥線縫合，只用紗布塗上消炎藥貼上。他說：「讓它自己長出新肌，慢慢就會長好恢復的。」我每天前往換藥，經過二十三天才完全康復。當晚回到家裡，大概麻藥過去，開刀口痛得要命，徹夜無法安眠；又因康復的期間久，大便仍感痛苦，我也因此留下了對痔瘡開刀的心理恐懼的陰影。

經過這一次手術，十幾年痔瘡都再沒有發作，也就逐漸忘記了應該注意身體健康的道理，也因此引發了第二次急性痔瘡的發作。那是民國七十年間的事。第一屆中韓作家會議在台北召開，我國共提出三篇論文，籌備小組要我寫一篇《中國詩的寫作技巧與風格》，主要就我國古往今來的詩人中挑出最具代表性的詩人與作品，討論他們特殊的寫作技巧與不同風格。我挑了曹植、陶淵明、李白、杜甫、王維、李商隱、蘇軾和徐志摩八位，加以論述。全篇論文長達三萬三千多字，但因交稿的時間非常急迫，我連續不眠不休、坐著工作了四天四夜，平均每天睡四個小時，大腿坐到麻痺了也不覺得，眼睛充滿血絲也不在意。因此當全稿完成的時候，內痔也就跟著發作了，大便時覺得疼痛，大量出血，凝結的血塊就沾在衛生紙上。不幸得很，從此，痔瘡遂死纏著我不放，時好時壞。嚴重時到公保去看，醫生開些「益治康塞劑」，從肛門塞進去，症狀就減輕，但終無法根治，只能說暫時「緩解」而已。

於是許多患過痔瘡的朋友，給我提供治痔的意見。有的說開刀割掉。我問他：「復原時候會痛嗎？」

「當然會痛。」於是過去開刀痛苦的記憶又兜上心頭。有的說用冰凍。「怎麼凍呢？」他很難說得明白，冰凍治痔法也就不在考慮之列了。有個朋友說，他是一個中醫醫好的。那個中醫給他擦「枯痔散」，就好了。我說：「痛吧！我是最怕痛的！」他說：「不痛。報紙上時有這類廣告，你留意一下就可以找到。」治痔不痛，這值得好好考慮。

我的痔瘡繼續惡化，大便時常常脫肛出血。現在回想起來，那時我忍受力的確很強，而看病拖延的惰性也著實可怕，我總以「怕痛、工作忙、痔瘡死不了」做藉口，一再拖延了下去。終於有一天，我看報紙，看到了一條「中醫治痔」的廣告說：

保證塗藥，絕無痛苦，可照常工作，一兩星期即自動枯落。收費低廉。

我覺得這對我倒是蠻合宜的。麗貞說：「這可能是密醫吧！」我說：「只要不痛能醫得好我的痔瘡，管他密醫還是眞醫！」

這個醫生的診所是在後車站鐵道旁邊。我們好不容易按址找到，推門進去，首先映入眼簾的是：台灣許多名人的謝函和題字，這似乎能給病人一些信心。我心裡想道：「假使他眞能把我的痼疾治好，我也會給他寫一封推薦函，比起這些胡吹八噓的函字，可能要眞實些！」

這位中醫師問過症狀，就給我塗上黑色藥膏。他說這藥膏叫做「枯痔散」，包含枯礬、烏梅、硃砂、信石等等成份。用了一個多禮拜，我仍出血如故。這幾樣藥應該不值幾個錢，但他每一天份收費四百元。後來，他在我的肛門口點了一種藥，卻叫我痛了個把小時，三顆內痔完全突出到肛門的外面來，成了蠶豆大的水泡，大便時也不痛。我問他：「用的是什麼藥？」他不肯說，只說是單方，並且說：「繼續塗枯痔散，水泡裡的瘀血和水液流乾，就好了。」又過了兩個禮拜，並沒有像他所說的療效出現；他又給我點了一次這個「密藥」。這次可能量用多了一些，我馬上由肛門痛起，趕緊坐計程車回家。我躺在床上，四肢都覺得絞痛徹骨，足足痛了一整個下午。我想一定「藥物中毒」了，幸好沒有死掉。又塗黑藥膏，又兩個禮拜過去了，花了兩萬多元台幣，三個痔核才癟了下去，可是破口老無法癒合，每天早晨一大便就出血。

我讀醫學的書才知道：砷（砒霜）中毒時會使腸粘膜產生水泡，破後會流出水液。由這位中醫師給我點藥的反應現象，我懷疑跟「急性砷中毒」的症狀很相似。於是我查《中國藥材學》，才確定他治痔藥是用了毒藥「砒霜」。砒霜別名信石，有劇毒，中醫用以墮胎、治痔漏、蝕癰疽（皮膚癌）、氣喘等病，「用量」要是把握不準，就可能造成肝、腎的病變。後來我問這位中醫師，他支支吾吾了老半天，才承認他是用了「信石」。他又說中醫用「信石」治病的很多。我問他：「現在肛門的破裂怎樣收口？」可是他一點辦法都沒有。我只好去看西醫。西醫給我打了一針，使組織硬化，才停止出血。然而我的痔瘡卻並沒有因此痊癒，仍然時好時壞。公保醫生給我做過結紮痔核的小手術，腰部一時酸的厲害。醫生有時用小口徑長針，在內痔上，給我注射硬化性的溶液，使痔核收縮、組織硬化。但這些都是治標的治療，只能減輕一時的痛苦罷了。西醫說：「痔瘡要斷根，最好的方法就是動手術切除。」

我的痔瘡一直拖到民國八十年四月間，連續出血十天，因此打算學期結束時去開刀。終於在石光中大夫的催促與幫助之下，我在六月二十五日進了榮民總醫院，決心把多年的痔瘡割掉。萬萬沒想到在大腸鏡檢查之下，卻發現我患了能致人死命的「直腸癌」，二十多年的痼疾痔瘡卻一下子變成微不足道的小小毛病了！七月二日，在主治大夫陳維熊主刀之下，切掉二十三公分的大腸子。陳大夫告訴我，我患的是第三期直腸癌。

當然我的痔瘡的手術，也延後到了九月十日上午，仍然在榮總切除，由徐弘主任主持。從我進了手術房，醫師替我注射局部的麻醉針，割開粘膜表皮，挖出痔核，到再縫合開刀口，整個手術的過程大約不到十五分鐘，沒有什麼痛感。直到了下午，才有點隱隱的痛。第二天我開始泡溫水坐浴，每次十五分鐘，一天坐浴好幾次。第四天上午就出院，帶些止痛消炎、消腫軟便的藥。回家坐浴時流出一些縫口的棉線和血液，傷口的腫塊漸漸消下去，一個星期傷口完全癒合。眞沒想到西醫的「痔瘡開刀」是如此的簡單，早知這樣早就應該去醫院開刀了。

現在回想了起來，痔瘡這一種小小的毛病，卻演變到了這樣嚴重的地步，這都是由於我的愚蠢無知與怕痛心理，再加上急躁的性子和平日不知注意身體的種種因素，終於造成這纏綿二十幾年痔瘡的痛苦！

直腸癌並不是絕症

我的生活既平淡又規律，天亮起牀，夜深睡覺，不抽菸、不飲酒、不打牌，最愛水果蔬菜，少喫雞鴨魚肉，生活十分正常。營養專家總是叮嚀人說：喫多了高蛋白、高膽固醇的食物，小心腸癌纏上你。像我這樣的淡泊無欲的人生，怎麼說都不應該罹患三期直腸癌。

不過，橫禍不會平白飛來，一個惡性腫瘤的形成要好幾年。客觀探討自己的成因，大概有三點：

第一、因爲脾氣不好，生氣時候，我心中的怒火時常激動到腹痛腸裂。記得二十八年前，有一次跟人爭執，忿怒難抑，肛門口立即血管破裂，滲血鬱結，成了鴿蛋大的外痔，坐立疼痛，次日即行切除。

第二、因爲痔瘡緣故，我寫稿時候經常一坐幾個小時。有一次，三天三夜不眠不休，寫了一篇三萬多字論文，十年不發的痔瘡又再復發，宣讀論文時候就大量出血。以後十幾年，內痔一直纏身，時好時壞。後來我進了榮總開刀，認識一些直腸癌的患者；他們大多數患有痔瘡。

第三、因爲壓力沈重，跟出版家訂約撰寫限期完成的專書，對我的精神常常形成沈重的壓力。醫生說：壓力是引致腸癌一種主要的因素。和我同時住院的一個年輕朋友，他說他才三十出頭，每天工作達十二小時。他的大腸裡長了一個雞蛋大的腫瘤。

民國八十年六月二十四日，我因割治痔瘡住進榮民總醫院。當晚，做直腸鏡檢查，姜子愷大夫懷疑我可能患了直腸癌。第二天，陳維熊大夫又替我做了一次直腸鏡檢查，又掐走一丁點腸肉，說要做病理切片檢查。當時心裡的震撼實在難以形容。醫院楊順芬護士來跟我講話，她問我過去有沒有什麼不舒服？像體重減輕？時感疲倦？腹脹腹痛？噁心嘔吐？有沒有便秘、瀉肚子？糞便有沒有血絲或黏液？大便有沒有變形變細？她所問的這些都是直腸癌可能有的症狀。我說全部沒有，只有大便時候，痔瘡時常出血。她說：「便中帶血，是直腸癌主要的癌狀。大便磨破腫瘤也會出血的。直腸癌早點開刀都可以康復的。」她的問話，使我想起我的學生郭乃禎的先生石光中大夫，大概由我症狀早就懷疑我患的是腸癌不是痔瘡，所以逼促我趕快住進醫院檢查治療。不過，我的心裡還是希望這次切片檢查沒事，那就好了！

二十七日下午五點多鐘，陳維熊大夫和石光中大夫一起來看我，告訴我第一次切片檢查已經證實是腸癌細胞。二十八日第二次切片檢查報告也出來了，仍然是教人絕望的癌症。他們非常坦白地告訴我開刀後可能發生的各種情況。內人麗貞知道這個消息，心裡的難過可想而知。在手術之前經過各種檢查：驗血、照胸部和腹部X光、做心電圖、做腹部超音波掃描。

開刀前三天就開始限制飲食，六月二十九日只能喝流質食物，像米湯、果汁、藕粉、豆奶。三十日開始灌腸。七月一日，完全禁食；下午四點多鐘，喫蓖麻油，大瀉；晚上又灌腸，十二點後連開水都不准喝了，這樣開刀後就不致發生嘔吐。

七月二日上午八點半鐘，我進手術房，被推到設備非常現代化的手術室。大概八點四十分開始動手術，醫師站在手術檯兩邊。我身上穿的手術衣已被脫掉，他們在我赤裸的身上，上下左右，蓋上了四片厚重的手術布，只露出腹部，塗擦消毒藥水，冷冷冰冰的。這時，麻醉小姐在點滴的玻璃瓶下的塑膠管，加打了一針藥水進去。不久，我就什麼都不知道了，好像一切都靜止不動了。待我醒來，已經睡在病牀上，身上蓋著一牀薄棉被，而且插著許多管子。麗貞、二哥，還有學生劉惠蘭、翁子雯出現眼前。醫院裡工作人員把我推回病房，已經是下午四點五十分。麗貞說：「你在裡面整整七、八個小時，叫人焦急死了！」第二天早上，主治大夫陳維熊大夫來巡房，告訴我說：「手術進行了四個小時左右，割掉二十三公分腸子和一些淋巴結，留下八公分直腸，和上面大腸接好。肝，我觸診過，沒有問題。另外，我在你的肚臍眼右方，做了一個暫時性的人工肛門，讓大便暫時由這裡排洩，待下面腸子長好了，再裝回去。」

手術後，每天上午陳維熊大夫來巡房、看望、開藥。護士小姐按時給我加藥、換點滴、量體溫血壓。實習大夫每天替我在刀口上擦優碘換新紗布。直腸科徐弘主任每天帶著實習學生巡視各病房，對學生做簡單的解說。我也因此認識了徐弘先生。

到七月五日下午四、五點鐘，開始排氣放屁。護士小姐說：明天中午可以進食了。六日，陳維熊大夫來，說：「病理檢查已經出來，切下的腸子兩頭沒有癌細胞，不過淋巴結上有兩個已經受到感染。本來我以為你是零到一期，現在看來是第三期，出院之後要繼續回來做化學藥物治療——就是要打『抗癌針』。假使癌細胞沒有轉移到腸外，就無須打針。」

後來，我才知道腸癌分做四期：第一期癌細胞只限在腸壁上的黏膜或黏膜下層。二期癌細胞已侵入腸肌肉層或漿膜層。三期癌細胞已透過腸壁侵入腸外的淋巴腺。四期癌細胞已轉移到附近的其他器官，如肝、肺、膀胱……。癌細胞到了腸外，不知道牠有沒有跑到別處？所以要打抗癌針來消滅牠。

七月四日，陳維熊大夫來看開刀口，他覺得很好，隨手替我拔掉鼻胃管，鼻子一下子輕鬆了起來。

醫生和護士都叮嚀要多多翻身，摩挲腹部，半躺半坐，下牀走路，使腸子蠕動，體能才能恢復正常，放了屁才能進食。麗貞推著點滴的架子，陪著虛弱的我在走廊間慢慢走著，每次走兩圈就支持不住。六、七天只靠點滴補充水分和營養劑，維持生命。上下嘴唇都缺水而乾裂脫皮，麗貞不時給我用棉棒蘸水來潤澤它。到五日入夜後排氣，所以六日中午開始進食。

我的情況日見進步，八日實習楊醫師幫我拔掉肛門邊引流管，現在可以平躺著睡覺。九日，楊醫師幫我拆掉開刀口上的一半線。十日上午又拆掉另一半線，拔掉導尿管；下午終於小便。

七月十一日上午，出院回家。出院之前，護士小姐抽空來教麗貞，如何換人工肛門口上的人造皮，如何扣上塑膠袋，麗貞又在附近醫療用品店買了些人造皮和塑膠袋。陳大夫又開了一些藥讓我們帶回去服用。

我住院前後十八天，體重減輕了六公斤，身體很衰弱，走路時連腰都撐不直。回家後的調養是非常重要的，所以要特別注意飲食營養。

後來，我又進榮總動了兩次手術：一次是九月十日上午把痼疾內痔割掉，大概花了十五分鐘，住院四天多。一次是十月十八日，把暫時的「人工肛門」的造口裝回腹腔裡去，手術不到一小時就完成了。這兩次手術都是由徐弘主任主持，還有劉道臺兩三位醫師，這次住院九天。經過三次手術，腸子的外科手術治療，是徹底解決了，痔瘡也治好了，排便也恢復正常，完全由肛門自己大便了。

後續的治療只有「化學治療」一項。所謂「化學治療」就是要打抗癌針。我的化學治療，仍然在榮民總醫院，由血液腫瘤科劉俊煌大夫診療，一共有六個療程。第一個療程，一天一針，連續五天。以後每一療程是每禮拜打一針，打完四針，休息一禮拜，再繼續打。每次打的都是兩種化學針劑：羅氏有利癌（5 Fluorouracil）700mg，和留可福林（Leucovorin，一譯爾可福鈣）30mg，還有一瓶500cc葡萄糖液，這是我一次注射的分量，另外劉大夫還開一些其他的藥，如增強免疫力的或避免噁心嘔吐的藥。這種化學治療，從手掌背的靜脈血管注射進去，隨著血液流到身體各個部分，去撲滅殘餘的癌細胞，以免癌病復發。羅氏有利癌（5FU）是治腸癌、乳癌的藥劑，能使癌細胞吸收它，然後遭到摧毀，但同樣的也會破壞人體的其他細胞，引起反應，因此有強烈的副作用：噁心嘔吐，脹氣腹瀉，頭髮掉落，全身痠痛，出血搔癢，有時還會發燒，白血球數降低，抵抗力減弱，容易感染其他疾病。最可怕的是心情也會轉變，煩躁感傷，情緒低落反常，甚至想自殺。——這種抗癌針的分量、打針次數與方式，完全由大夫根據你的體重與情況來決定的。這種化學治療是極其痛苦、難受、不舒服的，不是這篇短文所能描述得盡，所以病者必須自己堅強忍耐，樂觀曠達，照顧病人的親人也要有耐心地照顧他，原諒他，包容他，這樣才能排除病人極度沮喪的心情，才能慢慢挨過長期的化學治療。

我從民國八十年七月三十日開始化學治療，到八十一年三月二十日打完最後一針，六個療程一共打了二十三針。我的反應比常人輕一些。但當劉大夫告訴我不必再打了的時候，心情一下子輕鬆了起來。

身體的逐漸恢復健康，除了手術藥物治療之外，還得靠飲食的控制，營養的補充。一般的男人體重每一公斤，每天需要蛋白質一克、熱量四十卡，女人三十五卡。癌症手術後，需要蛋白質一·五克，熱量四十五卡。手術後作化學治療（或放射線治療）的，需要蛋白質二克，熱量五十卡。要是受到感染，發生其他毛病，就需要蛋白質二·五克，熱量六十卡。可以根據自己病前的體重加以計算。像我的體重六十二公斤（開刀後五十六公斤），每天就需要蛋白質一百二十四克，熱量三千一百卡。這樣才能使好細胞更生，體重恢復。此外，在化學治療期間，要大量喝水，總計每天要三千CC（約十五茶杯）的水分（包括開水、果汁、肉湯、稀飯、飲料、牛奶、雞精、養樂多，還有打抗癌針的葡萄糖液在內）。

因此，當時我喫的都是高熱量、高蛋白的精緻食物。早餐包括一瓶雞精、一小碗麥片粥、兩片吐司夾肉鬆，還有一個蘋果。十點鐘一個布丁（或養樂多）。午餐和晚餐都是一碗乾飯、一碟魚、一碗清燉肉湯（雞肉或牛肉或排骨三、四小塊）、一碟蔬菜和一個蘋果。下午三點鐘又喫一個小點心（布丁或果凍）。晚上睡覺前，又喫一瓶雞精和麥片粥。量不要多，但要多餐。而且要避免喫油炸物、花生、果仁（會使大便變硬）、椰子、生菜、薯片（會使大便變爛）、刺激品（菸、酒、咖啡、茶、辣椒、胡椒、咖哩、冰涼飲料）。蝦、螃蟹、鴨肉、鵝肉，比較會發，要盡量不喫。假使皮膚出疹，連番茄、香菇也不能喫了。因此，我的身體恢復得很快，體重也很快恢復到六十二公斤。

化學治療結束後，就是八十一年四月間，我又到榮總直腸外科做一次追蹤檢查；驗血（CEA檢驗），照胸部、腹部X光，做超音波掃描肝、膽、攝護腺，大腸鏡檢查，結果非常完美。

從八十年七月二日，第一次開刀切除大腸到現在，已經整整兩年六個月，過去種種治療的痛苦都成過去了。麗貞說：應該感謝上帝！我卻認爲應該感謝榮總的那幾位悉心爲我治療的陳維熊、徐弘、劉俊煌、劉道臺、姜子愷大夫，還有許多照顧病人的護士小姐和護士長。在三次入院看到的感受到的，他們都是德術兼備的好醫生，她們都是盡心負責的好護士，榮總應該可以說是一所好醫院。當然，我最感謝的還是我的妻子麗貞，假使沒有她的照顧，我不會康復的那麼快；還有我的學生郭乃禎和她的先生石光中大夫，假使不是他們的關懷、催促與幫忙，我可能還是會拖延下去，而耽誤了及時治療，到了第四期要治好也就不容易了。

由這一次重病，使我深深感受生命的可貴，生前要好好利用寶貴的光陰，多做一點事，免得走了後悔。生了小病，趕緊治好；假使我早割了痔瘡，也許就不會衍生出什麼直腸癌啦，要受那一大籮的病苦。還有平常生活也該放輕鬆一點。不要以爲年輕，過分忙東忙西，給自己平添沈重的壓力，緊綳的線是很容易折斷的。壞脾氣也得改一改，怒火中燒，會燒爛五臟的，難怪有不少政客中風死亡。還有不幸罹患上癌症，應該抱著「凡人皆死」的鐵律，安心去治療，能治好多活幾年，不能治好也就算了；不然，日夜自己擔憂，嚇都會把自己嚇死，又怎能對付頑強的病魔與黑暗的死神呢！癌症在今天，並不是什麼絕症！

（收於一九九四，六月　丁華華、蔡文甫編《找對醫生看對病》中）

讀書樂

許多人約我寫文章講演，總要我談一談讀書的經驗。我想這大概是我別無什麼長處，只喜關起大門來讀閒書！談起讀書，我的確可以像現今的政治人物一樣的，寫一部《方祖燊別傳》。我想雖不能流聲後世，當亦可聊堪自慰！明人楊循吉有詩說讀書的好處說：「當怒讀則喜，當病讀則痊。持此用爲命，縱橫堆滿前。」麗貞常常對我說：「你能不能把到處亂堆的書整理乾淨！」

難忘「不讀書，不如豬」銘言

說起讀書應該追溯到我七歲的那年，父親送我進鄰近的一所私塾，但我只讀了一天，第二日就不願意再去上學了。不去上學，當然有我正當的理由；因爲那個下巴長著山羊鬍子的老師，喜歡用又厚又沉的戒尺打學生，書背不出來打手心，字寫不端正打手心。年長的同學的手掌都被打得紅腫。當然，我並沒有挨過一下，課文長也難不倒我，溫習兩三遍就能朗朗上口，背誦如流，只是看人打，嚇得心驚膽破，第二天死也不肯去上學，最抱歉的是害得父親一天就花了一塊銀元的束脩。但這一塊銀元也不算白花，從課文中學了一句「不讀書，不如豬。」這是我終身難忘的一句銘言。蠢豬最沒有大腦，人不讀書，確是比蠢豬還要蠢。人之所以聰明，成爲「萬物之靈」，能夠發明各種東西，甚至登陸月球，旅行太空，這都是因爲人懂得「讀書」、努力讀書的緣故。

我喜歡讀語文的書是從小學三、四年級開始，那時我迷上了「連環畫」。它的上半頁三分之一是密密麻麻的文字，下半頁三分之二是繪製生動的圖畫，《三國演義》、《水滸傳》、《西遊記》都被改寫成連環畫，在小書店出租，一個銅板可以租五、六本，因爲看多了連環畫，自然認識了許多生字，也記熟了許多故事。我認爲無形吸收比有形死記更重要；因此，我讀書常常採取快讀和略讀的方式，缺點是我不會背誦，優點是我可以學得很多。這種讀書的方式是由看連環畫來的，一個晚上可以看上好幾本。我的閱讀能力也大大提高，可以看家裡的藏書。白天躺在床上看《聊齋誌異》之類的舊小說，半懂不懂，生呑活剝，看了不少。入夜，不免夢魘驚魂，常常被壓得喘不過氣來！

學海揚帆，用心划槳

小學四年級，我就離開故鄉，過著東飄西蕩的生活。初中唸了三所學校，實在記不得讀國文有什麼心得。不過，有一點值得稱道的，也是跟現在學校的國文教育不同的地方，就是那時的老師從不要我們強記一個字、一個詞的解釋。記得我的孩子讀小學的時候，時常在家裡背詞義，說：「黑點就是黑色的點。斧頭就是砍竹木的工具。」眞是越讀越糊塗也越難解。我們那時讀國語，斧頭就是斧頭，黑點就是黑點，管它怎麼解釋？只要會用就行呢。老師對一篇文章的主題與好處特別注意，常加講解。譬如謝婉瑩的〈蓮花〉描寫兩枝蓮花在風雨中掙扎相遮。老師就會特別告訴我們：冰心這篇文章的主旨是在讚揚那種困境互助的精神。譬如屠格涅夫的〈麻雀〉描寫他帶著一條大狗往前走的時候，剛好有一隻小麻雀被風吹落在大狗的面前，正在這千鈞一髮之際，一隻大麻雀如一塊石子，從樹上飛投到大狗的鼻子前，全身發抖著，擋住了大狗的去路。老師就會說：「你看他描寫母麻雀那種奮不顧身、犧牲自己去援救小麻雀的親情，是多麼的感人！」每一篇好的文章都應該有一個有意義的主題，來表現你的思想和感情。

到了高中時代，我一個人在福建永安唸書，沒有什麼可以排遣日漸深濃的鄉愁，也沒有什麼可以忘卻思親的情懷，閒暇時只有到書店坐在長板凳上看書。這時，我讀了許多新詩、散文、小說和劇本。我記下其中優美的詞藻，特別的情思及感人的內容。

到了進臺灣省立師範學院的時候，福州淪共，經濟來源斷絕，我爲了賺零用錢，開始寫作，向新生報、自由青年、野風投稿，「詞到用時方知少」，常覺辭不達意，因此開始做分類蒐集詞彙的工作。怎樣蒐集呢？就是在閱讀名家作品的時候，看到某些詞就把它按類記進小筆記本裡，譬如描寫「看」的動作，有見、瞧、瞟、眺、望、視、睹、覽、觀、瞄、飄、窺、窺伺、探望、相見、凝視、遊覽、瞻仰、高瞻遠矚，皆「看」也。這有點像《爾雅》的字書。應用的時候就翻開筆記本，找最恰當的詞用上。還有養成查詞典的習慣，遇到缺詞的時候，我就翻查詞典，一個一個地找出我所要用詞。我還利用「構詞」的方法來增加詞彙。大家都知道：詞是由字組成的；所以在一個字的上面或下面，加些別的字，就構成了新詞。譬如：在「黃」字的下面加「鳥」就成黃鳥，加「魚」就成黃魚，加「山」就成黃山，加「河」就成「黃河」，在上面加「蠟」就成蠟黃，加「鵝」就成鵝黃。因此，我的詞彙增加了許多，說話、寫東西的時候就不怕無「詞」以應了。

組織細流詩歌研究社

這時，我和寫新詩的同學子敏（林良）、童山（邱燮友）、陳慧（幼睿）、鍾露昇、馬森、皮述民等二十多人，在師院組織了一個「細流詩歌研究社」，常常聚會討論寫作新詩的方法。對於詩的音節、押韻、語言和意境等等問題，大家都儘量發表自己的意見。記得子敏曾經告訴我：你要想把新詩寫好，需要靠平常訓練，要儘量把話說得像詩一樣的美，訓練久了隨口說出來的話，就是「詩」。因此，我說話就儘量把它說得美一點；說「雨」不說雨要說煙雨，說「暗」不說暗要說昏暗，一定要「暮色昏暗」，「煙雨濛濛」，這才夠詩味兒。詩人兼戲劇家莎士比亞的戲劇全集（朱生豪翻譯的），我一本一本把它讀完。《羅蜜歐與朱麗葉》說的話，那時都記在心扉！啊，一說話不是：「美麗的暴君！天使般的魔鬼！」就是「披著白鴿羽毛的烏鴉！豺狼一樣貪殘的羔羊！」現在回想起來，自己也覺得十分好玩。因此，也寫下一些像「我要忘掉妳，像忘掉一朵要忘掉的花」之類不知所云的情詩。

大概也因此，在國語日報辦報的，像梁容若、齊鐵恨、何容幾位老師知道我的文字，尚堪造就。民國四十一年一月底，我踏出了校門，二月一日就進入國語日報社擔任編輯，跟梁容若、齊鐵恨兩位老師編輯《古今文選》，專門選注古今中外的名家各種作品，給加上題解、分段、標點、注音、解釋、語譯，還有介紹作者事蹟與文章背景，有時還寫些欣賞分析的文字。五十一年六月，我繼梁、齊兩位老師之後，爲文選主編。至五十七年三月辭去編務，前後十七年。從這個長期語文工作的經驗，我深深體會到讀國文不是那樣的單純。

如何讀國文話說心得

我們讀國語、國文的目的，最主要的不外兩點，第一提高自己閱讀的能力，以吸收各種知識。第二提高自己寫作的能力，以表達情感思想。我認爲要想達到這兩種目標，讀國文的時候要注意下列幾點。

一、字音要讀得正確：不會讀的馬上查《國語詞典》，千萬不要偷懶，務要養成咬音正確的好習慣。特別要注意破音字，譬如：銀行、德行、行爲的「行」字的音讀，都不一樣，要切實注意。

二、字形要分辨清楚：把「音響」寫成「音嚮」，把「生薑」寫成「生姜」；不管是形近而誤，還是音近而誤，主要都是對字形的辨別不夠認眞。要糾正這種毛病，最好就是查字典，查過一次兩次，就會永遠記住。

三、字義要徹底理解：這可以查看課文後面的注解。雖不要死背，但必須瞭解。這樣寫作文章的時候，自然不會有用詞不當的毛病發生了。

四、思想性的文章，注意吸收他的精義，提升人生的境界；感情性的作品，應該採擷他的摯情，作爲心靈的涵養；也可以作爲抒發自己的情思，描寫生活與社會的動力。

五、文學作品因爲體裁與種類的不同，寫法也就不同。我們知道詩歌比較講究音節、押韻、詞采、意思、境界之美。小說比較注重主題的表現、情節的安排、人物的描寫、故事的敘述。戲劇除主題情節、人物造型之外，還要注意對話寫得動聽感人。散文要特別注意句子長短、文詞修飾、結構緊鬆、體裁不同、情調諧和、語氣變化的形式，以及所寫的人事、景物、情思的內容等問題，還有文章所顯示的主題——作者的人生觀、生活與知識經驗，甚至作者所處的時代背景與社會情況。當你讀國文的時候，這些都要切實地留意，仔細品味欣賞，那作品的佳妙，自然就可以領略了出來。

如何讀國文？自不是這三言兩語可以說得完的，這裡只是就我個人平日讀書寫作的一些方法，加以介紹說明，對於年輕的朋友也許有一些地方尚可值得參考。

八三年四月二十一日《中央日報·中學國語文》

談臺灣青年的留學與歸國服務

「人才，國之瑰寶也。」沒有一個時代不注重人才的培育與造就。清末國勢積弱，仍利用庚子賠款挑選青年學生前往美國留學，一屆就有幾十人，像梅貽琦、胡適就是：也有由各省政府各縣同鄉會資助出國留學的，像白逾桓是竟陵縣人，該縣按時寄錢津貼留日私費生；也有自費出國留學的，像蔣經國留俄就是；也有因參加革命流亡國外而順便留學的，像宋教仁留學日本就是；也有由學會組織青年學生出國留學，像周恩來就是。因此，造就了政治、經濟、軍事、外交、文學、科技各方面的人才。那時以留學日本最多，當一九〇五年七月底，孫中山先生前往東京，創立中國同盟會的時候，中國留日學生有兩萬多人。其次留學美國、法國、英國、德國，像留學美國的詹天佑，平綏鐵路最艱鉅的一段就是由他設計的。

臺灣留學政策的演變

臺灣光復之後，頭幾年並沒有很可靠的出國留學資料可考。實由於戰後經濟凋敝，教育落後，外滙短缺，能夠自費出國留學的人不多。一九五〇年六月，韓戰爆發，這年有學生二一六人（男一三二人，女八四人）出國留學，去美國的有二一三人。當時能出國留學的，只有大專院校畢業的學生，他們須經過教育部核准，並通過教育部舉辦的「留學考試」，或經「留學甄試」及格，才能出國。

從此以後，出國留學的人數逐年增加。根據中華民國教育部的統計：從一九五〇—一九六〇年，平均每年約有四〇〇人；一九六一—一九七五年平均每年有二、〇〇〇多人；中間一九六九年，更高達三、四四四人。一九七六年，政府放寬了留學政策，廢除「國外留學甄試辦法」及「自費留學考試」，發布「國外留學規程」，只要合乎規程所訂的各項規定（如經過托福考試，取得留學學校的入學許可，留學國家的簽證，辦好保證、入出境護照及結滙），就可出國留學，而不必再經過一次留學考試篩選的過程，因此自費的留學生人數就大量增加。近十多年來，臺灣經濟突飛猛進，在一九七二年九月開始九項建設（開闢南北高速公路、臺中港、蘇澳港、北迴鐵路、石化工業、高雄大鋼廠、大造船廠、鐵路電氣化、桃園國際機場），投資六四億元；再加上增設許多大專院校，需要大量人才；而且國民平均所得日漸提高，影響所及，一九七六年就突破每年三、六四〇人之關，到一九七九年約達五、八〇〇人，一九八六年則超過七、〇〇〇人。一九八九年的上半年有三、九〇〇人，全年總有八、〇〇〇人左右。自一九五〇—一九八九年的上半年，總計四十年來臺灣出國留學生人數共一一六、二六二人，分布五大洲共五〇個國家；其中美國最多，共一〇三、五九〇人，佔留學生人數的八九%，其次是日本，有五、〇九四人，再其次為加拿大、德國、法國，各有千多人，英國也有五〇〇多人。一九八九年的下半年至一九九四年的上半年，自費留學不須教育部核准，因此這五年沒有資料可考。每年約七、〇〇〇人，五年三五、〇〇〇人，那麼臺灣從一九五〇年到現在一九九四年應該有十五萬人出國留學。

爲甚麼這十幾年來臺灣出國人數增加得這麼快?究其原因，有下列四點：

1.國民收入大量增加，父母便有錢資助孩子深造。

2.社會日漸重視高學位，要進大學教書的，現在都須具有博士學位。

3.專門人才需求日殷。

4.最主要的一點是放寬出國的學歷與年齡的限制。一九四八年，美國天主教贈予臺灣高中畢業生全額獎學金。一九五〇年，教育部決定，凡高中畢業學生獲得國外大學四年全部獎學金，經過留學考試及格，准許出國留學。到一九五六年，高中畢業生可以出國留學的辦法廢止。一直到一九八九年，留學辦法大大放寬，不限學歷年齡，女孩不需服兵役，加上國內升學競爭激烈，考大學困難，因此許多父母把孩子送往國外讀中學、大學，叫做「小留學生」。去年，我到美國旅遊，聽華僑說單是加州（舊金山、洛杉磯等地），臺灣小留學生就有一萬人。

臺灣學生出國留學大部分是自費的，在一九六〇—一九九二年，公費留學生只有一、五六〇人，平均一年不到一〇〇人。公費留學生學成之後，必須回國服務，自費留學生則可自由選擇，因此留在國外工作的也不少。

臺灣留學生為甚麼偏愛美國

臺灣留學生偏愛美國的原因，有下列三點：

1.美國是個自由民主、富裕安定、土地廣大、謀生容易、科技先進、民族多元化的國家。留學生到美國容易找到工作或拿到獎學金，也可兼任助教，因此可以減輕父母的負擔，畢業後也容易找到理想的工作。生活自由，大學環境優美，再加上工作環境與研究設備完善，只要你努力，就可以有成就，可以過著安定的生活。

2.臺灣是一個海島，地方小，人口密，年輕人自然富有一種向外發展的族性，尋找廣闊的生活空間，美國自然是一個理想的地方。加上臺灣從國中到大學，「英語」是必修的課程，到美國去留學，語言文字並無障礙；況且臺灣教育發達，學生的數理化基礎紮實，到美國讀理工科學，容易適應，成績往往比當地學生好。

3.臺灣和美國的經濟、貿易關係非常密切，臺灣各界的領導人物，有許多也是留學美國的。

臺灣學生到外國學習的主要科系：男生讀工程最多，其次爲自然科學與社會科學；女生以讀商業及管理最多，其次爲人文科學及醫藥衛生。其他像教育、藝術、法律、農業等類，還有美容、觀光、餐飲……也有人攻讀。

男女留學生人數的比率方面，在一九五〇－一九七一年約二比一；一九七二－一九八九年接近三比二。可見臺灣女生出國留學深造的也很多。

臺灣留學生回國工作的情況

大專畢業學生出國留學的目的，旨在提升學問與能力；在政府立場，當然希望他們學成之後，能夠回國服務，建設國家，但自費留學生學成之後回不回國，牽涉到工作的條件，如待遇、職位、研究環境，以及能不能夠發揮所學等種種問題。

臺灣留學生回國是有階段性的，一九五〇—一九六九年，臺灣國民平均所得仍然很低，國外待遇高，找工作容易，這二十年間回國與出國的留學生平均比率大概是七%。一九五〇年最低，只有二·七%；一九五八年最高，有一三·五%。

一九七〇年外交開始逆轉。七三年開始九項建設，而到了一九七四年因中東石油危機，世界各國經濟倒退，景象蕭條，臺灣雖受衝擊，仍安然渡過，國民平均所得達到七〇〇美元，在亞洲僅次於日本，以後國民所得逐年不斷提高。一九七〇年留學生回國與出國比率是一九·七%。一九七四年以後，臺灣經濟發展一天比一天好。一九八二—一九八六年，留學生回國比率高達廿三%以上，突破一年一千人。一九八六這一年就有一、五八三人，出國留學生也突破了七千之數。

近幾年回國服務的留學生更有快速增長，主要是臺灣待遇提高、生活改善、政治民主、言論自由都很吸引人，一九九一年就有三、二六四人回臺服務，前年一九九二年更高達五、一五七人。當然這跟近來世界經濟不景氣有關；尤其是美國，一九九二年回臺灣的留學生有四、六七六人，佔回國總人數的九〇%。

一九五〇—一九九二年，臺灣回國服務的留學生約有三二、六七六人，與出國留學生的人數相比，約佔二四%。

臺灣留學生回國之後，早期多在政府機構、大專學校任職；後來進入公民營事業機構、民營其他服務事業，還有專門研究機構；這幾年則以公民營事業機構、其他服務事業、大專院校、研究機構為順序。當然因為回國的留學生多，要想找到學用相符的工作，也就不太容易了。

我去了美國一趟，覺得令國外的留學生最感困難的，大概有下列幾點：

1.美國大學的學費較高，尤其是外籍的學生。如果沒有獎學金，不能減免學費，要從大學唸起，負擔就極沉重。唸碩士比較簡單，因為時間短，修的學分不多，學費比較有限。唸博士動輒四、五年，負擔自然沉重，要打工來賺學費的，畢業時間就要拉長。

2.中國學生的外文能力，當然比不上當地學生，要想得到獎學金，就得加倍用功，常常讀到深夜。

3.美國雖說是種族多元化的國家，但中國人在白人世界中仍是少數民族，在婚姻、社交、工作方面，都不容易拓開。女留學生嫁白種人的很多，白種女人嫁給中國人的卻不多，社交的圈子自然受到限制，工作的升遷與保障也不如白種人，要裁員先裁的自然是少數的民族。

回國留學生找工作的渠道，大概有三方面：

1.在行政院下面，設有「青年輔導委員會」，專協助青年解決就業問題。公私機構需要人才、人力，可以向該會登記；留學生要找工作，也可以向該會申請，該會便寄上相關的機構資料，由留學生自己去應徵。該會有時也會主動替學生推薦工作。

2.根據報紙「求才」廣告。

3.親友介紹工作。

臺灣留學生的回流，現在還不太感覺到嚴重性，因為這幾年「六年國家建設」正在進行，而且對外貿易的觸角，已經伸展到歐洲、中南美、南非、東南亞，還有國內職業分工日漸專業化，需要更多各方面的專業人才，所以還可以消化回國留學生，只是某方面可能已有人才過剩的現象，某方面仍嫌不足。

結語

一個開發中的國家需要許多專門人才參與建設工作，即使先進如美國的國家，也需要許多外來的傑出人才替她工作，才能成為超級強國。重用「客卿」，早見於戰國時代李斯的〈諫逐客書〉。更何況現今社會，各種知識爆炸，科技一日千里？如何使留學生樂意回來工作？這是值得我們好好深思熟慮的。

（一九九四年九月香港《現代教育通訊》第三十一期）

從《水滸傳》的九紋龍談世界各地的紋身畫

《水滸傳》王進看見一個後生一身青龍，拿一條棒在使。這個只愛刺槍使棒的後生，不務正業，把他母親逼得氣死了。他請高手匠人給他自己刺了一身花繡，肩膊胸膛，共有九條龍。大家叫他「九紋龍史進」。在日本江戶時代的武士浪人，也喜歡在身上刺起各種花色圖樣，不但男的在肐膊、在背部、在胸膛上刺，連女的也刺。在日本的「浮世繪」畫圖上，可以看到穿著華麗衣服的武士，在露出肐膊上刺著兇猛的龍，多彩的櫻花；在賭場中坐在他他米上，猛搖著骰子的蓋筒的女人，在露出肩膀上也刺著一些花朵兒。現在日本黑道，還有些人物喜歡刺青。日本武士浪人喜歡紋身，不知道是不是跟《水滸傳》傳入了日本有關係，受它影響。

過去，我住在永和的時候，有個賣水果的年輕人，個子瘦矮，右肐膊上就刺了一條青龍，因此常被誤認爲不良份子，而被請去問話。其實他做生意還蠻公道的，可是大家對他總是怕怕的，因此水果經常在推車上爛掉，也沒人敢買。我問他：「幹麼，刺青。」他說：「過去，歹人常欺侮我，刺了青就沒人敢惹我呢。」原來「刺青」還有這一個妙處，可以張膽嚇人。

讀明人王脩《君子堂日詢手鏡》說：海南黎族的風俗，無論生男孩女孩，生下三天，就找畫家在頭面、肩膀、頸部、手腕、膝蓋、小腿、肚子和背上，可以說是全身都畫上各種花紋及八寶，然後再用細針挑刺出血，搽上青靛花彩，過了三四天再洗去，則花宛然，斷續地方再刺補上，一生不滅。巨族大家，以此相尙。傭賤階層，既不敢，又無錢可以請人刺青。

紋身的風俗在全世界大多數地區都曾經有過，大概只有黑人沒法刺青紋身。紋身有些人認爲可以去災避邪，也有是用以顯示身份，也有作爲幫會的記號，大多數人是求美觀。《史記・吳太伯世家》說：太伯、仲雍二人，爲了要讓位給最小的弟弟季歷，「乃奔荊蠻，紋身斷髮」。古埃及、希臘和日耳曼人的歷史都提到紋身。古羅馬時代的奴隸犯人，十九世紀美國罪犯，英國逃兵，都要紋身。第二次世界大戰期間，納粹集中營在戰俘囚犯的身上都刺上標記，這就像在牛羊的耳朵烙上記號一樣。這跟我國古代的墨刑極爲相類。不過墨刑是在額頭臉上刺字，再染以墨，後來又稱「黥刑」、「刺字」。宋江因爲殺人犯罪，被刺配到江州，作〈西江月詞〉就有「不幸刺文雙頰，那堪配在江州。」這種因犯罪而刺字，給人的羞恥悲憤是終身難以洗脫的。

歐洲在基督教興起之後就禁止刺青紋身，不過仍然無法禁絕。

美國印地安人過去在臉上刺青那是代表地位。現在歐美的海員士兵、宗教信徒、熱戀青年，仍有些人在身上刺上一些花樣，像水兵常在手臂上刺上一支鐵錨，來象徵航海冒險的生涯；巫族教徒常在身上刺一條蛇，來加強神秘邪惡的色彩；青年男女在臀部胸前刺些花呀心啊，來表示浪漫蒂克的愛情。過去中視《三人行》有一集就曾經播過「紋身」的喜劇，傑克的海軍朋友帶他去紋身，在他的屁股上刺了一顆心，在心中還刺了「愛之臀」（The Love Butt）三個字。刺青，英文字作「Tattoo」。第二天，傑克醒來非常後悔，怎麼洗也洗不掉，要擦也擦不掉，最後只好請醫生來整治處理。

這種紋身的習俗，幸而在我國已經不流行；不然，你和百粵地區的男女結婚，那就等於迎回了一幅「圖畫」。

（民國八十四年五月二十八日《中央日報・長河》）

與天堂神仙同遊

去年十月底，我遊福建武夷山看到了「懸棺」。「懸棺」就是在臨溪的高山峭壁上，鑿一個小龕，楔進了木板，把棺材懸空橫架在木板上，當地人又叫它做「架壑船」。朱熹《武夷櫂歌》就有「三曲君看架壑船，不知停櫂幾何年？桑田海水今如許，泡沫風燈敢自憐！」由「水泡之沫風中之燈」可知這是朱熹感慨垂暮之作。福建考古學者認爲武夷山的懸棺風俗，始於商末，晚至戰國。懸棺而葬也見於其他地方。大概以爲這樣可以跟神仙來往，進入天界仙境。但令大家驚奇的是那時候的人，如何把那又厚又重的棺柩，搬運上離地兩三百公尺光溜溜的峭壁去。實在沒法子解釋。

回來之後，這問題一直盤縈我心中。讀唐張鷟《朝野僉載》，才知道五溪蠻也有這種葬俗。湖南武陵、貴州思州一帶，都是唐代五溪蠻族聚居之地。張鷟說：這種葬法，大概先在峭壁上鑿好小龕，楔進木板，再用索把棺材從山上往下吊，架在板上，或插進龕洞裏。葬得越高，越見子孫的孝心。當然「懸棺而葬」花費很多。張鷟用「盡產」兩字來形容它，不是一般人家所能做到的。過去人大都講究葬禮，棺木要厚，墳墓要大，常常給子孫遺留下非常沉重的負擔。墨子主張薄葬短喪，實在有他道理。

日本盛行火葬，蓋個小墓，給家人灑水紀念。現在臺灣和大陸也多是火葬。大陸在公共寄骨灰場所，擺設一格靈龕。民國七十九年春天，我和麗貞一起回鄉，第二日一早就去骨灰場，買幾朵紙花，供一供先父母和祖澤兄。眞沒想到一別四十多年，如今回來，他們都已作古，不禁熱淚盈眶。抗戰勝利，原指望一家人能夠歡聚一堂。沒想到生離卻成死別！古詩：「古墓犁爲田，松柏摧爲薪。」百年後，除了兒女誰還會記得你！就是兒女也無法常來祭拜你。你看陶淵明作的〈自挽歌〉描寫親朋好友的送葬，說：「向來相送人，各自還其家；親戚或餘悲，他人亦已歌。」所以我認爲「火葬」應該是最適合現代文化的一種美俗，值得我們提倡。

（民國八十四年二月二十三日《中央日報·長河》）

嚼檳榔與蘇東坡

嚼檳榔，第一不衛生，第二唾液紅如鮮血，第三醫生說易患口腔癌。

檳榔產於臺灣、海南島、雲南南部、廣西和呂宋島、印度、錫蘭、爪哇、蘇門答臘等熱帶地區。樹高五、七丈，正直無枝，葉生樹巔，好像芭蕉葉，果實一房幾百粒，春生夏熟。中藥書說：檳榔和他藥配方，可以利水、殺絛蟲、去瘴氣、治瘧疾，還有興奮、痲醉的作用。

海南島，過去親朋聚會，帶檳榔做禮物，議婚也送檳榔。蘇東坡貶謫海南儋耳的時候，也入境隨俗，拗不過主人的殷勤勸說，也就勉強吃了一粒檳榔，他把檳榔比做「紫鳳卵」還作了一首〈食檳榔〉的詩。他描寫那一些又高又直的檳榔樹，說：「月照無枝林，夜棟立萬礎。眇眇雲間扇，蔭此九月暑。上有垂房子，下繞絳刺禦。」他又把初嚼檳榔的心態味感一起寫出來：「北客初未諳，勸食俗難阻。中虛畏泄氣，始嚼或半吐，吸津得微甘，著齒隨亦苦。面目太嚴冷，滋味絕媚嫵。」他說檳榔嚼起來，有點甜味又有點苦澀，檳榔的外表嚴冷不好看，但「滋味絕媚嫵」誘人。怎麼誘人法？東坡沒有細說。

那時海南島是屬於落後蠻荒的邊區，叢林密，地氣熱，瘴氣濃重，生活艱苦。朝官有了罪，就放逐此地。蘇東坡在宋哲宗紹聖元年，因新舊黨爭，被御史參奏，說他譏毀前朝，經過三次貶謫，最後到了海南島儋縣。這時蘇軾年六十二歲。在城南買地結了幾間茅屋，已作老死此地，不爲生還之計。他在儋耳寫了不少詩篇。現隨手抄錄絕句兩首：

寂寂東坡一病翁，白頭蕭散滿霜風。小兒誤喜朱顏在，一笑那知是酒紅。

半醒半醉問諸黎，棘刺籐梢步步迷。但尋牛屎覓歸路，家在牛欄西復西。

檳榔可治瘴癘，所以東坡認爲檳榔「藥儲固可爾，果錄詎用許。」也就是說儲起做藥可以，當水果來吃就不大妥當。還有吃檳榔一天最好不超過一粒，超過一粒就會傷害腸胃，他又說：「日啖過一粒，腸胃爲所侮。」

嚼檳榔既然沒有什麼好處。但爲什麼還有那麼多人喜歡？最主要原因是它有興奮與麻醉的作用。這大概也就是蘇東坡所說「滋味媚嫵」誘人的地方吧。明王脩說，他試嚼了一口，感到「耳熱臉紅，頭眩眼花，幾乎摔倒，好久才清醒，方知眞能醉人。」他又說：「檳榔只有中了瘴氣可以服用，否則對身體反而有害，並非中瘴，食如穀粟，實在可笑。」開車的人應該特別注意，千萬不要在開車時候口嚼檳榔，一時麻醉，神智不清，那就跟自己的生命大開玩笑了！

（民國八十四年三月十四日《中央日報·長河版》）

第三輯　拾慧集

第三輯　拾慧集

故事五十四則

急性人吃雞蛋

晉王藍田性子急，吃雞蛋，用筷子來刺，沒刺著，就非常生氣，拿起就扔下地去。雞蛋在地上轉個不停，就下地用木屐齒去踩它，又沒踩到。氣極了，又從地上拿起塞進嘴巴裡，咬破就吐出來。

蓴羹和鄉思

西晉吳郡人張翰游宦他鄉，看見秋風吹起，不禁想起吳縣的菰菜、蓴羹、鱸魚膾。菰菜就是茭白。蓴的莖和葉子做的羹湯，清美可口。鱸魚，頭大體扁，巨口細鱗，肉嫩味鮮。張翰說：「人生貴適志，何能羈宦數千里，要什麼名聲和地位？」就叫家人準備車駕回鄉。我到蘇州、杭州都吃到蝦仁蓴菜湯。

三白飯最好吃

蘇東坡跟劉貢父說：「我在外地讀書的時候，常常忘記好好弄菜，就隨便找些東西吃吃；你吃過了，也就會相信，再沒有比『三白飯』更好吃的東西了！」

貢父問說：「三白飯，到底是什麼東西呢？」

東坡說：「就是白鹽、白蘿蔔和白米飯呀！」

清蒸葫瓜與冬瓜盅

唐玄宗時，盧懷愼做宰相，生性節儉；有一次，他留客人吃飯，吩咐家人準備食物，說：「把它蒸爛，不要切斷脖子。」這個客人想：這不是蒸鴨，大概就是燉雞。沒想到端出來的，只是清蒸葫蘆瓜。現在廣東的名菜「清蒸冬瓜盅」大概就是由此變化出來，不過冬瓜盅裡卻擺了雞塊、干貝絲、火腿片、香菇丁、冬瓜球等等作料。

銀魚羹

杜甫詩：「白小群分命，天然二寸魚。」清謝墉的《食味雜詠》銀魚注：「色白如銀，長寸許，大者不過二寸，亦呼『兒魚』。兒言小也。」銀魚出水就不能活，漁家趕緊曬乾了賣，叫做「丁香可」；也有剛出水就作羹，味極鮮美，叫做「銀魚羹」，是無錫太湖的一道名菜。

東坡肉

蘇東坡詩說：「黃州好豬肉，價錢如糞土，富者不肯吃，貧者不解煮；慢著火，少著水，火候足時他自美，每日起來打一碗，飽得自家君莫愛。」以後就有「東坡肉」這一道菜。把豬肉切成長大方塊，加醬油、少量水和酒，用慢火煮到極融化，非常可口。

諸葛亮與饅頭

諸葛亮南征，將渡瀘水時候，當地的風俗要殺人頭祭神。諸葛亮下令用豬羊代替，取麵粉發酵蒸熟做人頭來祭神，饅頭的名稱，由此開始。

李鴻章雜碎

李鴻章出使美國的時候，因爲吃厭了牛排豬排，到中國菜館進餐。美國人問他菜名。他覺得很難答覆，就籠統叫它做「雜碎」。從此，「雜碎」就成了中國菜的代稱詞，單紐約一地就有雜碎館三四百家。當時，這些華僑開的雜碎館的菜單，甚至大書「李鴻章雜碎」、「李鴻章飯」、「李鴻章麵」。

拿破侖紅燴雞

拿破侖在蒙馬倫哥（Marengo）打敗了奧地利人，覺得很餓，要東西吃。法國軍隊派人去找食物，結果找到了一隻小母雞、三只蛋、四個蕃茄、六條大蝦，廚子用一些大蒜和油煎好了，加一點點白蘭地，和麵包一起端上。拿破侖吃得津津有味。後來這道菜就流傳到世界各地去了，叫做「Chicken Marengo」。

三明治伯爵與三明治

三明治，就是在兩片吐司中間，夾些熟肉片；這種吃法，說是羅馬軍隊傳入英國的。但叫做「三明治（Sandwich）」，是由於三明治伯爵嗜賭如命，連吃飯都捨不得離開牌桌，寧可要些麵包片夾些熟肉，一邊吃，一邊賭。因此就有人把這種食物，叫做「三明治」。

飲食與養生

中國人是全世界最懂得吃的民族，中國菜聞名世界各地，世界各地都有華僑開的中國菜館，有名的菜色有北平的塡鴨、紅燒魚頭，南京的童子雞、扣肉，上海的菊花火鍋，長沙的葱爆羊肉，江西的炒鱔糊，金華的蜜炙火腿，杭州的醋摟魚、沙鍋魚頭，無錫的銀魚羹，蘇州的鱸膾蓴湯，福州的珠蚶、黃魚、西施舌，廣東的涼粉、烤乳豬、燒鴨，臺灣的燒酒雞、杏仁茶，蒙古新疆的燔肉乳茶，青海的黃羊肉，此外還有獅子頭、醉蝦、煨鱉魚、蒸鰻魚、鴿子鬆、酥鯽魚、燒鯉魚、清燉魚翅、紅燒海參、蹄膀、八寶鴨、炒雞丁、芙蓉蛋、玉米湯……，眞是不勝枚舉。

喜歡大吃大喝的人都認爲吃喝是件好事。許多人因爲酒喝多了，引發肝病；肉吃多了，引發痛風；這跟抽煙多了，會導致肺癌是一樣的結果。晉嵇康養生論說：「嘉餚旨酒，服之者短祚。」短祚就是短命。由此可見美酒好菜也不能多喝多吃。飲食適當，營養好，身體一定健康，讀書做事也一定做得好。徐珂說得好，人情多偏於貪，世人常因貪吃而生病，甚至病死的不少。珍饈當前，常大吃特吃，不問腸胃受不受得了，只貪一時口福之快，這是吃之大忌。我們本來是靠飲食來維持生命的，現在卻因飲食而喪失生命，這實在划不來，所以一定要加以節制，適可而止。

愼於擇交

唐東都留守呂元膺和一位高隱山林的朋友下棋，剛好有一件公文要他看。這位朋友卻趁著他不在意時，偷偷換了一個棋子。呂元膺看見了，第二天就請他回去，仍然送了他一份厚禮；但大家都不知道是何緣故？這樣過了十年，到他病重，叫子姪們到面前來，才提起這件事，並且說：「一個棋子，本來不足介意，但這種心迹很可怕。當時我若對他提了出來，怕他心中憂懼；過去我始終沒有對人提過，現在又怕你們將來交友隨便。」接著又說：「交朋友要特別謹愼，要小心選擇。」說完就含著微笑去世了。

譏誚橫行

齊白石在日本無條件投降時畫了一幅畫，把敵人比做橫行的螃蟹，並且在畫上題了一首短詩，寫出他對侵略者的憎恨。說：「處處草泥鄉，行到何處好？去年見君多，今年見君少。」

齊白石的詩歌、篆刻、書法、繪畫都非常有名。

夫唱婦隨

清翁方綱喜歡研究金石。他的夫人也有同樣的愛好。他們夫婦想摹拓廣州藥洲遺址「九曜石」上的書刻；但這九座大石的下面深陷在泥淖之中，要全部拓出上面的文字，實在困難。有一年春天，他戽了三天水，還沒乾，只好作罷。到了冬天，積水稍稍乾了，剛好他上梅州去；他的夫人就親自和家僮動手，把水弄乾，挖進了石底下，然後用木板墊在淤泥上，探身進去，仰臥捫索，發現在空隙處隱隱有字，又洗刷了幾天，終於摹拓出了宋淳祐顧𤥎修、元至正韋德安、明成化蕭子鵬的三條石刻。

翁綱所編的「粵東金石略」，搜集書刻文字達五百六十二種，爲今人研究粵東金石的權威之作；這當然是翁方綱涉歷各地苦搜摹拓的成果；但他夫人協助的功勞，也是不可埋沒的。

濃妝淡抹

古代的書法家，多半喜歡用濃墨寫字，今日流傳下來的唐人的法書墨寶，幾乎都是墨光黑亮。宋代蘇東坡寫字，尤其喜歡用濃濃的墨。他談論墨色，要「如小兒黑眼睛」一樣的空靈可愛。因爲他好用濃墨，所以筆劃比較肥；明人董其昌就笑他是「墨豬」。相反的，像董其昌這一派，就愛用淡墨來寫字。他寫在宣紙上的字，墨色清疏淡遠，在每一筆劃中，筆毫轉折，絲絲可數，眞是有一種脫落「人間煙火」的味道。

拾穗圖

法國畫家米耐的一幅名畫「拾穗圖」，畫三個貧婦彎著身子揀田間殘留的麥穗，上方隱隱約約的，可以看到收穫者的車子滿載遠去的景象。這幅畫的題材，大概是取自舊約聖經「路得記」：寡婦路得跟隨收穫者的後面拾取遺穗；地主波阿斯做人仁慈，看見了，就叫割麥子的僕人故意留一些殘穗給路得。「利未記」中也有上帝對摩西說：「你們收割莊稼，不可割光田角，也不可收盡遺穗，要留一些給窮苦人」的話。我國詩經小雅「大田詩」中，也有「彼有遺秉，此有滯穗，伊寡婦之利。」所以說在古代無論中外都有這種幫助窮苦、藹然仁者的風尚。（註：秉，盈把之禾。伊，是也。）

語語驚人

清紀文達參加一位文人朋友的母親的壽誕。這位友人請他寫一首祝壽的詩；他就當席答應，提起筆來寫下了起句，說：「這個婆娘不是人，」在座的賓客都大大吃了一驚。只見他從從容容地繼續寫下了第二句：「九天神女下凡塵。」大家才莞爾一笑。到了轉句，他又寫道：「生下兒子去做賊，」大家又愕然一驚。接著他寫下了最後的一個結句，說：「這個孩子卻不錯，『偷得蟠桃壽母親。』」

紀文達題詩的事，傳爲一時的佳話。他宏敏的才調，詼諧的個性，也由這四句短短詩中表現了出來。

最佳講壇

英國戲劇作家蕭伯納原先是想做一個卓越的演說家，所以每次遇到公共聚會，總要起來講演。他認爲精采的演說能使人心覺悟，而作種種改善。他利用各種場合的講臺，但最後得到一個結論：最有力量的講壇，就是「舞臺」。因此他在一八八五年開始編寫劇本。他終於由雄辯家變成英國從莎士比亞以來第二個名聞世界的戲劇家，得到諾貝爾文學獎。

他的劇本大都是對社會下針砭的，往往對話極長，沒有動作，猶如「演講詞」，充滿了優美的警句，傑出的思想。一九二四年，聖佐安（Saint Joan）一劇上演，竟使全場的觀衆如醉如癡，不動不響，達半小時之久。這時，在舞臺上三個演員圍成一桌，除了談話，談話，談話，再沒有其他的動作。由此，也可想見他撰寫的「對白」動人之極了。

樂育英才

梁啓超是我國近代的名學者。他在北平作學術講演，常常有一兩千聽衆。民國十二年，他在北平師範大學教中國文化史，最初聽衆非常多，開講幾次以後，旁聽越來越少。有一天，北師大和清華比賽籃球，有些學生不來上課。他走進了教室，看見稀稀落落的，只有三四十人，就問：「他們哪兒去了？」「看賽球去了。」他聽了，不禁很感慨地說：「他們不是要跟我作學問的，只是要看看我梁啓超罷了，和上動物園看老虎大象一樣，有的看一次，有的看兩三次，也就夠了，不過，我並不失望，學生不要多，只要好；我在湖南時務學堂，也只有四十來個學生，可是出了蔡松坡、范源濂、楊樹達，一個頂一個。」

蔡松坡的成就甭說了。范源濂也做過北師大校長、教育總長。楊樹達是有名研究文法的學者，著有高等國文法、詞詮、漢文文言修辭學等書，成就也很大。

處變不驚

美國前總統羅斯福（T.R.）在一九一一年十月十五日去Milwaukee演說。他下車的時候，歡迎的人群非常擁擠；突然間，有一個人舉槍轟擊他，子彈穿過了重重的衣服，射中了他的脅部。這時有人和刺客搏鬥，阻止他再度開槍。羅斯福中彈了，面不改容，鎮靜如恒，繼續上車，趕往會場，演說了六十五分鐘。然後才解開衣服，請醫生診療，子彈已經嵌在肋骨上，不容易取出。雖說他的身體頗為強壯，能夠支持，但這種鎮靜的功夫、雄毅的態度，也著實使我們敬佩。

雅量能容

納言婁師德，和內史李昭德一起進朝。婁師德因為人長得肥胖，走路慢吞吞的。李昭德好幾次都回過頭來等他。等了老半天，還沒有來，他就很生氣地說：「可煩死人，這個鄉巴佬！」婁師德聽見了，就笑著說：「我不是鄉巴佬？還有誰是？」

婁師德是唐高宗、武后時代的人，也是一個有度量能容忍、涵養很好的人，「唾面自乾」就是他教誨他弟弟的話。

興趣為本

英國生物學家達爾文從小就不喜歡讀書，只喜歡在田野裏打槍趕狗，追殺野鼠。他的父親很替他躭憂，後來送他去格拉司科大學學醫。他因爲對醫學沒有興趣，沒有幾個月就放棄不讀了。他的父親又送他進康橋大學。這時韓思洛（Henslow）主講自然學；達爾文去聽講。韓思洛就叫他去採花草捉蟲鳥，做各種標本。這正合達爾文的興趣，所以就非常努力學習研究動植物學，後來終於創立「天演論」，對世界的思想界產生了極大的影響。

達爾文所以成功，是由於他對他自己所選擇的學科，有濃厚的興趣，所以能夠專心一意地去學習研究。由此看來，做父母的人對自己的兒女的教育問題，也應該從小去注意他們學習的趨向與愛好，去培植他們的興趣；到他們長大後，更應該尊重他們的興趣，從旁輔助他們選擇適當的學系與職業；這樣，才能使他們走上成功的路子。

鳳是凡鳥

呂安去拜訪嵇康。嵇康不在。嵇喜出來招待呂安。呂安在門上題了一個「鳳」字就走了。嵇喜看了很高興。有人說：「『鳳』字拆開，就是『凡鳥』二字。」嵇康，晉朝時名士；喜，嵇康的兄長。

文言白話

我過去讀過一段文言文：祖父曰：「孫乎，其著衣，無寒矣！孫乎，其加餐，無餒矣！」有人把它改寫成白話，變成祖母的口吻，說：「小孫，快穿衣服，別凍著了！小孫，多吃點兒，別餓著了！」

老蒜瓣兒

北平有一首兒歌說：「拍！拍！『誰呀？』『張果老哇。』『你怎麼不進來？』『怕狗咬哇。』『你胳肢窩夾著什麼？』『破皮襖哇。』『你怎麼不穿上？』『怕虱子咬哇。』『你怎麼不讓你老伴兒拿拿？』『我老伴兒死啦。』『你怎麼不哭她？』『盆兒呀！罐兒呀！我的老蒜瓣兒呀！』」

祕密事情

甲說：「我的秘密事，你為什麼去告訴了他？」

乙說：「我沒有去告訴他；我只是問他：『有沒有聽見過這件事罷了。』」

何暇復睡

甲說：「現在，我最欠缺的就是吃和睡。以後有錢，當吃飽了就睡，睡夠了就吃。」

乙說：「有錢，我當吃了又吃，哪有空睡覺呢！」

死比生好

甲說：「你說：人死後好嗎？」

乙說：「要是不好，早就回來了。一去不回，可知其好哇！」

鋸竿進門

有一個笨人買了一支長竹竿子，要拿進門裏去。他豎著拿，進不去；橫著拿，也進不去。這時，有一個老先生說：「我雖不是聰明絕頂的聖人，但是我見事多了；你為什麼不從中間鋸斷？這樣，就可以拿進門去了。」

何可一日無此君

王子猷曾經暫時借人的空宅住，叫人種了許多竹子。有人問他：「暫時借住，何必這麼麻煩？」他直指竹子說：「何可一日無此君。」

精衛塡海

發鳩山，上面多柘樹，有一隻鳥在樹上。牠的形狀像烏鴉，花紋頭，白喙，紅腳，名做「精衛」。牠的鳴聲，自叫「精衛，精衛」。她是炎帝的最小的女兒，名叫「女娃」。女娃在東海游水，淹死而沒回來，靈魂變成了精衛，長銜著西山的樹枝石子，想塡平東海。

夸父逐日

夸父和太陽競走，趕上太陽，口渴，想喝水，喝光了黃河、渭水，還不夠，想跑到北方大湖邊再喝。還沒到，半路就渴死了。他的手杖扔在路邊，變成了一片桃花林。

子罕不肯受玉

宋國的鄉下人種田時候得到一塊玉，把它獻給城主子罕。子罕不肯接受。這鄉下人請求說：「這是我們鄉下人的寶貴東西！盼望相國能給我恩榮，就收下吧！」子罕說：「您認爲玉是珍寶，我認爲『做官不受餽贈』才是珍寶。」所以宋國的長者說：「子罕並不是沒有寶物，只是他所珍寶的跟人不同罷了！」

墨者守法

墨家有一個巨子腹䵍，住在秦國。他的兒子殺人。秦惠王說：「先生的年紀大了，沒有別的孩子。我已經命令官吏不要殺他。先生，就這樣聽寡人處理了！」腹䵍說：「墨家的法說：『殺人者死，傷人者刑。』這法規用來禁止殺人、傷人啊。這禁止殺傷人的法規，是天下的大原則。大王雖然給他恩赦，命令官吏不判他死罪。腹䵍不可不行墨者的法。」不答應惠王，而殺了兒子。

知人不易

孔子被困在陳國、蔡國之間，只有野菜羹，沒有米，七天沒有嘗過一粒米飯，奄奄一息，白天只好睡覺。顏回弄到一點米做飯。快熟了，孔子看見顏回用手抓那鍋裡的飯吃。不久，飯熟了，顏回請孔子進食。孔子裝做沒看到這件事。孔子坐起來說：「今天，我夢見先父。飯很乾淨，想祭一祭先父。」顏回對孔子說：「不能祭，剛才煤灰掉進鍋裡弄髒了飯，扔掉不好，我就抓起它吃了。」孔子嘆氣說：「可以相信的是我們的眼睛，可是眼睛看到的還不能信賴；可以依靠的是我們的心靈，可是心靈判斷的還不能做憑藉。各位弟子記住：要知道一個人實在不容易啊！」

出使楚國

晏子將要出使楚國。楚王聽到這消息，對身邊的人說：「晏嬰，是齊國熟習辭令的外交家。現在就要來，我想給他一些羞辱，用什麼方法呢？」左右的人回答說：「爲了歡迎他來，我們綁了一個人，在您的面前走過去。您就說：『這是人麼人啊？』我們就回答說：『齊國人。』您再問說：『犯了什麼罪？』我們說：『犯了竊盜罪。』」

晏子到了。楚王請晏子喝酒，酒正喝得高興，有兩個官吏綁了一個犯人到楚王面前。楚王說：「這被綁著的是做什麼的？」官吏回答說：「是齊國人，犯了竊盜罪。」楚王看看晏子說：「齊國人本來就很會偷搶嗎？」晏子離開坐席回答說：「嬰聽說：橘子生長在淮水南邊，就是橘子；生在淮水北邊，就成枳子，葉子雖然相似，那果實味道就不一樣了。所以會這樣子？因爲水分土壤不一樣。現在，人民生活在齊國不偷不搶，進入楚國就偷就搶，恐怕是楚國的水性土俗，使人變成很會偷搶了吧！」楚王笑著說：「聖人，是不可以跟他開玩笑的，我反而自取垢病。」

馬車夫的妻子

晏子做齊國的丞相，出門時候，那個馬車夫的老婆從大門間窺視，看見她老公替丞相駕車，張開大車蓋，鞭策四匹馬，神氣叭喇，自己好像很得意。辦完事回來，他的老婆要求離婚。丈夫問她離婚理由，老婆說：「晏先生身高不到六尺，做齊國的丞相，名聞諸侯各國。今天，我看他出門，意念深遠，時時帶有一種自謙的態度。現在，你八尺高，才做僕人車夫；可是，你的意思，自以爲足；我所以要求離婚啊！」後來，丈夫自然謙虛起來。晏子奇怪，因此問他。車夫據實回答。晏子推薦他做個小官。

女奴做了一場好夢

晉國治氏的女奴病重，主人遺棄她。舞囂氏的馬僮，牽馬去喝水而遇見她。這生病的女奴說：「

我做了一個好夢。」馬僮說：「妳做了什麼夢呢？」她說：「我做夢：乘著水路到了黃河汾水，當時有三匹馬在跳舞。」馬僮告訴舞嚚，舞嚚氏親自去看她，說：「還可以救活。我買妳回去。」治氏答說：「我已放棄她了，還沒有死嗎！」舞嚚說：「沒死。」於是就買她，回到舞嚚氏家裡，病稍好，生了荀林父。

預言三個人的死期

起初，刑史子臣對宋景公說：「從今算去五次，祭祀天帝的那天，就是我的死期；從我死後五年，五月丁亥日，吳王夫差死亡；以後，再五次祭祀天帝，到八月辛巳日，就是您死期。」刑史子臣到了死的那天，早晨上朝見過景公，晚上就死了。後來吳國滅亡，夫差也死了。宋景公心裡害怕，想起刑史子臣的話，快到死期的時候，就逃到瓜園裡，終於死在園裡。待大家找到，已經長蟲了。

女媧補天

遠古的時代，天四極的支柱都折斷，九州的土地也都裂開，天也不再覆蓋大地，大地也不周載萬物，到處大火蔓延而烈燄不滅，洪水浩浩而洋洋不息。凶暴的野獸捕吃善良的人民，慓悍的猛禽攫取老弱的婦孺。於是女媧鍊五色的石頭來修補殘破的蒼天，砍斷大鼇的巨腳來奠定四邊的天柱，殺死亂下雨的黑龍來救助天下人民，積聚蘆灰來堵塞亂流的洪水。殘破的天空修補好了，四極的天柱修正了，亂流的洪水退乾了，天下平定了，奸狡的野獸猛禽死了，善良的人民又開始過他們幸福的生活。

嫦娥奔月

后羿跟西王母要了一些長生不老的藥。嫦娥偷吃了，就飛奔到月亮裡去。

后羿射日

到了堯的時候，天空有十個太陽一起出來，燒焦了禾苗穀物，乾殺了花草樹木，人民沒有東西可吃。龍頭如狸的猰犬，長牙如鑽的鑿齒，吐火噴水的九嬰怪，吹颳大風的鷙鳥，有尖刺的大豬，能吞象的長蛇，都爲害人民。堯就派了后羿在疇華的曠野間射殺了鑿齒，在凶水的水面上射殺了九嬰怪，在青丘的沼澤中射殺了大風鳥，往上射落了十個太陽中的九個，而且向下射殺了猰貐，在洞庭湖斬斷了長蛇，在桑山的樹林裡擒獲了大豬。千萬的人民都歡喜，推舉堯做天子。

不賞解扁

解扁管理東邊地方，進呈計簿報告，而收入是往年的三倍。主管的部門簽請獎賞他。魏文侯說：「我們的土地並沒有擴大啊，人民也沒有加多啊，收入爲什麼增加三倍？」對說：「是因爲冬天砍伐了木頭累積來的。在春天，從黃河浮送各地出售來的。」文侯說：「人民春天努力種田，大暑天還勉強耕耘，到秋天忙著收成，現在冬天閒著沒事，卻要砍樹伐林，堆積木材，牛背馬運，到河裡浮送各地，這是利用民力不得休息啊。人民因此疲憊，雖然有三倍的收入，又將有什麼用呢？」

妙哉先生之預言

閒讀筆記小說，看到齊宣王時候，有一個人自稱是鬼谷子的高足，能夠預測世事。宣王笑說：「今天，請你就寡人看看國家大事嗎？」這人說：「王不要急！臣必須整天細察，然後再言，言無不中。」

於是，他拱手站在大殿上，觀察齊王處事。不久，有人送公事來。齊王看了，臉色大變。這位預言家就問什麼事故？齊王說：「秦兵進攻即墨。」預言家說：「臣據此刻消息來看，知道齊、秦兩國必將爆發互相殺戮的戰爭了。」齊王還沒答應，又有兩個兵士押著一個人進來，說：「此人偷盜庫金三萬鎰。」預言家又說：「臣見大王面色氣得發青，知道您一定會辦他『監守自盜』的罪咯。」齊王不高興地說：「這都是已經發生的事情，請不要再說了。但就寡人終身的命運來說一說嗎？」預言家說：「臣仔細推斷，大王相貌堂堂，身著冠冕，南面而坐，一呼百諾，當然不是一個布衣之士。」齊王大笑說：「妙哉先生之預言！」

快飲比饞渴死好

萊州秦先生，製造藥酒，誤投了毒藥，捨不得倒掉，密封擺起來。經過一年多，有一夜剛好想喝酒，沒有地方找到酒，忽然想起所藏毒酒，打開了封口聞一聞，芳香濃烈的酒氣噴溢出來，腸子發癢，涎水直流，不能夠控制禁止自己。拿出酒杯，將要品嘗，妻子苦苦地勸諫。他笑著說：「快飲而死，也比饞渴而死好多了！」一杯既盡，倒瓶再斟。妻子打翻他酒瓶。酒滿屋流溢，他伏在地上像牛一樣的飲酒。不一會兒，肚子絞痛，嘴巴發不出聲，到半夜就死了。妻子痛哭流涕，為他準備棺木，行將入殮。第二天晚上，忽然有一個漂亮的女人進來，身高不到三尺，直向靈寢，用一碗水灌進去，他豁然頓時甦醒。大家問這個女人，她說：「我是狐仙，剛好我的丈夫到陳家，偷酒喝醉死，去救他回來。偶然經過妳家，他可憐妳先生跟自己同病，所以要我用我的藥救活妳的先生。」說完，就不見。

我的朋友邱行素貢生，喜歡喝酒。一夜想喝酒，沒有地方可以買到酒，翻來覆去，再無法忍住，就想用醋代酒。跟老婆商量，他老婆笑他，邱硬是勉強她。邱太太只好暖了醋給他喝，一壺喝光，才解衣睡覺。第二天，盡力給了一壺酒的錢，叫僕人去買，路上遇到夫弟襄宸，知道了這事，而懷疑嫂子不肯替哥哥設法酒。僕人道：「夫人說：『家裡藏醋本來不多，昨夜先生已經吃掉了一半；怕他再吃一壺，則連醋根兒都要吃斷了。』」聽到這事的人都笑邱行素。不知道酒興初濃，就是毒藥也甘心喝它，何況醋呢！這事也應該可以傳述。（聊齋志異）

怕她隨風飛走

漢武帝寵幸的宮女，名叫麗娟，年十四，玉膚柔軟，吹氣勝蘭，身輕體弱，不讓衣帶彩纓束過腰身，怕身體會留下傷痕。每次唱歌，都由李延年和唱，在芝生殿唱《回風》之曲，庭中花都翻飛飄落。把麗娟安置在琉璃的帳子裡，還怕塵垢污染她的身體。漢武帝常常用衣帶子繫住她的衣袖，關在重重的帷幕中，還怕她隨風飛走。麗娟用琥珀爲珮，放在裙襬裡，不教人知道，說自己骨節會響，跟大家弄起神怪！（語譯自《洞冥記》）

鑰匙還在

從前有個笨人進京考選，皮袋被偷走。這個人說：「偷我皮袋，他將終不能拿我的東西用。」我問他理由，答說：「鑰匙還在我的衣帶上；他拿什麼去開呢！」

隋開皇時候，趙師雄左遷羅浮（在廣東省）。有一日天寒日暮，他在半醉半醒之間，就在松林裡倒在車上歇息。酒肆旁邊有一家客舍，看見一個女人，淡妝素服，出來迎接師雄。這時天色已經昏黑，殘雪對著月色還有一點微明，師雄喜歡她，跟她說話，但覺芳香襲人，語極清麗，就和她一起去敲酒家門，買了幾杯，相與共飲。一會兒，有一個綠衣的小孩子來，嘻笑唱歌，遊戲跳舞，也自有可看地方。不久，醉了就睡，師雄也懵然無知，但覺風寒相襲。過了很久，這時東方已經露白，師雄起身一看，原來是在一棵大梅花樹下，樹上有一隻羽毛翠綠的小鳥，啾啾嘈嘈，對著他叫，月落星斜，但有一片惆悵迷惘罷了。（譯自《龍城錄》）

鳳凰和鳴

蕭史是秦穆公時候的人，很會吹簫，能招引孔雀、白鶴飛舞庭中。穆公有一個女兒，字弄玉，喜歡吹簫，穆公就把女兒嫁給蕭史，他每天教弄玉作鳳鳴，過了幾年，簫聲吹得像鳳凰和鳴。鳳凰飛停在他們的屋子上，穆公替他們造了一座鳳臺。他們夫妻兩人就住在臺上，幾年都沒下來。有一天，他們都隨著鳳凰飛走了，所以秦國人替弄玉建了一間鳳女祠，在雍宮中，時有嬝嬝的簫聲！（劉向《列仙傳》）

明眼人一口道破

山東某進士出任縣長，只知讀書，不管人民事情，政出多門，有人向吏部控訴，於是逮捕審問，關進刑部的監獄。他坦然入獄，睡的是一張巨大的木榻，每天橫躺榻上，披覽典籍，認爲非常方便。

關了三年，遇赦釋放，監獄官前來道賀，在獄室裡徘徊不捨離開，他說：「此間僻靜，讀書最好，可惜不能終老於是。但我在這幾年，不可解釋的有一件事情。」監獄官問他什麼事。他說：「我曾經想得爛熟，仍然需要請教：這張木榻極大，斷非此門可以搬進；是先在這裡放好大榻，然後才造這間房屋嗎？」監獄官笑說：「是，公輸先生的巧構，卻被您這明眼人一口就道破了！」他說：「豈敢，我只是『管中窺豹，略見一斑』罷了！」（語譯自《清稗類鈔》）

興盡而返

王子猶住在山陽，有一夜大雪，睡中驚醒，開了房門，命備酒獨酌，四望一片潔白，因起徘徊，詠歌左思的《招隱》詩。忽然想起了戴安道。這時，戴在剡溪，立即就夜裡乘著小船去看他。經過一夜才到，但到了門前不進去，就回去了。有人問他緣故，王子猶說：「吾本乘興而去，興盡而返，何必見戴？」（語譯自《世說新語》）

隱形人

有個楚國人生活貧困，讀《淮南方》：「得螳螂伺蟬自障葉，可以隱形。」於是在樹下，仰著頭取葉、螳螂拿樹葉做隱障，伺機捕蟬。他就摘那片葉子，葉子落到樹下，樹下先有許多落葉，不能分別，掃了幾斗帶回去，一片一片，用葉子遮自己，問他的妻子說：「妳看得見我嗎？」妻子開始時候答說：「看到。」經過一整天，乃厭倦不堪，就騙他說：「看不見。」默然大喜，帶著樹葉子，到市場去，對面取人東西，官吏就逮捕了他，送到縣裡。縣官受理，這人自說本末，縣官大笑，就放了他。（

語譯自《笑林》）

宗定伯賣鬼

南陽宗定伯，年輕時候，夜裡走路撞到鬼，問說：「誰？」鬼說：「鬼呀！」鬼又說：「你又是誰？」定伯騙他說：「我也是鬼呀。」鬼問：「要去哪裡？」答說：「要到宛市。」鬼說：「我也要去宛市。」一起走了幾里路。鬼說：「走的太快太累，可以輪流背著走嗎？」定伯說：「太好了。」鬼便先用肩膀背著定伯走了幾里。鬼說：「你太重了，恐怕不是鬼吧！」定伯說：「我新死，所以重啊！」定伯因又背鬼；鬼沒有什麼重量，像這樣的輪背了兩三次。定伯又說：「我新死，不知道鬼有什麼畏忌？」鬼說：「只不喜歡人口水。」於是又走了一段路，遇到一道水，定伯因命鬼先渡，聽他，了無聲音。定伯自己渡水時候，希哩花喇的響。鬼又說：「爲何作出聲音？」定伯說：「新死，不慣渡水罷了，勿見怪。」快到宛市，定伯便背鬼到頭上。鬼大叫，聲咋咋，要求下來，不再聽他。直到了宛市中，落地，變成一隻羊，便賣了他。怕他變化，就吐了一口水，賣得一千五百錢，才走了。於是有人說：「定伯賣鬼，得錢千五百。」（語譯自《列異傳》）

第四輯　兒童文學選集

阿里山的奇彩

昨天上午，我們乘火車到臺灣著名的風景區阿里山去。火車在上山公路上吃力地爬行，兩邊都是長長的綠竹，筆直的林木，十分茂密，經過兩個多小時，到達了阿里山森林遊樂區的門口，轉乘賓館的專車，繼續上山，不久便到了賓館。午餐後，我們去看巨木、三代木、慈雲寺、博物館。山上氣壓很低，空氣稀薄，上坡時有點喘不過氣來。因爲第二天要早起，晚上很早就睡了。

今天清晨五點半，我們乘巴士上祝山。祝山觀日樓的門口有一塊牌子，寫著：「七點零三分日出」。

那時候，對面聳立著的奇峭的玉山，就像一座非常寬展的黑色屏風。我們走到眺望臺看去，下面的深谷都被灰黑色的雲霧遮沒了，茫茫一片，好像羊群一樣，沈睡未醒。等了一會兒，光線才漸漸由灰白變成金黃，我們可以看到遠山層疊，好像淡淡的畫眉。但不知是誰，又在天空裏添了幾筆紅艷的色彩，天就大亮了。

大家都抬起頭來等待，時間一秒一秒的過去。「快七點鐘了，太陽怎麼還不出來！」就在大家迫切的期待、盼望之中，玉山開始轉變成深藍色了，飄浮在空中的雲，一霎間都被彈成了白白的棉絮。也就在這望眼快穿之際，太陽突然從玉山頂探出半個頭來。我說：「用力呀！」果然它用力一跳，就跳上了天空！啊，眞快！又跳了幾跳，它就翻上了山背，發出明亮無比的光輝！億萬道的銀箭，形成輻射狀的光輪，射向群山，射向雲海。整個雲海猛然醒了過來，洶湧翻騰，滾滾的浪濤湧向我的腳邊。我們都從心裏發出一聲歡呼：「美極了！」看看手錶，正是七點零三分。

夢痕

兒時的往事，現在回想起來，都是令人懷念的夢痕！

記得那一年，黃家的四姨媽帶著小表妹，從南京回來。小表妹比我小一歲，長得十分活潑可愛。四姨媽替小表妹，選了一件藍色的棉袍，和一頂黑色爪皮帽送給我。我們兩小無猜，玩在一起，手牽著手在小池邊看魚說話。看在姨媽和母親的眼裡，就戲著說：「將來讓你家的弟弟做我家妹妹的小女婿吧！」從前表兄妹結婚的很多，認爲可以親上加親；現在認爲血統過近，會生下低能癡呆的後代。不過，那時我認爲小表妹一定會嫁給我的！

但不久，四姨媽帶著表妹回南京去了。後來，戰爭爆發了，我們和姨媽、表妹的連繫，從此斷絕；至今音訊全無，留下無窮無盡的懷念！

我小時候，最喜歡看雨。看雨密密地下著，滴滴答答，滴滴答答，節奏也很美。下雨時，我常常沈迷於這種富有節奏美的雨中。我常常搬了一張小凳子，坐在高高的屋簷下看雨。雨腳落到天井裡，下得久了，積了一天井的水，雨腳激起了許多水泡，好像串串的小珠子，不斷冒了上來。雨打在牆邊的綠樹上，把樹葉洗得更綠。雨打在大魚缸中，泛起小小的圓圈，金魚在下面躲來躲去。雨打濕了園中的盆花，嬌紅的更嬌紅，潔白的更潔白，一顆顆珍珠從花葉間滑落了下來。那時，小妹最喜歡要我猜這麼一道謎語：

「千條線，萬條線，落在水裡就不見。」

想起童年的這些小事，恍然就像昨天發生似的，卻又像鏡子裡美麗的影像，又好像流光一般的容易消失！雖然是這樣，還是應該珍惜這些時時闖入心頭的憶念！

我最得意的一件事

清晨的太陽照進了音樂教室，樹上的露珠還在閃亮，我們三個人已經開始練習唱歌了。我們爲了參加校際歌唱比賽，每天天剛亮，就來這裏練唱。我們的歌聲，打破了校園的寂靜。早起練唱雖然辛苦，但爲了替學校爭光，我們不怕吃苦。

伍老師準七點半便來了。他彈著鋼琴，讓我們唱給他聽。唱得不對，他就加以糾正，要我們重唱，直到他滿意爲止。伍老師教我們音樂。這次他從許多同學中，愼重挑選了我們三個，加以輔導。爲了比賽，我們時時鞭策自己，努力練習。我們唱的是伍老師親自譜寫的歌：

故鄉，我又回到你的身邊！
甚麼地方能有你那青山的翠綠！
甚麼地方能有你這小溪的清澈！
天涯海角走遍，
閒裏夢裏難忘！
故鄉，我又回到你的身邊！

我們每次練唱的時候，伍老師都一再重申，表情要自然，咬字要清楚，要挺起胸部，這樣可以擴大肺活量，使聲音響亮。我常常對著鏡子高聲練唱，並且告誡自己要注意保護聲帶。我還常常幻想比賽那天，我們獲得了優勝獎牌，臺下爆發出雷鳴般的掌聲。

比賽那天，我們三個人，都穿上粉紅色的上衣，在胸前別上校徽，用綠絲帶子，在頭髮上紮了一隻蝴蝶結，腳上穿著黑皮鞋。看看鏡子，自己覺得很漂亮。

到了會場，我們繳了報到卡。各校的同學也陸續來了，開始比賽的鈴聲一響，我的心像小鹿般的亂跳。只見一個上去，一個下來，有的很輕鬆地唱著，有的非常機械地唱著，有的派頭十足，有的漏了歌詞。我的心情很緊張，手心全是汗，好一會兒，才恢復了平靜。忽然聽到：「明德學校翁小惠、陳美芳、李英三位同學，合唱『故鄉，我又回到你的身邊。』」

我們上了臺，向聽衆微微鞠躬。伍老師坐在鋼琴前，先叮叮噹噹地彈起前奏，然後向我們打了個手勢，我們就跟著琴聲唱了起來：「故鄉，我又回到你的身邊……」我們盡心地唱著，在歌聲中寄託著我們豐富的感情。唱完了，臺下響起熱烈的掌聲。

大家都唱完了，休息十分鐘後，大會宣佈比賽結果：「第一名，明德學校翁小惠等三位同學。」在掌聲中，我代表我們三人上臺領獎。

我們回到學校，立刻被同學包圍了。同學們紛紛向我們伸出大拇指。校長特別召見我們，他說：「第一名，不要驕傲；就是末名，也不要喪氣；最要緊的是盡力去做。」這是我最得意的一件事。

新火山的產生

火山爆發是由於深藏在地球內部的高溫的岩漿，衝出較脆薄的地殼而形成的。它和地震一樣，常會造成非常可怕的災害。地球上共有五百二十九座活火山，有的在陸地，有的在海底。其中有一些火山，隔一個時期就會爆發一次。

一九四三年，墨西哥產生了一座新火山。起先，曾發生過一連串小地震。二月二十日，在派拉庫丁村，有一個農夫在挖地時，突然發現地上有一個小洞子，好像煙囪一樣，冒出一些煙氣火花。接著，大地開始搖動，發出隆隆的聲音。三個鐘頭後，這個洞深裂三十英呎，噴出一大團一大團的濃煙和火花。當天夜裏，發生了一次猛烈的爆炸，天空變得一片通紅。許多地質學家都趕來觀察。

一個星期後，這塊田地上隆起了一座五百五十英呎高的小山，山頂的火山口，每隔四秒鐘爆炸一次，噴出燃燒著的水蒸氣和灰塵，直上兩三千英呎高的天空。火山灰散落到好幾英里外。夜裏，火紅的「石頭炸彈」就像沖天砲似的，滿天飛舞。這些粗糙的石頭，小的像胡桃，大的像屋子，從半空、從山上，滾落下來。

又過了兩天，煙柱越噴越高，最高時高達兩萬英呎。滾燙的岩漿又從一條裂縫漫溢出來，滾流下山，附近的農家都被摧毀了。岩漿繼續流著，六個月後，這座新火山升到一千五百英呎高，才漸漸平靜下來。火山爆發時噴出的塵灰和岩漿，有時會淹沒整個城市，造成許多人死亡。海底的火山爆發，有時會掀起一百英呎高的巨浪，沖毀沿海的城市。

現在，科學家已經可以預測火山的爆發和地震的發生，預先發出警告，這樣便能減少生命與財產的損失。

小蟲的本領

地球上，有多少種蟲類？大概有一百萬種吧。

一般來說，蟲的身體可以分做頭、胸、腹三部分。頭部有觸鬚（觸角）、眼睛（單眼、複眼）和口器；胸部有腳和翅膀（也有沒有翅膀的）；腹部有通氣管。蟲柔軟的身體是靠角質的外殼來保護的。牠們呼吸空氣不是用鼻子，而是靠腹部兩側的通氣管。牠們的感覺大都非常靈敏，有的能夠聽到人類聽不見的聲音；有的雄蟲能夠聞到很遠的雌蟲的體氣；蜻蜓的複眼是由兩萬五千個小眼組成的，世上的大小事物恐怕都很難瞞得過牠。

許多小蟲，微如塵埃，卻能夠生存繁殖，這是因爲牠們都有些本領。

蜻蜓、蝴蝶、蜜蜂、蟬、螢火蟲、蜘蛛，都是大家熟識的小蟲，牠們也都有高超的技能。

蜻蜓的翅膀比紙還薄，卻能帶動長長的身體，以每小時六十五公里的速度飛行。美麗的蝴蝶雖然十分脆弱，但有些卻能從北非飛到冰島。有些蟲，不會飛，但縱身一跳卻能達到身高的一百倍。

蜜蜂除了釀蜜，還會築巢。牠們造了許多六角形的蜂房，再連結成蜂窩，用來儲存蜂蜜，收藏花粉，保育幼蟲，又是兩萬到四萬隻蜜蜂的宿舍。這是多麼複雜的工程。

許多小蟲都是大自然的歌手和樂師。白天和月夜，雄蟲唱著求侶的情歌，彈著娶親的樂曲。雄蟬附在樹幹上高歌，聲音尤其響亮。

螢火蟲在黑夜的草叢中，打燈籠，點火炬，飛來飛去，閃閃發光，光度達到百分之二支燭光。

蜘蛛是結網專家。牠由腹部放絲結網來縛捉獵物。

小蟲有這許多本領，難怪生物學家要去研究牠們了。

仙人掌

我過去總認爲，仙人掌既不像玫瑰那樣鮮豔奪目，又不像菊花那樣姿態萬千，只是長滿了尖刺兒，沒甚麼好看；但我去年到了墨西哥和南美洲，才知道它是那麼的可愛！

墨西哥的仙人掌，原來野生在乾燥缺水的沙地；沒有下雨，它就消耗存水來維持生命；來一陣驟雨，又吸收沙裏的水分貯存起來。因此，仙人掌的肉莖都長得很粗壯，有圓球形、柱形、星形、團扇形等，有的像梳子、像燭臺，有的像刺棒、像手掌，千奇百怪。顏色也很多很美。毛、刺和花朵，就是從肉莖上長出來。

仙人掌在春天、夏天裏開花。顏色多，花樣也多。有的是在直柱頂開一圈花兒，好像戴在頭上的一頂小皇冠；有的是七八個小球結成一堆兒，每一個小球開一朵小黃花或小紅花；有的是沿著長條形的綠莖開成一排，好像裝飾了一行粉紅色的小聖誕燈；有的花倒掛著，好像叮叮噹噹的小鈴。各色各樣的花，非常艷麗好看。這些花的壽命很短，常常只開一天就謝了；但一朵接一朵，一圈接一圈地開，花期有的可以持續一兩個月。陽光強，日照長，花就開得旺盛。

我想，不論在怎樣惡劣的環境下，仙人掌仍能頑強地生長，向人們展現它們特有的美，這就是仙人掌最值得讚頌的地方。

森林之王——老虎

星期天，爸爸帶我去動植物公園玩。公園裏飼養著許多動物，我最感興趣的是「森林之王」老虎。

老虎身長七八尺，雌老虎的體型比較小一點；牠們的額頭上有個「王」字的橫紋，一身黃毛、黑斑紋，尾巴又粗又長，漂亮極了！牠的一雙眼球，好像兩顆凸出的大寶石，閃著綠光。腳爪和牙齒又銳利又有力。爸爸說，老虎的身軀雖然很大，但由於牠有一身斑紋可作僞裝保護，因此能夠躲在草叢裏，而不會被其他的動物發現。牠時常在深谷中，在高崗上，在原野裏，襲擊花鹿、山羊和斑馬。各種野獸一聽到牠那可怕的叫聲，都感到恐怖，奔逃無蹤。

爸爸還告訴我關於老虎和貓的傳說：老虎跑得極快，跳得很高，又很會游水，據說這一身好本領是跟貓學的。老虎學到了本領後，卻想吃掉貓，怎知貓早有戒心，留了一手，沒教老虎爬樹。貓一爬上樹，老虎便吃不到牠了。我想，怪不得老虎現在都不會爬樹呢。

爸爸又說，獵人常用陷坑捕捉老虎，用老虎的皮做坐褥，血、骨頭、內臟做藥。再這樣下去，老虎就會滅絕了。

我多麼希望「森林之王」不要從這個世界上消失啊！

老根地先生

在這個近郊的社區裏，提起老根地來，眞是無人不知，無人不曉。到底老根地是何方神聖？如此有名呢？老根地先生的大名，大概是取「根生此地」的意思吧；他年齡已經七十多歲，大伙兒給他加上「老」字，表示尊稱。他臉上刻滿歲月的痕跡，暗黑的皮膚，慈祥的眼神，硬朗的身體，穿著樸素的衣服，老實可靠，說話風趣，工作認眞，所以社區裏的住戶，大都請他料理庭園花圃。

我自從十年前搬到這裏後，也請他整理小園，一個月來兩個半天。他每次來，總是騎著摩托車，載著他的太太一起來。看來這一對老夫妻的婚姻眞是美滿幸福。

他一來就忙起來，不是拔草剪枝，鬆土下肥；就是移栽花木，噴藥殺蟲。拔草總連根挖掉；他說除不徹底，不消三兩天，又冒出來。冬天，他忙著修剪老枝，說老了不會開花；要剪掉，明春發新枝，花才會開得盛。要施肥給花木進補。又說春天最合宜移栽，植物生機最盛。

我好幾次到他的家去玩，一座粗糙的磚屋靠在山邊，前面有口大魚塘。他用塑膠管，引溪裏水進來。他指著附近的山頭，對我說這都是他祖先留給他的。他給我釣竿釣魚。他的小孫子卻對我說：「不准把我們家的魚都釣光！」他尷尬地笑說：「你別聽他！愛釣多少，就釣多少！」

他有六個孩子，都已經結婚成家，各住在外面。老大在縣政府做科長；老二做花匠；老三在機場做領班；老四在餐館做調酒員；老五在汽車工廠做技師；老六在鎮公所當幹事；還有一個大女兒，遠嫁他鄉。有時，他的孩子帶著媳婦孫子，一起回來看他們，總有二十多人，喝酒吃菜，談笑聊天，熱鬧極了。這時候，老先生最高興！

我問他，爲什麼兩老還要出去工作？他說從小勞動慣了，一休息下來，身體就不舒服。在山上無拘無束生活久了，搬到城裏和孩子一起住，反而不習慣！

染缸

墨子率領學生參觀一家染絲工廠。他看到工人正用各種植物和礦物製造顏色鮮艷的染料：用茶藍等製造藍色染料，紅花等製造紅色染料，雄黃等製造黃色染料。這些天然染料製造好了，再加水稀釋，一束一束雪白的絲投了進去，沒有多久，就都染上了顏色。放進藍色的染缸，就變成藍色；放進紅色的染缸，就變成紅色。

他看了半天，心裏感觸很深，不禁歎了一口氣說：「好可怕的染缸！」

學生覺得奇怪，就問：「墨老師，你為甚麼說『染缸可怕』呢？」

墨子說：「你們看這些潔白的絲，一放進黑色染缸，就染成黑色；放進紅色染缸，就染成紅色。一投進去，就變了顏色。染絲是這樣，人也是這樣的。一個天眞純潔的孩子，本性就像白絲一樣的白；但一進入社會，就很容易受到影響；受好人的薰染就成了好人，受壞人的污染就成了壞人。社會就像一個大染缸，裝滿了各色染漿，對人的影響有好也有壞。我們要時時懷著戒心，交朋友更要小心挑選啊！」

我和他誰漂亮

有一個人身高七尺多，個子高大，相貌堂堂，自己覺得很漂亮。一天早晨，他穿好衣服，戴了帽子，看看鏡子，對他的妻子說：「我比起住在城北的徐先生，誰漂亮？」

他的妻子說：「你漂亮極了！徐先生怎麼能跟你比呢！」

徐先生是全國最漂亮的男人，所以那人聽了，自己也有點不相信，又去問他的僕人說：「我跟徐先生誰漂亮？」

僕人恭恭敬敬地說：「徐先生怎麼能比得上你呢！」

剛好有一位客人來拜訪他，他順便問道：「我和徐先生誰漂亮？」

那位客人說：「徐先生不如你漂亮啊！」

第二天，徐先生來他家裏。他把徐先生細細看了一番，自己覺得不如徐先生漂亮；再照著鏡子，仔細地比了比，更覺得比不上他。

晚上睡覺前，他踱來踱去，想了半天，終於頓然大悟說：「我的妻子之所以說我漂亮，是因為她愛我；我的僕人之所以說我漂亮，是因為她怕我；我的朋友之所以說我漂亮，是因為他有事要我幫忙。要想聽到別人坦誠正確的意見，眞不容易啊！我寧可聽到誠實的不好聽的話，也不要聽到虛僞的好聽的話！」

抬驢進城

從前，在我們鄉下，有父子兩人趕著一隻驢子匆匆進城，想買一袋麥種。他們走在一條凹凸不平的路上。父親騎著驢子，年輕的兒子跟在後面。

走著，走著，就有人指著做父親的說：「你看，這個老的，只顧自己騎驢舒服，卻讓小的辛苦地跟著跑，眞是太不懂得疼愛孩子了！」父親聽了，覺得他的話有些道理，就趕緊下來，吩咐兒子騎上驢去，自己牽著驢子走。

他們走沒多久，又有人說：「這個孩子，沒大沒小，眞不像話！怎麼可以讓老人家走路，自己騎驢呢？」兒子聽了，覺得人家說的也有一些道理，趕緊從驢背上跳下來，陪他的父親，趕著驢往前走。

走不多遠，又有人笑他們說：「啊哈，竟然有這樣的人，放著牲口不騎，卻要勞累地趕路，再沒有比這更笨了！」

父子兩人聽了，又覺得他的話也有道理。

他們趕著驢走，又招惹人笑，也不是辦法。父子兩人商量後，就乾脆兩個人一起騎到驢背上去了，壓得那隻毛驢嗚嗚直叫，口吐白沫，使盡全力，彎起背來，走得十分吃力。

這時，又有人罵他們殘忍。弄得這對父子眞不知道該怎麼做才好。

他們商量了好一會兒，才想出一個好辦法：就是把這隻驢兒的四蹄，倒綁在一根粗木棍子上；父子一前一後，抬在肩膀上，慢慢地進城裏去；害得驢子一路上嗚呀嗚呀地叫。一些小孩子看到了，拍著手大笑說：

「嘻哈哈，大傻瓜！

嘻哈哈，大傻瓜！

驢兒不騎反叫人抬啊，

這兒就有個大傻瓜！」

這對父子耳朵軟，人說東就向東，人說西就向西，這不是處事的好辦法。在今天開放的社會，民主的時代裏，對一件事情，大家都可以表示意見，溝通看法，自不免會有許多不同的說法與批評。我們做事要有主見，應該選擇最妥當的建議去做啊！

一巴掌打破了百萬家財

從前有一個青年，天天都在想怎麼賺錢，怎麼發財。

有一天，隔壁張老頭送他一個雞蛋，他高興得輾轉反側，失眠了一夜，連夜擬好了一套發財的計劃，並且把他的妻子從夢中叫醒，說：「我的好老婆，快快起來聽我說，我要發財了！」

他的妻子說：「你的本錢在哪裏？」

這個青年說：「張老頭給我的這個雞蛋，就是我的本錢呀！」接著又說：「我們可以等張老頭的母雞孵小雞時，把這個蛋寄在他們那裏一起孵。孵出來後，就拿一隻小母雞回來。小母雞養大了，就可以生蛋。一個月生二十多個蛋，就可以孵出二十多隻小雞。一半小公雞，一半小母雞。這些小母雞長大了，又會生蛋，蛋又孵成雞。那時候，一天就可以生出幾十個蛋，孵出幾十隻雞。雞又生蛋，蛋又孵雞。一年後，我們就有好多好多雞了。這時候，我把一部分雞賣掉，買四五隻牛。牛又生牛。再過幾年，我們就有幾百頭牛，幾萬隻雞了。我就可以辦起一個小型的畜牧場。照這樣經營下去，不出十年，我就是一位小富翁了。那時候，我要蓋大房屋，僱許多工人來幫我們養雞養牛。我的錢多了，還可以娶一個小老婆，幫你料理家事。我們倆就可以舒舒服服地過日子了！」

他的妻子聽他說要娶小老婆，又妒忌又生氣地說：「還沒有發財，就打算娶小老婆！」她一巴掌就把那個雞蛋拍得粉碎，咒罵說：「去做你的發財大夢吧！」

左手還是右手

竊案發生的那天晚上，我正在母親的服裝店裏。母親到父親的公司去了，叫我在店裏等她回來一起回家。母親走後不久，我忽然聽見一個角落裏傳來一陣沙沙聲。我心想，也許是小偷藏在店裏吧，便輕輕躲到一個掛滿時裝的衣架後面察看動靜。

在街燈的照射下，我看見對面牆上的大鏡子裏，有一個身材高大的人影。他鬼鬼祟祟的。臉上套著黑色面罩，只露出眼睛和鼻子。他終於找到了收銀機，手腳利落地把裏面的一疊鈔票拿走了。看樣子他很得意，只見他拿出筆來在一張標價牌上寫了幾個字。後來我才曉得他寫的是：「謝謝你們留下這麼多錢給我。」

這時，我很害怕，不小心碰到了衣架，弄出了響聲，被他發現了。他找到了我，在昏暗中，他的一雙眼睛，露出屠夫那樣可怕的凶光，雙手做了個要勒死我的手勢。我嚇得全身顫慄。他恐嚇我說：「小傢伙，不許報警！我還要再來的。」這竊賊好像喜歡虐待人，說著就殘酷地往我身上踢了一腳，才得意地走了！

我定了定神，就馬上報警。母親和警官都來了。警官說：「你能告訴我，他的長相有甚麼特徵嗎？」

我說：「那時光線很暗，他又蒙住臉；我只知道他是高個子。」

警官說：「看他偷盜的手法，應該是個慣犯。」

我說：「還有，他是用左手寫字的。」

警官說：「這可能又是左手林幹的。我馬上會緝捕他歸案。」過了幾天，警官來告訴我們，左手林已經落網了，贓款也已搜獲，他會受到應得的懲罰。不過他說：「大家都知道我慣用左手，做案很容易被你們警方查到；因此，我很久以來就改用右手了；那個孩子怎麼還誣賴我用左手寫字呢？」

我說：「我在大鏡子裏，明明看到他是用左手寫字的。你要是不信，就讓他對著鏡子寫字看看！」

他變成了一朵大菊花

從前北京城裡有一個人，姓羅名小華。他非常愛菊花，所以在院子裡種了各種菊花。只要聽說那裡有好菊花，無論路多遠，他都要去買了回來；逢到好花匠，無論出多少工資，他都要去僱了來幫著種菊花。

後來，有一對姐弟來羅家當園丁。姐姐叫黃英，長得眉清目秀，就像菊花那麼美；弟弟叫小桑，高高瘦瘦的，喜歡穿白色的衣裳。他們說：「種花就跟讀書一樣的；書讀的好不好？在於用心不用心。花種的好不好？也在於用心不用心。用心，什麼事情都能夠做的很好。」

他們在羅家照料菊花，就像照顧小寶寶一樣的細心，再加手藝巧妙，菊花經他們一栽種，就都長得很好。到秋天盛開之際，羅家花園裡就開滿了燦爛奪目的菊花，有雪白、鵝黃、大紅、淺綠各種顏色，花形有圓的像彩球，扁的像花碟，有一矮叢開許多小花，也有一株只開一朵碗大的菊花，眞是美麗極了！許多人都去羅家買花，非常熱鬧。

賣花賺了錢，他們就種更多花。各樣各色的花，圍繞房屋四周，好像一幅奇麗極大的圖案。

有一個月夜，小華買了些酒菜，請黃英和小桑。他和小桑都喝醉了。他們走進花園裡去，一陣微風吹過，菊花紛紛的搖動，小桑的白衣裳也隨著風飄動起來。他東斜西倒地走，滑了一跤，就跌倒地上。羅小華趕緊去扶他，沒有扶著。在迷糊的醉眼裡，他好像看到小桑突然變成了一株菊花，有一人高，上面開了十幾朵潔白非凡、令人傾心的菊花，每一朵都有拳頭那麼大，還散發出醉人的香氣！羅小華指著那一株大菊花，大聲嚷著：「黃英，快過來看，小桑變成了大菊花了！」

黃英過來一看，說：「你們都喝醉了，我們進去吧！」說著，她就扶著小華走進屋裡，又拿了褥子出來，替小桑蓋上。

第二天早上，羅小華醒來，到花園裡去，看見小桑還躺在菊花叢裡，呼呼的大睡，身上蓋了一條厚褥子。

菊花是生性堅強的花，天氣越冷開得越盛。現在別的花都萎謝了，只有她能開出這樣淡雅超俗的花！

醉鬼

中國地獄裏的鬼，都歸閻羅王管轄；只有人間上的鬼，沒有人管。有人說：「人間只有人類，那裏有什麼鬼呢？」玉皇大帝說：「人間的鬼更多。他們雖然稱做『人』，但他們的行爲跟鬼一模一樣，譬如賭鬼、醉鬼、色鬼、勢利鬼、刻薄鬼、搗蛋鬼，到處都是。這些鬼還算一點兒，只是個人的失德敗行；今天有令人痛恨的小鬼十六七歲，就不幹好事，流連不良場所，打架搶劫，強盜殺人，爲害人間。我要命令鍾馗下去，捉拿這些鬼。」

鍾馗長像極醜，戴一頂黑紗帽，兩眼像突出的大銅鈴，長著一腮幫像刺蝟似的鬍鬚，穿著紅蟒袍子，聳著肩兒。鬼魅一見他，就感至良心不安之極。更何況他喜歡吃鬼，抓到鬼就一串喀嗤喀嗤的吃掉了。

這一天，鍾馗帶了一些鬼卒，到處抓拿各種各色的鬼，只有醉鬼不見到案。他就問鬼卒說：「爲什麼老抓不到醉鬼？」

鬼卒說：「這醉鬼沒有一天不喝酒，每喝必醉，醉就鬧酒發瘋，白天害病裝死，實在難抓！」

鍾馗說：「我們先回去再說。」走到半路，忽然有一個人冒了出來，差一點兒就撞上了車子。鍾馗還沒有叫人逮他。他卻扭住鍾馗不肯放，自稱：「我是醉鬼。」
鍾馗說：「我正要派人逮捕你；你爲甚麼反來纏我？」
醉鬼說：「你是甚麼人？」
鍾馗說：「我就是專吃人間鬼的鍾馗。」
醉鬼說：「你姓鐘嗎？是大鐘？還是小鐘？」
鍾馗說：「大鍾怎麼樣？小鍾又怎麼樣？」
醉鬼說：「要是大鐘，我跟你划個三拳；要是小鐘，你可以跟我多划幾拳啊。我划輸了，我吃你不吃；你划輸了，你吃我不吃。划完了，才吃不遲！」

跟太陽賽跑

從前，在北方載天山上，有一個年輕人，從小就喜歡跑步，每天一大早就開始跑步。起先，他跟兔子在草地、在山坡上練跑；跑呀跑，不久，他就追過了兔子。

後來，他長大了，個子又高，肌肉又結實，腿又長，跑得更快了！他就跟天馬在高山、在曠野練跑。天馬一天能跑一千里。他開始練得極苦，常常汗流滿身，氣喘連連，還跟不上天馬。有時候跑得疲倦極了，兩條腿都抬不起來了；可是他一想到：要在天神的運動大會上，跟太陽比賽，就又生起了萬丈雄心！是否能贏過太陽？他實在沒有把握；但他相信只要不畏艱難，繼續苦練，一定有成功的一天；果然不久，他就練得比天馬還要快了！

他又跟飛鳥，在蔚藍的天空練跑；後來他又練得比飛鳥還要快，衆神們讚美他說：「那個年輕人，跑得眞快！老鷹、海燕都遠遠落在他的後面了！恐怕有一天，他會比雷聲、比閃電，跑得還要快了！」

果然，沒多久，他的記錄就超過音速了。後來有人安排他跟閃電比賽，結果他以超過光速每秒三億米的速度，得到優勝。最後，衆神就推選他出來，跟太陽決賽。據中國古書，太陽保持的記錄是：一天跑五億萬七千里。

比賽的那天早上，他們一起從東方的天邊起步，然後撒開腿向西飛跑。他緊追著太陽，比光閃電掣還要快的快跑著。

他們跑過高山，跑過城市，跑過大海，跑過鄉村，直跑到傍晚的時候，還分不出勝負。火球般的太陽，就在西邊的山頭上，臉也跑得紅紅的。他想再跑一程，就可以凌越過太陽了，贏得這次比賽了。

他跑了一天，口渴極了，他想喝一口水再跑，於是他停下來，一下子就把黃河的水喝光了！還不夠，他就繼續跑；結果在半路上，就乾渴脫水死了！他留下的手杖，就在那地方生根長葉，變成一大片桃花林，開出晚霞般的花朵，結出甘甜的桃子，給那些追求理想的人，休息解渴，使他們能夠繼續前進，實現他們的理想。

取名

有一天，黃貓先生找來羊博士，說他籌募了一些資本，想設立一家公司，想請羊博士替公司起個名字。

羊博士說：「替你的公司取名很簡單，但你先要告訴我，你的公司經營什麼事業？」

黃貓說：「這有關係嗎？」

羊博士說：「關係大了，譬如你要開一家食品公司，可以叫做什麼『牛肉大王』、『漢堡大王』、『海鮮大王』呢！前面可以冠上『貓記』兩個字，後面再加上『食品有限公司』六個字，全名就是『貓記牛肉大王有限公司』！取名『大王』，就是表示在這一行業裡，是最大最好的了。」

黃貓說：「不不不，我不做食品生意。」

羊博士又說：「假使做飲料生意？叫什麼『可口』、『可樂』，一看就知道是很好喝的呢！」

黃貓說：「老羊呀，我也不做飲料生意。」

羊博士繼續發表他的命名學理論，說：「公司商店的名稱好壞，在今天工商業時代裡，是非常重要的。像賣椅子的，叫『寶椅公司』；製藥的叫『平安製藥公司』；賣鑽石寶石珍珠玉鐲的，可以叫

『富豪珠寶公司』；做匯款借債的，可以叫『融通公司』；賣殺蟲藥的，叫做『立即殺蟲公司』；製造電腦的，叫做『超技電腦公司』；通廁所的，叫『包通衛生公司』；搬家的叫『大力士搬家公司』。這些公司的名稱，都取得很好，使人一看就知道它好處。」

黃貓說：「你眞會胡扯亂蓋！我想，做我的本行。」

羊博士說：「老貓，你的本行不是捉老鼠嗎？」

黃貓說：「是的，我正想開一家偵探公司，打擊道德的叛逆，罪惡的魔鬼！」

羊博士說：「那就叫『捉鼠偵探社』，好了。」

黃貓說：「謝謝你，給我想出這麼好的名稱！」

司馬遷

司馬遷是漢朝人，他所寫的史記，是我國最偉大的一部歷史名著。

他從小就跟他的父親司馬談到京城去，當時，長安城十分繁華熱鬧，有錢人家的子弟，不是鬥雞，就是跑馬；不是吃喝，就是玩樂。他的父親不讓他染上這些不良的習氣，希望他將來能夠繼承自己的工作，完成一部歷史巨著。因此，特別注意對他的教育，請了最好的老師來教他，要他讀大量的書。

司馬遷努力讀書，經過十年，大大充實了他的歷史知識，為寫史記打好了堅固的基礎。

到他二十歲那年，為了增廣見聞，他便出外旅行。他花了兩年的時間，跋涉奔波，遊歷各地，像新聞記者一樣，採訪搜集各種材料。他到過萬里長城，看過孔子教學的講壇；他結交了許多意氣相投的朋友，聽到了許多聖賢英雄的故事。這對他後來寫史記，有很大的幫助。

後來，司馬遷因為替一位將軍辯護，得罪了皇帝，受刑下獄。司馬遷悲憤交加，但意志並沒有消沈，反而更加發憤著書。經過十五六年的努力，他終於實現了理想，完成了史記這部名聞古今的著作。他把從黃帝到漢武帝二千六百年間重要的史實都寫了出來。由於他的記述，我們才能夠知道祖先的成就與古代的歷史。

王維的詩和畫

王維是我國極負盛名的詩人和畫家。他還善於彈琴，輕輕一彈，就會發出像滾珠，像急雨，像鳥啼，像銀笛的各種聲音，教聽的人入迷失魂。

王維在長安城裏，常常替廟宇和貴族設計壁畫。他的畫，最著名的有山水、雪景、佛像三種。後來，他住在山中，那裏風景非常美，可以看到銀魚出水，白鳥低飛；楊柳依依，蝴蝶紛紛；落花飄舞，彩霞滿天。他和朋友時常坐著小船出去遊玩、寫詩、作畫。

王維寫詩的時候，常以畫家的眼光，把一些如畫的景象寫進詩裏。像「明月松間照」一句，是一幅畫；「清泉石上流」一句，又是一幅畫。他寫了一首「田園樂」：「桃紅復含宿雨，柳綠更帶朝煙。花落家童未掃，鶯啼山客尚眠。」後來有人把這首詩畫成了一幅畫：在一個春天的早晨，園子裏有幾棵桃花開了，粉紅的花上還含著昨晚的雨珠，垂柳也長出了綠綠的新葉，更飄著一帶輕煙般的白霧。落花滿地，一個小孩子正拿著掃帚，打算清掃。一隻黃鶯邊飛邊叫。在一張牀上，有個客人還在睡覺。這眞是一幅快樂的田園生活畫。

王維畫畫的時候，又常以詩人的眼光，去捕捉一些如詩的情趣。他畫了一幅山水，長達二十多尺，把他所感受到的水鄉風光都畫在裏面，有迷茫的月色，有怒放的山花，有綠樹小徑，有漁村人家，有竹子山峰，有浮雲溪流，都畫得非常生動，充滿著美麗閒適的詩境。

因此，蘇東坡讚美王維的詩畫說：「詩中有畫，畫中有詩。」

鄭和下西洋

南洋華僑最多，這跟鄭和七次下西洋有很大關係。

明成祖當上皇帝後，懷疑建文帝流亡海外，便下了一道聖旨，派遣太監鄭和去追查，因此就有了鄭和冒險航海的種種故事。

鄭和第一次旅行是在公元一四〇五年。他率領二萬七千八百多名軍隊，六十二艘大船，沿著海岸南下。到了越南，他並沒有發現建文帝的蹤跡。鄭和想趁此宣威海外，令各國入貢，就直航南洋，並由東向西，越過印度洋，遠到印度半島的古里。經過兩年四個月才回京覆命，各國也派遣使者隨船入朝進貢。明成祖非常歡喜。

從一四〇五年到一四三三年間，鄭和共作了七次遠航，長的兩三年，短的幾個月。他南下中南半島、南洋群島、印度半島、阿拉伯半島，最遠到達了非洲東岸，前後到過三十多個國家。

鄭和遠航各國，目的是要和它們結交通商。譬如到古里，古里王即派頭目來洽談商約。中國賣的有絲、錦、瓷器、漆器，買的有香料、象牙、珍珠、寶石等。

鄭和經過的地方，有些像是神話世界。有的國王頭戴金花冠，腳穿象牙鞋；有的島民長相醜怪，臉畫花朵野獸，不穿衣服，住山洞，吃蛇過活，有的土人，用白布纏頭，香油塗身，素食信佛。

有一個國王養了許多獅子、老虎和大象。他很貪心，想用這些野獸攻擊鄭軍，擄掠船上財物。結果反而被鄭軍用巨炮擊敗生擒。這是鄭和最驚險的一次經歷。

自鄭和下西洋後，南洋與印度洋各國，紛紛派出商船來中國做生意；廣東人、福建人也紛紛移民中南半島和南洋群島了。

醫藥學家李時珍

明朝的李時珍是我國有名的醫學家和藥物學家。他從小腸胃就不好，時常胃痛拉肚子，一發作，就由當醫生的父親替他治好。他還看到父親挽救了許多得了各種奇難雜症的人的生命，就決心長大後也當個醫生。

李時珍處處留心向父親學習，很快便成了一個精通醫術的醫生。他一面行醫，一面研究藥物。他發現舊的藥物書有不少缺點。許多有用的藥物被遺漏了，還有一些藥物記錯了藥性和藥效。他想，病人吃錯了藥，那多麼危險啊，於是決心重新編寫一部比較完善的藥物書。

李時珍爲了寫這部書，不但在給人治病時注意積累經驗，還常常親自到荒山密林去採藥。許多藥材他都親口品嘗，判斷藥性和藥效。他走了上萬里路，徵詢過千百個醫生、農夫、漁民，從他們那裏得到了許多書本上沒有的知識。他還治療過各類疫病，從實踐中獲得了大量的經驗。

經過二十七年的努力，李時珍終於在一五七八年寫成了《本草綱目》。這部巨著記載了藥物一千八百九十二種，藥方一萬一千零九十六條，約兩百萬字，是中藥書籍中一部最重要的經典著作。它引起了全世界醫藥學界的重視。現在已有日、英、德、法、拉丁等各種文字的版本。

豐子愷

豐子愷是中國現代最有名的漫畫大師。他喜歡畫畫的興趣，早在七八歲就表現了出來。他讀「千家詩」、「雲淡風輕近午天」，看到上面有一幅圖，畫著一隻大象，一個人，在耕田，沒有色彩；他就想給塗上一些顏色。他的家開染坊，他就去跟店裏的伙計，要了一些顏料回來，加了水，用毛筆塗抹出一隻紅象，一個藍色人，一片綠綠的田野。塗好了，看了又看，自己覺得很滿意；但沒想到顏色卻透了下去，把書弄髒了，也因此捱了他父親一頓罵。

從此，他就開始不斷練習描色畫彩，叫家裏的女僕紅英，去弄許多紙來，塗紅人，塗黑狗，塗藍房子，顏色都上得很好看。

有一天，在他父親曬書的時候，他發現了一本「人物畫譜」，就偷偷藏了起來，想照著樣子來畫，但一幅也沒有描像。紅英就教他把紙蓋在畫的上面，映著描畫。他第一次描的是柳宗元，穿著長袍，仰頭大笑。後來，他把畫譜裏的人物，統統描了下來，塗上了顏色。也因畫得好，同學都爭著來要。後來連老師都知道他會畫畫，請他畫一幅孔子像。豐子愷只好答應，他回到家裏，就看著畫譜按比例放大，細細地鉤出線條，加上顏色，一幅複雜華麗的孔子畫像，就這樣畫好，高高地懸掛在學堂的牆壁上，供大家敬仰。從此，同學都改口叫他「小畫家」了。

豐子愷學畫，是從「塗色」、「描畫」開始；後來進了小學，開始「臨模」，模仿鉛筆畫本、水彩畫本的圖畫去畫畫。他模仿得很像。進了中學，開始學習「寫生」，就是根據實物去畫蘋果、鮮花、茶壺、人物；他常常畫得跟眞的一樣。

一九二一年春，他去日本學西洋油畫，才開始學畫人物的雕塑模型，經過長期苦練，才能夠把人物的形狀、線條、明暗表現出來。他說要想畫得好，就要把基本的畫法學好，然後才能變化創造。

他回國後，就開始發表他的畫。「我們的七月」刊登他的一幅漫畫。畫面非常簡單，隨意的幾筆，畫著竹簾高高地捲起，天空掛著一彎月牙兒，還有桌子上留有一個茶壺，三個杯子，除此別無人影；右邊題著一行字，寫著「人散後　一鉤新月天如水」。看了，的確有無窮的味道。難怪書刊的編輯，要紛紛向他約稿求畫。

豐子愷善於在我們的生活中，選取一鱗半爪，巧妙傳神的，畫進漫畫中。他畫兒童的天眞爛漫，稚氣可愛，常常用他的三個孩子做模特兒。像小孩子看見大人結婚，也就以大人做榜樣玩起軟軟出嫁，做新娘子的遊戲。他畫孩子的夢：媽媽的床裏種滿花草，有蝴蝶飛著，青蛙兒跳著，眞是饒有情趣。我想小朋友看了他的畫，是不是也想做個小畫家呢！

貝多芬和他的月光曲

貝多芬是聞名世界的音樂家，德國人，生於一七七〇年，死於一八二七年，作有小提琴曲、鋼琴曲、交響樂曲、舞曲等一百多首，也寫過歌劇和爲歌劇寫音樂。被稱爲「樂聖」。

不幸得很，他在二十八歲的時候，聽覺突然出了毛病，後來終成了聾子。但他憑著堅強毅力，戰勝了缺陷，寫成了各種名曲：九部交響樂曲，在音樂的天地中，好像雄奇壯麗的九座高峰；三十二首鋼琴奏鳴曲，好像芬芳的玫瑰花。他的作品充滿了自然、光明、完美的力量！他的月光曲的產生，更是一個十分動人的故事。

傳說有一天晚上，貝多芬出去散步，走到一間簡陋的小屋前，忽然聽到一陣清脆的鋼琴聲。原來有一個雙目失明的女孩兒，正在小屋裏彈奏貝多芬的曲子。他不禁留步傾聽。琴聲停了，那女孩兒喃喃自語：「假使由貝多芬自己來彈這支曲子，一定是非常好聽的！」他聽了，非常感動，就推門進去。當她知道來的就是貝多芬，心裏有說不出的高興！

那天晚上，月光潔白明亮，如銀似水，灑在鋼琴和女孩的臉上。四外一片寂靜，一陣清風吹熄了琴臺上的蠟燭光，貝多芬的靈感如潮洶湧，十隻手指快速地移動，彈出了一支曲子，起先，調子幽美輕快，好像墜入了夢境；接著，轉爲簡短快速，好像在訴說辛酸、焦慮和熱情；最後則熱情奔放，像暴雨急瀉。這支新曲子就是舉世聞名，流傳極廣的〈月光曲〉！

貝多芬的交響樂曲，最有名的有：《田園交響曲》——描寫輕波蕩漾、百鳥鳴唱的田園風光；《英雄交響曲》——歌頌爲人類建立自由民主理想的英雄；《命運交響曲》——寫人的悲慘命運和勇敢奮鬥的精神；《第九交響曲》——規模最爲宏偉，寫人類心中激昂壯闊的情感和思想。

發明大王愛迪生

愛迪生盼望自己能創設一個大實驗室，所以早就開始籌款。他賣過報，做過報務員，還替人修理機器，節衣縮食，慢慢儲蓄了一筆錢。到一八七六年，他終於買下了一塊地，蓋了實驗室和廠房，來實現他做發明家的理想。第二年，他就發明了一架留聲機。

當時，人們在夜裏都是用洋燭、油燈和煤氣燈照明。洋燭和油燈光太弱，煤氣燈太亮，有難聞的氣味，又很容易引起火災，所以他就想利用電來發光。他構想的這種燈，必須光亮柔和，不容易熄滅，而且沒有臭味，沒有危險，費用又要便宜。

他先做了一個玻璃燈泡，在燈泡裏放一根細細的燈絲，然後用電加熱。他知道當電流通過燈絲的時候，燈絲就會發紅，熱到一定的程度，就會放出又白又亮的光。但不久，燈絲就燒斷了。他繼續實驗，經過無數次嘗試、失敗和挫折，他才想到這是因爲燈炮裏有氧氣，氧會幫助東西燃燒，所以必須把燈泡裏的空氣抽光，變成眞空狀態，燈絲才不會燒斷。他終於在一八七九年十月十九日晚上八點鐘，製成了世界上第一個不容易燒掉的燈炮，電燈就這樣產生了。

這位發明大王愛迪生，的確值得我們欽佩敬仰啊！

電話的發明

「天涯若比鄰」這句話，完全可以用來說明電話給我們的好處與感受。我的哥哥去美國留學，每隔十天半個月，就撥一次電話回來。在電話裏，我們聽到他的聲音，覺得就像促膝談心一樣的親切。

電話是英國人亞歷山大・格拉漢・貝耳發明的。他的父親是研究語言的學者。他從小受父親的影響，長大後在一所學校裏教語言。

後來，他全家搬到美國去，在波士頓爲聾子辦了一所學校。他想製造一種機器，來幫助聾子了解怎樣發音說話。雖然這種機器沒有製成，但是他發現當電流通過銅線圈的時候，會發出一些聲音；這聲音觸發了他的奇想：空氣可以傳送聲音，那麼利用電流代替空氣，大概也可以傳送我們說話的聲音吧！因此，他就想藉著電線，發明一種通話的機器。

他和電氣師湯馬司・華生一起研究。他們把電線從屋子的這一頭架到另一頭，在電線的兩頭，各裝上一具電話機。兩個人對著電話機，放開喉嚨，大聲喊叫；結果聽到的，只是透過牆壁傳過來的聲音。他們不斷改良，雖然屢次失敗，依舊堅定地朝著目標努力。

一八七六年三月十日那天，他們正在各自的位置上，準備試驗通話的時候，貝耳把一些設備放進強酸裏，一不小心，一些酸液濺到腿上。他痛得大喊：「華生，快來幫我！」華生忽然從電話筒裏，聽到了貝耳喊救的聲音，眞是高興極了，電話就這樣產生了。

現在電話已經不是甚麼時髦的玩意兒，而是家家都有的通話用具。撥幾個號碼，我們就可以跟親友交談，實在方便極了。

抗生素的產生

抗生素，是現在最神效的一種藥劑；但它的產生，卻可以說是一種奇跡。

亞歷山大・福來明是英國研究病菌的科學家。一九二八年，他在培養盤裏繁殖葡萄球菌，時常打開蓋子，在顯微鏡下仔細觀察細菌繁殖的情況。葡萄球菌是一種金黃色的細菌，形狀像小球，又像成簇的葡萄；牠喜歡生長在人類的皮膚上，造成腫瘡和潰爛。

這年九月，天氣又潮又熱。有一天，福來明突然發現，培養盤裏長出一小簇毛毛綠綠的霉菌。他想把霉菌和葡萄球菌混在一起，看看會產生甚麼變化。試驗結果，他發現在霉菌的周圍，特別乾淨，不像一般葡萄球菌的繁殖區，泛起一攤金黃色。這種現象，使他吃驚得半天都說不出話來。他認爲這可能是霉菌摧毀了葡萄球菌。

從此，他開始培養霉菌。霉菌長得很快，起先是一團白絨毛，不久就變成了青綠色。它成叢地生長，像一支支鉛筆。他把霉菌放到各種病菌裏做試驗，發現霉菌對許多病菌，都有強大的殺傷力。他又用老鼠和兔子做試驗，先在這些小動物身上注射病菌，再注射霉汁；結果老鼠和兔子都沒有染上甚麼病。他又用霉汁替人敷傷口，也非常有療效。因爲這種霉菌是青綠色的，樣子像鉛筆（pencil），所以他就把它叫做 Penicillin（盤尼西林），中文叫青霉素。又因爲是用細菌殺細菌，用生命抗生命，所以又叫「抗生素」。

以後經過許多科學家的研究改良，在二次世界大戰的時候，美國大量生產青霉素，拯救了許多傷患者的生命。後來醫學界發現了更多種類的抗生素，如紅霉素、金霉素等。抗生素救活了無數的生命，眞是二十世紀最神奇的一種科學發明！

中國的造紙與印刷術

中國對世界文明有四大貢獻：火藥、羅盤、紙和印刷術。其中跟我們生活關係最密切的，要算是紙和印刷術了。我們經常用的，像信紙、報紙、寫字簿、相簿、請帖、車票、卡片、書籍等等，沒有一樣少得了紙和印刷。

在紙還沒有發明以前，我國人先是把文字寫在竹簡木板上，後來寫在絲綢上；印度人寫在貝多羅樹的葉子上；希臘人、羅馬人寫在羊皮上。書寫既不方便，費用又貴。

大概在西漢時代，我國人就已經知道造紙，只是質地比較粗糙罷了。到了東漢時代，就是公元一〇五年，蔡倫加以改良。他用破布、樹度、麻頭、漁網做原料，長時間泡在水裏，然後加上石灰，蒸煮搗爛，使纖維鬆散，變成紙漿，再濾去渣滓，經過漂白，鋪成紙型，壓去水分，曬乾烘乾，就成了又薄又白的紙張了。蔡倫也就被認爲是世界上第一個發明紙張的人。

我國造紙的技術，公元六一〇年傳到日本，七五一年傳進阿拉伯，又四百年後，傳到西班牙，終於傳遍了歐洲。

印刷術的發明，對人類文化的發展貢獻更大。

從前的書，要一個字一個字地抄寫，所以讀書是非常不容易的。到七世紀，我國人想出了在木板上刻字來印刷圖書。大概在公元一〇四一到一〇四八年間，我國人又發明了活字排版，印書就快速多了。十四世紀以後，更大量用銅模鑄字、排版印書。到了十五世紀，活字印刷術傳到了歐洲。

現在，用機器造紙，產量龐大，品質優良。圖書的印刷也更加進步了，我們的課本更印有彩色插圖，非常美觀！

象形字和形聲字

你知道這是甚麼嗎？

這不是圖畫，是古代漢族的文字。文字的出現，表明人類社會已經發展到一個相當高的階段了。

在沒有文字以前，人類靠甚麼來記事？據說，那時人們要記事，就在繩子上打個結；要記數，就在地上畫幾畫。

後來有人用畫畫來記事。看到有形體的事物，例如「牛」、「羊」就畫牛頭、羊頭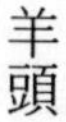，「龜」就畫一隻烏龜，「口」就畫一張嘴巴，在嘴裏添幾顆尖牙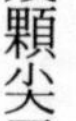，就是「齒」字，畫出枝幹根兒，就成「木」字，樹上給添些果子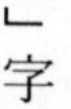，就成了「果」字。後人把這些畫簡化了，用點（、）、線（一丨ノ㇏ㄱㄥ）來表現，就產生「日」、「月」……之類的象形字了。

在漢字中，最多的是形聲字，大約佔百分之九十，它是形和音的結合。例如「爸」、「媽」，「巴」、「馬」是表音部分，記嬰兒叫爸媽的語音；「父」、「女」是表意部分，「父」表示父親，「女」表示母親屬於女性。又如，四肢的「肢」，「支」是表音部分，「月」就是「肉」，表示是身體的一部分。揭開的「揭」，指抹的「指」，拒絕的「拒」，擠壓的「擠」，援助的「援」，也都是形聲字，由挑手旁，可以知道這些字都跟「手」有關，表示一種動作。

形聲字，我們一看它的形體，就可以知道它大概的意義。例如，「樹」子、手「杖」、「桃」兒、「核」仁、「樹」、「榦」……，都含有「木」旁，自然跟樹木有關。吃、喝、哨、唱、咀、嚼……，都有「口」旁，自然跟用嘴動口有關。

漢字的構造固然複雜，但當你知道了它構成的原理，再去認字，就會覺得容易多了。

靈魂之窗

被稱做「靈魂之窗」的眼睛，是人體非常重要的器官。

我們不但可以用眼睛看這花花世界，還可以用它表達內心的感情。街上的行人和高樓，五光十色的霓紅燈，遠處的山嶺，天上的銀河，只要看一眼，就能把這廣闊的區域，複雜的現象，看得清清楚楚。看看錶，就知道是幾點幾分；看人一眼，就知道他胖瘦美醜。讀書、寫字、打球、跳繩，不論做甚麼事，都要用眼睛。可見眼睛是多麼重要的了。

眼睛，爲甚麼能夠看得見東西呢？

我們知道，照相機的前面是鏡頭，中間是快門，後面是底片。照相時，光線把人物的形象反射出來，透過凸鏡的曲面，穿過快門，影像就投射在底片上。

眼睛的構造就好像照相機。眼球就像透明的凸鏡，黑眼珠中的小孔就像快門，視網膜就像底片。光線把人物的影像和色彩，反射到我們的眼球，穿過小孔，影像就在視網膜上顯現出來。影像再經過神經傳到大腦，大腦就能辨別眼睛所見到的東西，是鮮花還是毛毛蟲，是盤子還是好吃的菜。

視網膜的細胞，有的能辨別顏色，有的能增強在黑暗中的視力；這類細胞發生了病變，就會造成色盲和夜盲。色盲，往往不能辨別相近的顏色。夜盲，一到傍晚，看東西就朦朧模糊；患夜盲症的人要多吃維生素甲。近視是遠的東西看不清楚；遠視是近的東西看不清楚；都需要配眼鏡來調整視力。有些眼疾，像白內障，更換水晶體，就可以恢復視力；青光眼、視網膜脫落都要及時治療，嚴重了會引致眼睛失明。

奧妙的電腦

父親買了一部電腦回家。他告訴我們：電腦的功用實在太多了！人之所以稱為「萬物之靈」，是因為人有一個聰明的頭腦。電腦呢，就是科學家用人腦做樣本，設計出來一個最奧妙的機器，幫助我們處理事情，計算數字，儲存資料，打字繪圖，設計東西，控制機器，解決難題。做這許許多多的工作，是人類二十世紀最偉大的一種發明。

電腦又稱「電子計算機」，計算和閱讀的速度，都快速無比，在一秒鐘內能夠計算幾千個數字，能夠閱讀七萬個文字。電腦的專家事先用電碼語，把做事的方法和資料，存在磁碟裡；我們要電腦做什麼事情，只要打一個指令，電腦很快就會從磁碟裡找到資料，做出答案。

自從我們家有了電腦，爸爸用電腦打字寫稿，幾千字的文章，兩三個小時就打好了。大哥用電腦計算數學，畫表畫圖；哥哥說：這樣複雜的計算題，要是用筆算，一年也算不完呢！一支光筆在螢幕上畫著移動著，一架立體的飛機就畫了出來。再按一個鈕，印表機幾秒鐘就把文稿圖表，　印在紙上了。姐姐用電腦讀英文。媽媽用電腦記賬。我和電腦下棋，要贏它，可也不容易。

爸爸說：銀行的取款機，地下鐵的售票機，百貨公司的收銀機；這些機器都是由電腦控制的，自動替你計算、登賬、兌錢、賣票。有一次，爸帶我去參觀一家紡紗工廠，幾百部機器在運轉，全由一部大電腦控制，一切工作全部自動完成，大大減低了人力。更神奇的，還可以用電腦駕駛無人飛機，發射火箭和太空衛星。

現在，有人用電腦設計機器，只要運用光筆，就可以畫出各種圖樣，在螢光幕上，操作試驗，隨時修正。最妙的，有一個人製造火腿，竟也用電腦來設計，算出用多少牛肉、脂肪、調味料、水份，味道才最好，成本才最低。

電腦的用處，說也說不完！爸爸最後說：「做一個現代人，一定要懂得電腦，一定要會用電腦。」

如何美化心靈

我國的文學、書法、繪畫、音樂與戲劇等藝術，都帶有濃厚的中國色彩，代表著中國文化的特色，也都有過非常燦爛的成就。

我國很早就有了文字，但是講究書法藝術，把一點一畫的字寫得很美，是從漢朝開始，以後就產生了許多書法家，有楷書、行書、草書各體寫法。他們大都用鼠鬚筆、宣紙來寫的；好的字，掛起來就像一幅畫。

我國的繪畫也發展得很早；象形文字就是從畫畫來的。早在戰國時代，愛國詩人屈原就見到許多壁畫。繪畫走上藝術的路子，是在晉朝時候。像顧愷之畫人物，就非常傳神成功。國畫的題材，有人物、山水、花鳥、畜獸。畫法有隨意揮灑的水墨畫，有描線敷色的工筆畫。當煩悶無聊的時候，能夠畫幾筆，也可以教人忘記愁悶了。

孔子特別注重禮樂，認爲音樂可以陶化人性。音樂是最大衆化的藝術，許多人聽到樂聲，就禁不住手舞腳動了起來，所以唱歌跳舞都需要音樂伴奏。我國的音樂一直和詩歌結合；從詩經、樂府到詞曲，可以說都是配著音樂來唱的歌詞。到了元朝，音樂、舞蹈和文學，更加緊密地結合，產生了歌劇，就是我國的戲曲。戲曲有各種不同的唱腔技巧；唱的好，會教人沈醉著迷。清朝又產生新的唱腔，叫做京戲。地方戲多用方言來唱。現在年輕的一代，受西方音樂的影響，就不太懂國樂和京戲了。

我國文學的成就，尤其燦爛，奪人心目。前人流傳下來的詩歌、散文、詞曲、小說、戲劇非常多；我們今天讀來，還深深受它感動。

書法、繪畫、音樂、戲曲和文學，都是藝術。喜歡文學和藝術的人，可以陶養德性，啓發智慧，就不會受物慾的驅役，做金錢的俘虜，以致墮落了。醉心文學與藝術，實在有美化心靈和人生的好處。

如何研究科學

科學家的成就，大大改善了人類的生活。假使你也有造福人類的雄心；那就讓我把他們成功的秘訣告訴你吧：

㈠**模仿自然**：自然界的一些現象，時常成了科學家創造的靈感。人類由蜘蛛織網，發明了漁網；由木頭漂浮水面，創造了船隻。某些魚有流線型的身體，能減低水阻力，游得快；人類就應用這種原理，去設計潛水艇的外殼。這就是所謂「模仿自然」。

㈡**觀察實物**：許多科技的成就與發現，都是由長期觀察來的。東漢時，張衡常在深夜觀察月亮星辰；他終於根據觀察結果，畫出正確的星象圖，製造天文儀器。

㈢**努力試驗**：許多科學家對研究的目標，大都是堅持到底，絕不懈怠，不斷試驗，求其實現。沒有麻醉藥以前，開刀常常給病人帶來了極端痛苦。所以有一個外科醫生，就用鼻子吸嗎啡，想發明一種麻醉劑；他不斷試驗，直到了死後，這種麻醉劑才試驗成功。

㈣**研究問題**：實用性質的科技，大都是經過實地研究完成的。譬如開發公路，工程師就必須實地研究：如何在高山間挖出道路？如何在急流上架設橋樑？

㈤**不斷改良**：人類對產品、對技術，都是不斷求進步，求改良，用起來更方便。由古代的木船推車，發展到今天的輪船汽車，其間經過多少次改良。研究科學，就應該有求更新更好的精神。

㈥**合作研究**：研究科學需要充足的人力、經費與設備。明朝醫藥學家李時珍研究中國的藥材，經過二十七年，才寫成了一部著作。假使當時政府能接受他的建議，設立專門機構研究，也許不要兩三年，就可以完成。研究現代科技，更需要合作，才能快速地收到研究的成果。

你們長大後，也許雄心勃勃，想研究科學；那你就要把握這六點觀念去努力；有一天，你也許會成爲一位極享盛譽的科學家！

如何克服恐懼的心理

前幾天，你跟我談起了考試。你說你一到考試，就常常緊張得睡不著覺，一拿起考卷就甚麼都忘了，成績總是不好，老師總以爲你不用功，眞是冤枉極了。

你說你自己笨，注定要失敗，最好有甚麼補腦益智的藥丸藥劑，吃了就能變得聰明一點。又說，你曾祈禱，請上帝幫忙，可是也沒用。

其實，你並不笨，記憶力也不差，只是缺乏自信，害怕失敗，因而對考試存有畏懼的心理。

恐懼的心理，大都是人們自己造成的。有人怕黑，晚上疑神疑鬼，做惡夢；其實，哪有甚麼鬼？有人畏高，在山邊、在陽臺，只怕自己摔下去；其實，哪裏會摔下去？

小孩子第一次上幼稚園，大都很害怕，有的哭著不肯留下；但只要待上半天，唱唱歌，跳跳舞，以後就天天想去了。也有人怕上臺講話，一上臺，手腳就不知道擺在哪兒好，連舌頭都打了結兒；但只要你有機會上臺，包你會一次比一次講得精彩！

有些大人還怕老鼠，怕狗，怕病人，怕貧窮，怕失敗。其實，老鼠更怕人；狗亂叫，只是虛張聲勢；許多病是不會傳染的；貧窮也不要怕，只要努力工作，生活就會得到改善；失敗了，可以從頭再來。有甚麼好害怕呢？

恐懼只是心裏的一種幻覺，實際上並不存在。只要你相信自己的能力，加上用功，就可以克服膽怯害怕的心理。如果你考試時不緊張，就一定會考得很好！

談求學和做人

最近大家常常談求學和做人。你問我有什麼意見？我認爲求學要好好運用時間，做人要注意品德修養。

不管我們的天資高低，聰明愚笨，我們每一天能夠擁有的時間，都是二十四個小時，則完全一樣。這些時間要如何利用？是很重要的。有人說：時間像一張白紙，你要寫什麼？畫什麼？都應該先謀畫想好；一畫過寫過，這張紙就不能再用；時間也是這樣的，一過去就不能夠再挽回；所以我們不可以浪費亂用寶貴的時間！

我們要怎麼運用每一天的時間呢？我認爲當你中宵夢醒過來，最好就利用這片刻的寧靜，反省一下：自己有沒有好好利用這一天寶貴的時間？老師講課的時候，我有沒有認眞聽講？老師交代的作業，我有沒有遵循著去做？不明白的地方，我有沒有澈底弄明白？不會的地方，我有沒有問個清楚？求學讀書，切不可心存僥倖；遭到困難，也不要喪失信心；只要自己把握時間，努力用功，學業進步了，自然就會有優秀的表現。

還有一個人的行爲好壞，都是一步一步的造成。跟同學一起，我有沒有說過穢言髒話？獨處時候，我有沒有讓自私污濁的念頭，腐蝕自己的良心？假使「有」，就應該督促自己，馬上改過。還有要多做些服務同學的事。能好好利用每一天的時間，我們就會成爲品學兼優的好學生了！

談兒童讀物的趣味

我小時候，讀過許多謎語、兒歌、故事，最使我感到興趣的，是那些比較稀奇古怪的作品。稀奇古怪，正合裝滿了一腦子奇思幻想的孩子們的口味兒。

過去有一條謎語，說：「奇巧奇巧眞奇巧，站著沒有坐著高。」這條謎語連用了三個「奇巧」，「巧」字又跟「高」字押韻，文字又那麼平白，所以朗讀起來，聲音非常和諧順口。這是就一隻「狗」，坐著比站著「高」的特徵，做成了這一條比較稀奇有趣的謎語。你能不能夠也做出這樣有趣的謎語？讓我猜猜看！

有一個年輕的畫家，根據兒歌畫了一幅稀奇的畫。我還記得這兒歌的文字，是：

「一稀奇，南瓜兒肚裏唱京戲。二稀奇，三歲孩兒生鬍鬚。三稀奇，猴兒騎小雞。四稀奇，小魚兒上岸耍把戲。五稀奇，小豬兒穿紅衣。六稀奇，黃狗兒孵小雞。」

這支兒歌眞是寫得稀奇極了。誰見過三歲孩兒生鬍鬚？誰見過猴兒騎小雞？……但在小孩子的想像裏卻是可能的。眞有這些事，豈不有趣！想想，也的確有趣！你能不能根據這個兒歌，也畫出一幅有趣的圖畫？讓我看看！

猴行者和白虎精鬥法的故事，也是我所喜歡的：

「那個歪頭白虎精，忽然面皮皺裂，搖頭擺尾，張牙舞爪過來。猴行者把牠打退，說：『伏不伏？』白虎精說：『不伏！』猴行者說：『你要不伏，看你肚子裏有一個老猴子呢！』白虎精大叫一聲。猴子在牠的肚子裏答應一聲。教人詫異的，是白虎精一開口，就吐出一個小猴子。再開口，又吐出一個。猴行者說：『你就今年吐到明年吧，也吐不完呢！』」

這個簡直像魔術師，從一個小箱子裏，變出一束又一束的花朵，一樣的有趣呀，變個沒完呢！這類兒童讀物，都是從稀奇古怪的心靈世界來的。

說話

大家生活在一起，怎麼能不說話呢？表達意思，要開口說話；交換意見，也要開口說話。就是一個人孤獨過活，也不能不說話。從前有一個水手，漂流到荒島，沒有人跟他說話，悶得發慌，只好跟老鷹、魚兒講話。今天，人與人的接觸越來越多，需要說話的地方也越來越多，說話在我們的生活中是越來越重要了。

「沈默是金」這句格言，在今天已經不太合適了；「把嘴巴掛起來」，也不太可能做到。那麼要怎麼樣才能把話說得好？不要口齒不清，結結巴巴的，要說得清楚明白，恰到好處。一句話說得好，人家聽了很高興接受；不好，人家聽了就生氣拒絕。喜歡強辯、說髒話的，最教人厭惡。「會話課」就是要訓練同學怎麼去說話。我們要想把話說得好，起碼要注意下列幾點：

㈠要常常練習說話。上課有問題，就向老師提出；在家有事情，就向父母說明；同學之間也可以靠交談來討論功課。練習多了，自然就會把話說得流利順暢了。

㈡說話要有重點，養成了習慣，話就會說得恰到好處。

㈢說話的態度要大方、坦率、輕鬆、謙虛、誠懇，這樣，別人就會喜歡跟你接近，從而獲得更好的說話效果。

我們不僅要會說話，還要說得好。

相愛互助

在動物的世界中，我們也可以看到一些相愛互助的情況，令我深深感動！

一天早晨，我看見花園中的兩隻小鳥，面對面站在橫枝上，頭靠得很近，狀極親密。我仔細一看，才發現這邊的一隻小鳥，正用尖嘴輕輕啄著另一隻小鳥的臉頰，好像替牠抓癢，又好像替牠清除跳蚤之類的小蟲。啄完了一邊，又啄另一邊；被啄的那一隻小鳥，狀極舒適陶醉。

這種的相助相愛，使我想起幼小時，母雞帶著小雞，吃田裏的穀粒。牠從喉嚨裏不斷發出格格、格格的聲音，呼叫小雞來啄食。鹿也是這樣的，看見好吃的嫩草，就叫牠的同伴前來分享呢。

我們不喜歡烏鴉，一聽到烏鴉啞啞的啼叫，就說「烏鴉嘴，不吉利！」烏鴉卻是充滿著愛心的鳥。生物家曾經這樣地描寫烏鴉反哺的情形：

那隻全身烏黑的烏鴉，嘴裏銜著一條小蟲，飛落樹枝上，跳近一隻老烏鴉的身邊。老烏鴉張開了長嘴，接受了牠兒女送來的食物。過去小烏鴉靠父母給牠們食物；現在大烏鴉老了，飛不動，沒法覓食，惟有靠兒女給牠們餵食物了。白居易作詩說：「烏鴉失母，啞啞哀啼；好像告訴人，未盡反哺心！」

澳洲的袋鼠，後肢強大有力，前肢細小，很會跳躍。母袋鼠腹部有個皮袋子，內有乳頭。母袋鼠常常把小袋鼠放進這個育兒袋子裏，盡心哺育。

有些動物像鴿子、猴子、大象、野馬、野牛、蜜蜂、螞蟻、海狗、海馬、海鳥都喜歡成群棲息一起，分工合作，相愛互助。像蜜蜂就是，有的育兒，有的築巢，有的擔任防禦，有的釀造蜂蜜。

人類是不能夠離開群體生活的，所以我們也必須相親相愛，互助合作。

普通話的重要

全世界有多少中國人呢？中國本國有十二億多，加上各地的華僑，總數早已超過了十二億六千萬人。

這樣多的人，用甚麼做媒介來溝通思想呢？幸好，大家都會寫漢字，可以用文字來表達意思。可是當你去上海、台北、新加坡、東京或美國……，遇到自己的同胞，要想跟他們說話，便會成爲聾子和啞巴。上海人說上海話，你聽不懂，不是就成了聾子？你說廣東話，上海人聽不懂，他不是也就成了聾子？大家只好都不講話，這無疑大家也都變成了啞巴！語言不通，怎麼能聯絡大家可貴的情誼呢？

中國有幾百種方言。要是各地的人都只會講當地的方言，那麼我說的話你不懂，你說的話我也不懂，將是多麼不方便。將來你們長大了，爲求學、旅遊、探親、遷徙、做生意，都可能到別地方去；語言不通，與人交往便會發生困難。假使所有中國人都會講普通話，那就方便得多了。

普通話是中國人共同的語言，講的人那樣多，所以也是世界上最有用的語言之一。現在，香港學校已經開始教普通話了，我們應該好好把握這個機會去學會它。

論公德

許多人都喜歡過「我行我素」的生活，不喜歡受任何約束，不容許別人干涉他的生活，以爲這就是「自由」。

因此，遵守公德的觀念，很不容易建立起來，儘管到處有垃圾箱，還是有一些人亂丟垃圾；儘管公共場所寫著「禁止吸煙」，還是有一些人在吞雲吐霧；儘管大家都知道交通規則，還是有一些人胡亂開車。

現在，世界各地的人口都在不斷增加。到處大廈林立，我們生活的空間越來越小，動不動就會妨礙到別人。我的叔叔給我解說舊詩，我覺得古人描寫「夜深村狗吠」的聲音，「依依墟里煙」的景象，都十分閒適優美。現在，哥哥在家裏彈吉他，我都嫌吵，不能靜下心來讀書；有時，弟弟和妹妹笑笑鬧鬧，媽媽就對他們說：「別吵，爸爸正在寫東西！」爸爸寫東西時常抽煙，媽媽便覺得難聞極了；上課時，有人竊竊低語，也會擾亂大家聽課。現在我們生活在這紛紛攘攘的世界上，再不可以我行我素的過生活了。我們應該時時刻刻注意自己的行爲，想想自己的所作所爲會不會影響和妨礙別人。

我們要特別注意培養自己的公德心，要愛惜公物，要遵守交通規則，要維護環境衛生……不隨地吐痰，不亂丟垃圾，不違法犯規，不爲非作歹……人人養成了良好的生活習慣，社會風氣也就會慢慢地好起來。

養小動物的情趣

許多人喜歡養小動物。養小動物可以增添不少生活樂趣。八哥鳥、金絲雀，叫聲美妙；貓、狗善解人意，很討人喜歡。

貓的臉圓圓的，毛軟軟的，鼻子扁扁的。貓眼會隨著光線而變化，光線強烈時就成了一條細縫，黑暗裏眼睛就成了滾圓。貓行動敏捷，很會捉老鼠。貓又很溫順，常低頭貼耳，倚靠在人身邊。狗的聽覺、嗅覺都非常靈敏，人常用牠守門防盜。一般常養的有哈巴狗、獵狗、牧羊狗、沙皮狗……。哈巴狗耳朵大，鼻子凹，四腿又短又彎，走起路來，那圓滾滾的身軀擺來擺去，十分有趣。獵狗高大威猛。牧羊狗機警敏捷。

養小動物雖然是私事，但也不能說對別人沒有影響。貓性喜亂跑，又常用爪亂抓東西。狗見到生人，就汪汪大吠。如果任憑貓狗亂跑，夜裏亂吠，左鄰右舍會感到不滿，容易引起糾紛。因此，要是我們養貓，就不要讓牠到處亂跑；養狗，就不要讓牠在靜夜裏亂吠胡叫。若是因爲養小動物而跟鄰居發生糾紛，那就甚麼樂趣也沒有了。

第五輯　詩歌戲劇選集

母親頌

母親，
你賜給我玫瑰般芬芳的生命！
在你低唱搖籃曲的歌聲中，
我進入安詳的夢境；
我就在你甜蜜的恩情中長成！

母親，
我生病，你擔憂；
我康復你就喜歡。
我犯錯，你原諒；
我成功你就誇讚。

母親，
你造就我朝陽般燦爛的生命！
在日常的訓勉中，
你教我辨別黑暗與光明；
我就在你渴切的期望中長成！

母親，你愛我的恩情，
比山高，比海深！
你悄悄走了，
我將憶念終身！
你的美德典範，
我將長記在心！

小河在唱歌

聽啊！
小河在唱歌：
波波，活活，
活活，波波！
鑽過一座橋，
追上鵝伯伯。
河畔小草拉拉手，
垂柳彎腰點點頭。
他們都在喊：
「小河慢慢流！」
不能歇，不能緩，
要流的路還很長！
轉個彎，再轉彎，

找到大河哥，水多力量強。

聽啊！

小河在唱歌：

波波，活活，

活活，波波！

越過小石堆，

追上鴨婆婆。

水中魚兒擺擺尾，

青蛙含笑招招手。

他們都在喊：

「小河慢慢流！」

不能歇，不能緩，

快快流過這個灘！

進水庫，儲滿水，

開閘灌良田，種田不怕旱。

四季歌

我又聽到大地快樂地歌唱：
春天裡，活潑的小鳥，
在垂柳間，來回跳蕩，
小尖嘴吹著輕快的口哨。

夏日，熱烘烘的太陽，
曬得鳥兒頭暈腦脹，
躲到樹蔭裡，閉眼睡覺，
不再吹輕輕快快的口哨。

接著上場的是青蛙大樂隊，
爲了參加畢業的慶祝晚會，
牠們合奏一支熱鬧的曲譜，

大大的嘴巴吹得脹脹鼓鼓。

啊，大地歌聲，
　從未間斷；
秋天落葉小唱，
馬蹄得得輕響。

在寂靜的冬夜，
寒冰開始凍結；
在紅紅的爐邊，
小屋充滿了溫暖；
耳邊又響起促織的妙歌，
讓睡蟲又爬上我的心窩；
　我彷彿又看到
活潑的小鳥，一邊飛，一邊唱，
快樂的青蛙，一邊唱，一邊跳！

秋天是個好季節

秋天來了，
吹起了涼爽的西風。
促織的夜鳴，
息索的落葉。
燕子也爲了尋找溫暖，
向南方飛得那麼快捷！
海上也洶湧起浪潮滾滾似雪。
秋天是一個高放風箏的好季節！
秋天來了，
吹起了涼爽的西風。
紅葉紅得像美麗的鮮花，

黃楊黃得像圖畫中原野。
滿園是飄著濃香的玉粒，
天下是掛著明亮的圓月。
牆邊成叢的黃菊爬上了庭階。
秋天是一個出外旅遊的好季節！

秋天來了，
吹起了涼爽的西風。
黃橙水梨擺滿了市街，
還有肥美好吃的紅蟹。
田野長滿金色的稻子，
農夫春耕夏種的辛勞，
現在也都換來了豐收的喜悅。
秋天是一個萬物結果的好季節！

遊行

燈明如晝，正月十五，
盛大慶祝新年的隊伍，
穿過市區中心的馬路，
喧囂熱鬧地敲鑼打鼓。
人們從巷間湧向街頭，
心中的歡笑掛在臉部。

獅子隨著鑼鼓跳著舞，
遊行的人高舉著旗子：
一面是月亮裏套隻玉兔，
一面是太陽中畫個金烏，
一面是背插雙翅的老虎，

一面是獨角青龍在搶珠。
儀仗隊耍著金瓜和銀斧，
花燈裏點著紅紅的蠟蠋。
這一晚好像開化裝舞會，
大夥兒都穿著奇裝異服，
騎著小馬，騎著笨驢，
不同穿著，不同裝梳。
有人放起了沖天煙火，
漫空撒下了星雨花幕。
各種各樣人組成的遊行隊伍，
好像萬花筒的變化踏著舞步。

看得人人臉笑眉兒舒，
我們一起熱烈的歡呼！
我們正唱著嘹亮的歌曲，
參加這一個佳節的慶祝。

但願快樂幸福，
能夠永遠留住！
這個美好時光，
千萬不可辜負！

題震夷先生畫百石圖

自古來幾見畫家專畫石，
比比皆是畫山水，偶勾樹石附幾筆。
惟有楊展畫宮室，精心傑構變所依，
專志繪石務怪奇，力道雕透如斧劈。
尙有畫聖吳道子，
天付勁毫畫佛壁，縱以怪石崩灘裡，
圓石若隨急湍移，盤石若可坐與倚，
筆勢曲折幽襟啓，除此之外無可紀。
而今我友楊震夷，能畫佛像兼山水，
妙語如歌値千億，近年山居發奇思，
不畫山水畫怪石，十日五日畫一石，
鬼斧神工筆力疾，稜層皴脈盡恢奇，

石硬質堅如其志，藍田白石隨意揮，
精筆妙墨滿紙飛，教我嘯詠歌淋漓！

附杜忠誥書

忘恩負義（獨幕劇）

時間：午後

地點：路邊一棵桃樹下

人物：好先生　　老桃

惡狼　　獵人

大牛　　智伯伯

（幕開時，老桃從樹洞裡，露出半個臉孔。好先生背著裝書的大布袋上場，放下布袋，打個哈欠，坐在樹下休息。）

（惡狼上）

惡狼：（神色慌張）好心的先生，請你可憐，救救我吧！

好先生：（吃驚站起）啊，你是狼呀！

惡狼：有人在追我。

好先生：他爲什麼要追你？

惡狼：大概因爲我是一頭狼！那個自命嫉惡如仇的獵人，他非抓到我不可！他說恨不得要槍斃我，剝我的皮！其實我早就改過自新了。請你救救我吧！

好先生：要我怎麼救你？

惡狼：讓我躲進你的大布袋裡，他來問你；你就說：我朝那邊去了。

好先生：好啊。（把袋子打開，讓狼進去，又用繩子把袋子口紮好。）

（一個雄赳赳的獵人上）

獵人：先生，有沒有看到一隻惡狼？

好先生：是一隻受了傷的狼嗎？

獵人：（四面看看，然後看了鼓起的布袋子一眼）牠是藏在這裡嗎？

好先生：不不不，牠剛剛跑過去了。

獵人：這頭惡狼，偷搶奸詐，無惡不作。如果你再看到牠，就請你馬上通知我們，協助我們把牠抓起來，依法判刑。（獵人下）

好先生：（打開布袋）他走了；你可以出來，快點滾吧！

惡狼：（爬出布袋）好久沒吃東西了，好餓啊！怎麼走得動？你雖然瘦巴巴的，也夠做我的一頓點心。

好先生：（吃驚大聲）什麼！我才救你一命，你反過來就要吃我！

惡狼：我不吃你，我就會餓死。好心先生，救人要救到底啊。

好先生：你這樣胡說，我們就請老桃樹評評理。

惡狼：（兇惡地脅迫）老桃，你最好不要亂說啊！

好先生：老桃，你看到我剛才救了牠；牠反而要吃我。你說，有這種道理嗎？

老桃：有。以前，我每一年結過許多桃子；人人吃了都說好。現在我衰老，不會結果子了；那些人就不管我了，還要砍下我的樹枝當柴燒呢！

惡狼：你們人類就這麼自私！還不該死！

好先生：慢著，慢著，我們再去請問別人看看。

（大牛上）

好先生：大牛，請你替我們評評理。

大牛：你們爲什麼事爭吵？

好先生：大牛，我好心救了牠；牠反而要吃我；你說牠有理嗎？

大牛：這有什麼稀奇！我從小就幫主人耕田拉車；現在我年紀老了，筋骨衰了，他們就一腳把我踢開，不管我的死活了。

惡狼：你們人類也眞是沒情沒義的；實在該死！就讓我吃了吧！

好先生：別急別急，我還要再找一個人，來作最後的評判。

（智伯伯上）

惡狼：那邊有個老頭子走過來了；你要問，就趕快問他吧。

好先生：老伯，我救了這頭惡狼，牠卻要吃我。你說這合理嗎？

智伯伯：這的確難以判斷。先讓我瞭解你怎麼救牠的？

惡狼：他讓我躲進他的布袋子裡，並不是要救我，只是想悶死我。

好先生：我的確是可憐牠，才讓牠躲了進去的。

智伯伯：你們說的，我都沒看到，又怎麼能評定誰是誰非？所以要請你們從頭再表演一番，讓我看看啊！

惡狼：好，好，（把袋子打開，自己進了袋子裡去）我就是這樣子的，給他悶在裡面啊！

智伯伯：袋子口，是開著呢？還是紮著呢？

惡狼：他把口紮得緊緊的，實在是想悶死我呢！

智伯伯：那麼，就請你再把袋子口兒紮緊，讓我看看，會不會悶氣？

好先生：（把惡狼的頭按進了袋子，又把袋子口紮好。）

智伯伯：現在，你趕快打電話給獵狼中心吧。

好先生：我救過牠，怎麼忍心再去告發牠？

智伯伯：打擊壞人，人人有責！這樣的畜生，還跟牠講什麼人情道理呢！

（幕下）

井底之蛙（獨幕劇）

時間：上午

地點：青蛙的家

人物：蛙先生

蛙太太

小男蛙

小女蛙

龜博士

場景：青蛙家的客廳，擺著三把凳子，一張破桌子。

（幕開，小男蛙和小女蛙在客廳裏玩捉迷藏。）

小男蛙：（臉上包著手帕，做探手找人狀）妹妹，我來了，你別逃。

小女蛙：哥哥，我不逃！我是機靈活潑的小青蛙，不怕你這瞎眼的大笨瓜！

（蛙先生和蛙太太上）

小男蛙：（抓住青蛙先生，很高興地）抓到了，我抓到你了！（拉下臉上的手帕）啊，爸，對不起！
蛙先生：你們長大了，不要老玩這小孩兒玩的遊戲。
（海龜博士上，戴一付大眼鏡）
龜博士：（敲門）青蛙先生在家嗎？
蛙先生：（上前開門）啊！是海龜博士，請進，請坐。（讓海龜博士坐中間，自己坐在旁邊）你出外遊歷兩三年了，甚麼時候回來的呢？
龜博士：回來兩三天了。
蛙先生：兩三年不見，你胖起來了。
龜博士：是呀。你家的大門，我差點兒擠不進來了，哈哈！
蛙太太：（端茶上）博士，請用茶。
龜博士：謝謝！這幾年，你們過得好嗎？
蛙先生：（得意洋洋地）很好啊！我一跳上水井的欄干，就可以看到外面的花花世界；一回到井裏，伸伸前腳，踢踢後腿，就可以舒舒服服地躺在水床上，做一個甜蜜的夢啊！
龜博士：你們應該出去看看，外頭的世界，真是太大了。
小男蛙
小女蛙：龜伯伯，說給我們聽聽吧。

龜博士：我到過許多地方，河岸兩邊是翠綠的田野，有些山峯蓋滿了白雪，在海濱可以看到許多輪船在海上航行，還有無數熱鬧的城市。

蛙先生：比這裏熱鬧嗎？

龜博士：還要超過千百倍呢！像東京地下鐵，來往的人潮，就像海浪一樣；臺北滿街都是車；香港的外來遊客，一年就有六百多萬人。

蛙太太：啊，外面眞是這樣子嗎？

龜博士：還有，北京有世界最大的宮殿；非洲有設計奇特的墳墓——金字塔；美國有不少摩天大樓，最高的有一百一十層。各地方都有學校、醫院、工廠、音樂廳、運動場、圖書館、博物院。

蛙先生：我還以爲世界上最美最好的地方，就是這裏了。現在才知道，從我這個水井裏看出去，能看到的天，實在是小得可憐！

龜博士：對啊，你走到海邊，才會知道海洋有多大！越過海洋，地球的陸地，除了亞洲，還有歐洲、美洲、非洲和澳洲呢。

小男蛙：那麼，除了地球，還有別的地方嗎？

龜博士：現在人類還可以坐太空船，飛到月亮上去呢。

蛙先生：博士，你說得很對。我要帶他們到各地觀光，增廣見聞。

小男蛙：爸，我們明天就去看金字塔吧！

小女蛙：媽，先帶我們去北京，看世界上最大的宮殿吧。

蛙先生、蛙太太：好，好，都去，都去。

（幕下）

慶祝生日（獨幕劇）

時間：晚上

地點：方家的餐廳

人物：父親、母親、大兒子、小兒子

（幕開，餐桌上擺著一個生日蛋糕，原來今天是方家的兩個雙生子生日，一家人正在舉行慶生會。）

母親：（拍手）讓我們一起唱：祝你們生日快樂！祝你們生日快樂！

（大家唱完了慶生歌）現在你們一起許個願，把蠟燭吹滅！

兒子：（兩個同時發出笑聲）哈哈，我們要做你們最不乖的孩子！（吹滅了蠟燭）

父親：別胡鬧！長大了一歲，就應該更懂事一點。兩兄弟間，再不可以愛發脾氣，愛胡鬧，要相親相愛！

大兒：是的，爸！

小兒：我們每年都過生日，怎麼沒有看到爸媽您們做生日呢！

母親：你們爸，今年已經六十歲了，也該辦一桌酒，請親友來熱鬧一番。

父親：我跟你媽，都是生長在戰亂的時代，從小東飄西泊，那有心情記生日這些瑣碎事呢！後來雖然生活逐漸安定，因爲從來沒有做過生日，所以也就沒有做生日的想法了！

小兒：媽，今年你生日時候，我們一定會買個大蛋糕，給您祝賀。

母親：（微笑）你們只記自己的生日，還沒有到，就說：媽呀，別忘了三十一日是我們的生日，要買個大蛋糕呀！最好再來一瓶葡萄酒呀！（說得大家都笑了）

父親：孩子，你們的生日，可以說是母難紀念日！你媽媽起先整天頂著一個大肚子，上班做事，都非常辛苦；到生的時候，又遇到難產，痛了兩天兩夜，還生不出來，只好開刀。開不好，也會造成死亡的；母親生兒子是相當危險的！

大兒：啊，謝謝媽媽！

小兒：爸，祖父在世的時候，做不做生日？

父親：那時候，祖父每年都做生日，都是辦了二三十桌酒席，大饗賓客，非常熱鬧！

大兒：客人送不送禮？

母親：那時候，都是送壽屏、壽詩，掛了滿壁都是。

小兒：他們在壽屏上，多半寫些什麼？

父親：大都找些現成的祝頌的話來寫，像「福如東海」、「壽比南山」之類。

大兒：壽宴吃些什麼？

母親：祝壽最要緊的，有壽桃包、長壽麵這兩道點心。現在，你們生日吃蛋糕，這是西方傳來的風俗。

父親：你們要知道：年輕人過生日，是表示他在做人、學業、做事各方面，一年比一年更成熟更有爲！年老的人做生日，是表示現在身體還健康，值得慶賀罷了！做生日的時候，應該知道過生日的意義，好好把握自己的好時光！

（幕下）

好人壞人（獨幕劇）

時間：星期六下午

地點：客廳中

人物：父親、大兒子、小兒子

（幕開時，父子三人坐在客廳裡談天。）

父親：不久的將來，你們都要進入社會。

大兒：是的，爸。

父親：這時候就會接觸到許多人，就要知道辨別誰是好人？誰是壞人？好人可以結交，壞人就要遠離他。

大兒：爸，容易臉紅的，多半是血性熱情的人，所以是好人；臉色容易發青變白的，多半陰狠險詐，所以是壞人。

小兒：還有黑臉的包公鐵面無私，張飛粗直剛強，都是好人。

父親：那是戲裡的人物，不能做標準。

大兒：一臉橫肉，滿口髒話，惡行惡狀的，多半是壞人。
父親：現在許多犯罪的人，常常長得眉清目秀的，還有大學畢業的呢！
小兒：有許多人追隨他、擁護他的；這一定是好人呢！
父親：（微笑地）那也不一定。強盜匪徒的頭子，好嗎？帶領一些人到處打架鬧事的，好嗎？鬥這爭那的，好嗎？還有像發動二次大戰的希魔，好嗎？
大兒：被人指做很壞很壞的人，自然是壞人了！
父親：那也不一定。壞人總喜歡說正人君子的壞話，假使他本身是個壞人，那他所指的壞人，卻往往是非常好的人了！
小兒：據爸這麼說，好人嘴裡的好人，那一定是好人了！
父親：那也未必，也要看說的人。假使是一個老好人，不辨是非；那他嘴裡的好人，說不定就是個壞人了。
大兒：爸，這樣說，那敢於主持正義的人，應該是好人了？
父親：假使他只是爲了個人爭權奪利，不是爲大衆著想，這只是小人。
小兒：能說大道理，這樣的人應該是好人了。
父親：單單說話好聽，還不行；還要看他的行爲。滿口仁義道德，行爲豬狗不如，也很多。言行都好，才是好人。

大兒：笑裡藏刀，表面對人很好，心裡壞主意很多，自然是壞人了。

小兒：周處那樣的人，是好人？還是壞人？

父親：周處開始橫行鄉里，欺凌善良，當然是壞人；後來悔悟，改過自新。一個人能改過變好，這時候就是好人了。

大兒：三叔對我說：「現在壞人越來越多了。」這是眞的嗎？

父親：你三叔剛進社會，看到一些人自私自利，言語行爲，違反道德規範，看不慣，所以覺得壞人越來越多。世界上沒有十全十美的好人；大家都曾經犯過一些過錯，可以說大家都曾經是個小壞蛋！

大兒：那怎麼辦呢？

父親：只要他，像周處那樣的「知過能改」，時時心存善念，愛自己也愛別人，就可以做一個好人了。這樣的人，你可以跟他親近。

（幕下）

民主殿堂（獨幕劇）

時間：上午

地點：宮殿內

人物：國王、人民、代表工人議員、財經議員、科技議員、環保議員、教育議員。

幕景：宮殿正中有椅子一張。幕開時，國王一人端坐椅上。人民在國王左右走來走去。殿階下，由代表工人、財經、科技、環保、教育五位議員，依序上場。

國王：（自己高呼）國王萬歲！（沒人呼應）我命令各位高呼「吾王萬歲」！（舞台上仍然寂靜無聲）啊，我的大臣，我的人民，都到哪裡去了？

人民：國王殿下，您的大臣都下台走了。

國王：下台走了？

人民：是的，都下台走了。現在是一個民主的時代，每一個人所要爭取的東西都不一樣。他們都高舉右拳，大聲叫嚷，提出主張，爭取他們的權益。國王殿下，他們再不是您心眼中的臣僕和賤民。

國王：（歎息）這一種情況，我早有預感，遲早總要發生的！十年前，我曾對國人宣布：要用我的智慧，我的權力，建設我們的國家，使我的人民生活更快樂幸福！顯然，經過十年，沒有什麼結果啊。

人民：國王殿下，要怪的是你私心自用，好聽的你聽，逆耳的不聽，這樣又怎能把國家治理好呢！不能怪您的大臣和人民，都離您而去。

國王：難怪，臣民對我的歡呼聲愈來愈少，愈來愈遠！甚至，還公然批評我呢！（幕後傳來吵雜聲）這是什麼聲音？

（音樂，工人神情昂奮地上場）

工人：各位選民，我是一名工人，天天操控機器，工作忙碌而單調，就像農人種田一樣的辛苦。我深切了解我們工人、農人的疾苦，了解我們被忽視的權益！今天，我站在這兒，大聲疾呼，是要爲大家爭取應有的利益。各位，爲了擺脫被剝削的痛苦，爲了追求合理的待遇與福利，讓我們齊聲呼籲吧！（幕後傳來群衆喊「好」聲音）

國王：（掩耳）我簡直不能相信，一名工人，竟然得到這麼熱烈的歡呼！他，他到底是什麼樣的人哪！

人民：他什麼都不是。他只是工人選出的一名代表。國王殿下，現在是民主時代，沒有職業的貴賤，人人自由平等，人人可以公開演講，發表意見，由此找出符合多數人民利益的政策。

（音樂）

財經：各位選民，你們一定要相信我專業的財經知識，相信政府未來的措施，只有更有效率的政策：

穩定物價，獎勵投資，發展外貿，增加就業機會，使國民所得三年之後翻它兩番。只有我，才能替你們創造更多的金錢！我的本領是「點石成金，人人變富翁」！

國王：你聽聽，好大的口氣！他是神仙嗎？他是國王嗎？敢說這樣的大話！

人民：國王殿下，過去他是您的子民，現在是人民選出的國會議員；而且是國會中佔有多數席位的政黨議員，也就是「執政黨」。他正在為政府做宣傳呢！

（音樂）

科技：各位選民，沒有科技就沒有現代，沒有科技就沒有繁榮。我要拚命為你們爭取更多研究科技的預算和發展空間。我們不能允許開倒車的老古板，阻擋我們向前發展。我們要趕快在各縣市建立科學園區。要是沒有石化核能鋼鐵電力，我們又怎麼能夠利用科技來提高人民的生活？來加強國防的力量？

環保：（跳出來激動地反對）不，地球只有一個，我們不能容它在我們手上毀滅！我們需要青山綠水、安靜安全的生活環境，我們堅決反對那些污染環境、危害生命的產業，在我選民住的地方出現！

（幕後傳來群衆支持聲音：「不許垃圾場，不許焚化爐，不許核電廠，不許石化廠，在我們家的後院，出現！出現！」）

國王：他們又在吵什麼？那樣自私的說法！

人民：啊，那沒什麼。一位是執政黨議員，另一位是在野黨議員。為了替人民爭取更好的利益，他們總是在爭辯吵鬧，反駁對方不合理的主張。眞理是愈辯愈明的。

教育：要教育健全的國民，要造就有用的人才，要提高工業的生產力，都需要充分經費，所以教育經費不得低於國家整個預算的百分之十五。

人民：是的，我贊同有充分的教育經費。中小學免交學費，學生有免費午餐吃，最好連讀大學也不要錢呢！一切多麻煩政府了！

國王：到底，你是誰呢？你貪而無饜！你到底是誰呀！

人民：我？哈，我是人民！民主政治中的主人啊！

國王：主人？

人民：是的，民主政治中，人民就是國家的頭家。頭家就是主人。主人享有人身、言論、出版、集會、結社、旅行、遷徙、通信、罷工、選擇職業、學術研究、宗教信仰的權利和自由，並且絕對受到法律的保障。還有全民健康保險。現在有些政黨還提出：老人津貼，殘障補助，失業救濟，兒童營養費。

國王：既然人民享有這麼多的權利和好處。那，我不當國王，我當人民去！

人民：國王殿下，不，現在您也是「主人」了。

國王：現在，政府要搞建設，搞外交，加強國防，又要給人民許多好處。大把大把花錢；這些經費又從那裡來呀？

財經：只有加稅，加稅，加稅！每一家繳所得的百分三十、四十的稅，我們福利國的理想就可以立刻實現了！

人民：不，不，不！我反對政府的苛捐雜稅。政府要是實施高稅的政策。我也要去競選議員來反對高稅。國王殿下，拜託您支持一票，我會把好處加倍奉還給您。

國王：賄賂選民，這是違反法律的。更嚴重的，是你侮辱了我的人格。選舉就是要選出能力強、道德好的人。我比你更適合。我是最佳的人選。

人民：（驚異地）您，確定自己合適嗎？

國王：（面對觀衆）讓選民來決定吧！

人民：（對觀衆說話）是的，民主表決講多數。人民的眼睛是雪亮的。少數人的意見，只要是對的，符合多數人民的利益和期望，就會被人民所接受。

（幕下）

詩情畫意——又得浮生半日閒

片頭

古時大鐘，一個人舉起大槌，敲響了鐘聲三響，兩扇朱色大門開啓，看到門外世界：「詩情畫意」四字。

原野美景

SE　笛聲

片頭詩：（吟唱）

溫柔敦厚傳佳話，
且把詩心付放歌。
筆下常開新歲月，
門前不改舊山河。

男os：詩情傳千古，

女os：畫意壯山河。

男os：詩歌是民族的心聲，

女os：詩歌是時代的景鐘。

SE　強有力的音樂本集副標題「又得浮生半日閒」字出現

雷射光鏡頭

SE　音樂由強轉悠揚輕快

場景：圓窗中有人午睡

男os：陶淵明曾寫過一篇〈閒情賦〉，訴說甜蜜的愛情曾教他心靈不寧，魂兒九遷。他說他要克制這一種七上八下的愛情！避免逾越了道德規範，而教人笑話難爲情！但我在這裡要高倡暢說的，並不是這種防閑愛情的閒情，而是要講求生活閒適的閒情！

女os：我們做人不能不努力工作；工作之後，精神要是缺乏調劑，身體就會像磨損的機器，生命也會像鮮花兒般的凋落！

男os：工作忙累，生活單調，精神緊張，心理煩躁，做的事也做不好。我們在忙碌工作之後，也應該找一些輕鬆愉快事做做！享受一下閒逸的生活。

女os：有人說：「勞我以工作，逸我以眠床」。炎炎長夏，午間小睡，就會恢復體力，就像加了幾加侖的燃料油；喝了一瓶布朗雞精。

場景：詩人從睡夢中醒來，窗外鳥在枝上啼，花兒紛紛飄落。 SE 笛聲吹出各種鳥聲 吟唱	男os：說到睡覺的舒適，孟浩然的〈春曉詩〉，著實教我們沉迷。 女os：啊，那首詩，著實教我們沉迷！ 春眠不覺曉， 處處聞啼鳥。 夜來風雨聲， 花落知多少？ 女os：當煙春三月，春雨密密，你聽窗外送來啁啾啁啾的春鶯，好像銀笛那麼美呀！眞的越聽越好睡呀！
主持人	主：過去的詩人寫詩，時常用「賦、比、興」三種方法來寫呀。什麼叫做「興」？興，就是興起、引起，就是現在大家所說「聯想」。〈春曉詩〉好處，就在詩人很會用「聯想」的手法。當他醒來聽到盈窗的鳥聲，他就想起昨夜睡夢中所聽到的風聲雨聲；又由一夜風雨聲，又連帶想到花兒也一定打落了不少，所以連鳥兒也感傷到啼啼

叫叫！「風雨替花愁」，使詩人他也成了這幽美的畫境中的人物。
這幾句平常無奇的話兒，的確令人越讀越有味兒！

場景：人物郊遊水邊，春
景紅花盛開

SE 彈琵琶聲

吟唱

吟唱

男OS：寫詩要寫得動人，首先要自己感受得深；造境要造得閒逸，首先要自己生活得閒適。在星期假日要懂得安排打發，有些人趁著明媚春光，踏青郊遊，宋代學者朱熹就有一首詩描寫春遊：

勝日尋芳泗水濱，
無邊光景一時新。
等閒識得東風面，
萬紫千紅總是春。

女OS：好一個明媚春光，園裡春花也到了盛開的時節，正如杜甫〈江畔獨步尋花絕句〉所寫呀！

黃四娘家花滿溪，
千朵萬朵壓枝低；
留連戲蝶時時舞，
自在嬌鶯恰恰啼。

場景：垂釣、泛舟

圖片：青山白鷺
　　　桃花流水
　　　戴笠穿簑
　　　漁翁在細
　　　雨中垂釣。

SE　漁翁樂

吟唱〈漁父歌〉

SE　閒適音樂

男OS：我們一起看花去吧！你看每天上山看花的人，總有好幾萬人啊。
　　尋春哪尋春確是賞心怡情的好方法呀！

女OS：消暇遣悶，還有蘇東坡說的：「野人疏狂逐漁釣。」我們這裡也有不少孔夫子的弟子——閒人，泛舟碧潭上，垂釣大海邊。

男OS：啊，張志和的〈漁父歌〉，就歌詠「漁翁樂陶然」。

男女合唱：
　　駕小船，穿蘆葦，漁翁樂陶然！
　　撒網捕魚，垂釣寒江，漁翁樂陶然！
　　西塞山前白鷺飛，
　　桃花流水鱖魚肥；
　　青箬笠，綠蓑衣，
　　斜風細雨不須歸。

女OS：他把垂釣的樂趣，寫得好極了！手持一根長長的釣竿，既可釣得閒適消憂，又可釣得鮮魚下酒！

男OS：大家都知道，白居易作的「諷諭詩」很有名，能夠反映民間的甜

場景：老人三四人在一起

喝酒

吟唱

SE　音樂由閒適轉華麗

酸苦辣；其實，他作的「閒適詩」也很夠味道。他說「知足可以常樂」。我們應求日常生活的閒適啊：像彈琴啦，飲酒哇，吟詩呀，唱歌啊，和妻兒伴樂，和朋友相聚，這些都是最快樂不過的事情。這也都是許多人年輕時候的消閒方式，而到了他們年老退休時候，白髮滿頭，閒居在家，整日無事，他們又怎樣去排遣漫長寂寞的日子呢？請你告訴我們這些銀髮族的朋友吧。

女OS：據我所知，白居易就有一首〈贈劉夢得詩〉，寫的就是他退休後快樂的生活：

前日君家飲，昨日王家宴，
今日過我廬，三日三會面。
當歌聊自放，對酒交相勸。
爲我盡一杯，與君發三願：
一願世清平，二願身強健，
三願臨老頭，數與君相見！

男OS：和親朋老友歡聚，小酌一兩杯，對老年人衰弱的血氣，僵硬的筋脈，的確有它的好處。但要注意的是切切不可貪杯多飲，多飲就

	會變成酒蟲，對心呀肝呀反而有害了。
主持人	主：白居易生性曠達，說他自己「無事日月長，不羈天地闊。」因為他有這樣開闊的胸襟，才能夠寫出情味閒適的詩歌。要是一個人天天都只為著名利權位而緊張忙碌，而勾心鬥角，而患得患失，而勞累困苦，就是處身於良辰美景中，能夠寫出「賣花擔上看桃李，買酒樓頭聽管絃。」就是跟大家聚會宴集，能夠寫出「在瞌睡中行十里，不言語處喫三杯。」已算不錯。王夫之說：「意在言先」。先要有閒適的生活心境，才能產生意境閒適的詩歌。
SE	男OS：啊，我的女性同胞，當妳們做完了家事，又怎麼打發午睡後到黃昏前的一段時光？
兩三女人在閒聊	女OS：我們可以找朋友聊聊天兒，談談家庭，談談兒女，談談過去的夢想，談談未來的願望。這都可以教人的心情開朗，煩悶消散。我記得李笠翁說他：「不好酒好客，不好吃好談。」我想不管男人女人，只要有閒都是好客好談的。

男OS：原來妳們認爲「聊天」也能夠排遣閒來沒事做的寂寞。原來「東家長，西家短」的閒話，就是妳們這樣聊出來的。難怪希臘哲人要羨慕雄蟬說：「你有啞巴的妻子！」

女OS：你們男人，不但平日到處高聲講話，發表謬論。到煩悶的時候，還不是要找朋友聊天呢！唐代詩人李涉〈題鶴林寺詩〉就是寫他找人閒聊天兒呀！

SE　簫聲

吟唱

終日昏昏醉夢間，
忽聞春盡強登山；
因過竹院逢僧話，
又得浮生半日閒。

場景：寺廟竹林、文士

和尚，品茗談禪

男OS：好一句「又得浮生半日閒！」說的也眞對。其實，生活的快樂不在物質生活的優裕，全在心境。你的心認爲樂，是境皆樂；認爲苦，無境不苦。我們平日的生活，應該自求心境的安閒、寧謐與平和。

主持人

主：詩歌和散文、小說比較，可以說是文字最凝鍊的文學。尤其是小詩，取材極單純，結構極嚴謹。像李涉這首詩，寥寥四句，就寫出了因心情煩悶，頭腦昏沉，而登山遊寺，和僧人閒話，終而享受了半日清閒的生活情趣。最後一句說理；這種說理，正如嚴滄浪所說：「如水中明月，如鏡中鮮花，如羚羊掛角，沒有痕跡，可以尋找。」不談哲理，哲理卻自藏在詩絃之中。

SE	男os：一般人消閒的方法也很多，像喝茶、彈琴、唱歌、跳舞、讀書、下棋、栽花、種樹……都可以排遣閒暇，讓人暫時擺脫了忙累的工作，煩人的俗務，忘記了噬心的寂寞，塵囂鼎沸的市聲。
場景：用蓋杯喝茶	女os：飲茶不但可以消除疲勞，消閒提神。而且微苦的茶味，還可以幫助人思考問題，參悟妙理，給人無窮的回味。日本人認爲茶道，可以養成講究禮貌的習慣，純樸高雅的精神境界，求得心靈的和諧寧靜和快樂！
SE	男os：一壺好茶，慢慢品啜，香留齒頰，也頗有閒趣。盧仝謝朋友寄新茶詩，說得好：
吟唱	柴門反關無俗客，紗帽籠頭自煎喫。

一碗喉吻潤，二碗破孤悶，
三碗搜枯腸，唯有古文五千卷；
四碗發輕汗，平生不平事，盡向毛孔散；
五碗肌骨清，六碗通仙靈；
七碗喫不得，唯覺兩掖習習清風生。

女os：我只聽喜歡抽煙的男士說：「飯後一支煙，快樂如神仙！」卻沒有聽過喝茶，也有成仙的妙感！

場景：竹林裡高士在彈琴，天空掛一明月

SE　古琴聲，吟唱

男os：有人喜歡彈琴，因爲彈琴能教人沉醉在優美的丁鈴噹噹的琴韻中，可以自得其樂。王維會作曲，會彈琵琶，又喜歡彈琴，他有〈竹里館詩〉說：

獨坐幽篁裡，
彈琴復長嘯。
深林人不知，
明月來相照。

女os：陶淵明說：「樂琴書以消憂。」又說：「有琴有書，載彈載詠。」一邊彈琴，一邊詠詩。這是多麼稱心寫意的消閒啊！人不僅喜

場景：月出江邊，幾個女郎邊舞邊歌

吟唱：

場景：日出樹間

SE　春鶯曲

場景：農人荷鋤歸來，在窗下讀書

歡獨自彈琴唱歌，還喜歡和大夥兒一起來唱歌跳舞呢，快樂的時光就在歌聲舞影中飛逝過去。快樂地唱歌跳舞，心花自然怒放，那裡會有什麼閒愁？就像現在年輕人的狂歌飆舞，把旺盛的精力，無端的煩悶，藉喉音沙啞的吼，擺動狂野的舞，縱情發洩了出來。就像劉禹錫的〈踏歌行〉：

春江月出大堤平，
堤上女郎連袂行；
唱盡新詞看不見，
紅霞影樹鷓鴣鳴。

男OS：讀書也是最快樂的事，其趣味無窮，我們讀雜七雜八的書，可以增加知識；讀詩歌文章，可以陶冶情思；讀歷史傳記，可以以前人做鑑戒；讀小說，可以提高說話寫作的能力；讀專門性的書可以提升你的專業地位。

女OS：有閒讀書是一種福氣。讀書也是一種消閒遺悶的好方法。我們在工作的餘暇，看看有趣的書，讀讀有用的書，也是頂快樂的。像陶淵明在〈讀山海經詩〉中說：

SE	既耕亦已種，
吟唱	時還讀我書。
	…………
	汎覽周王傳，
	流觀山海圖。
	俯仰終宇宙，
	不樂復何如？
場景：二人奕棋，一人旁觀，夕陽照牆	男os：下棋雖然廢時勞神，我年輕時也時常和同學弟弟下棋，什麼象棋、軍棋、動物棋、跳棋、圍棋、西洋棋，無所不能，下了一盤又一盤，雖然最花費腦筋，但是也就在這種沉吟苦思中，增加了智慧，也打發了時間。劉禹錫有詩說：
SE	
吟唱	山城無事愁日長，
	白晝懵懵眠簟床，
	因君臨局看鬥志，
	不覺遲景沉西牆。
場景：掃地種花	女os：其實，打發時間的方法很多呀。我每每利用周末假日，在家裡掃

SE 場景：小河流過田野，門對兩座青山 SE 吟唱	地種花，看山和看雲。看窗明几淨，花影搖曳，青山在目，白雲飄渺，這種閒靜恬淡的山居生活，也是非常賞心悅目，優游怡情的。難怪詩人要說「園日涉而成趣，審容膝之易安，」王安石〈書湖陰先生壁詩〉要說： 茅簷長掃靜無苔， 花木成畦手自栽。 一水護田將綠繞， 兩山排闥送青來。
主持人	主：王安石這首詩是描寫初夏山居的生活。我們知道唐宋時候有一些人寫作小詩，用字用詞，無不錘鍊極工。洪邁在《容齋隨筆》中，說：王安石作絕句，有「春風又綠江南岸，明月何時照我還」兩句。「綠」字，先作「到」字，他覺得不好，改作「過」；不好，他又改作「入」「滿」，連改了十幾個字，最後才改定為「綠」。一著「綠」字，不但寄託了他「又過了一個春天，還不能夠回鄉去」的深慨；同時由這一「綠」字，也把「春到江南，觸眼一片綠色」的

景象，非常生動地表現了出來。王安石寫鄰居湖陰先生的生活；他爲了要描寫一條小河環繞著綠野，大門面對著兩座青山；他用圍護田野的「護田」，推開大門的「排闥」二語來刻劃，寫得非常工巧生動。短詩，若不講究語詞的修飾，又怎能教人一讀再讀呢！

SE

場景：一男一女坐船，男吹簫女唱歌。

女OS：南宋詞人姜夔坐船回家；路上，小紅唱歌，姜夔吹簫，打發旅途的無聊。作有〈經垂虹橋詞〉：

吟唱：

自作新詞韻最嬌，
小紅低唱我吹簫。
曲終過盡松陵路，
回首煙波十四橋。

遠景有些橋影煙波

SE　簫聲歌聲

男OS：我們可以跟著他們，遙想他們在波光搖搖，他們的船兒悠悠，穿過了松陵路上十四座橋洞，他們再回過頭看看：那一座座的橋影，都隱隱沉入了遠遠的煙波裡去了！暮色蒼茫，情感悵惘。「回首煙波十四橋」這一句寫得眞好！寫得眞好！留下簫聲悠揚，歌聲嘹亮的餘響飄散繚繞於天際！

女OS：這闋詞，又教我想起現代青年，在遊覽車裡快樂的高歌！妳一支，我一首，唱著年輕的歡樂，唱著青春的夢曲。

主持人

主：人無分古今，都懂得如何在忙碌與閒暇的生活中，去排遣閒情。只是古人給我們留下了許多抒發閒情的好詩：現在讀來，還是那麼愜心適意。盼望各位吟誦這些好詩，也能依樣畫一個葫蘆美夢，賞心消閒去呵。還盼望現代的詩人，也來創作一些美好的詩歌吧！好教後人在閒暇時，來欣賞我們現在的閒適生活的情趣吧！當然，各位若有心，要在忙中偷閒，或在閒中遣情，也不妨抽一些時間，去享受一下清閒恬適的生活吧！而不要讓自己終日無所事事，悶殺了自己，而不知怎生排遣！現在讓我們再來唱一唱：

吟唱

終日昏昏醉夢間，
忽聞春盡強登山。

因過竹院逢僧話，
又得浮生半日閒。
（「又得浮生半日閒」再重覆兩遍）

片尾：疊工作人員字幕

劇終